AF389112

L'Année Sportive

❖ 1922 ❖

L. BERGERON et A. LARFEUIL

LES ÉDITIONS PRATIQUES

32, rue de la Préfecture

SAINT-ÉTIENNE

L'Année Sportive 1922

L. BERGERON & A. LARFEUIL

L'Année Sportive 1922

DONNE LES RESULTATS
DE TOUTES LES EPREUVES DISPUTEES
DANS LA LOIRE ET LA HAUTE-LOIRE

Automobilisme — Aviation — Billard
Boules — Boxe — Course à pied — Cyclisme
Escrime — Football Association — Football
Rugby — Gymnastique — Hippisme
Poids et Haltères — Tennis et Tir

PRIX : 10 Francs.

LES ÉDITIONS PRATIQUES
32, rue de la Préfecture, 32
SAINT-ETIENNE

Le 15 janvier 1923.

De grandes idoles sportives ont été renversées et il n'est, de par le monde, que bien peu de gens pour conserver une foi robuste dans la sincérité des résultats des grandes épreuves et le désintéressement des vedettes qui les disputent. Trop de pénibles incidents sont venus arracher aux profanes les plus tenaces de leurs illusions pour leur en vouloir de ce nouvel état d'esprit que l'étincelant ironiste G. de la Fouchardière traduisait dans cette cruelle boutade :

« *A notre époque, il n'y a plus qu'une sorte de champions qui luttent pour l'honneur : ce sont les chevaux de courses. Ne vous fiez pas aux prix inscrits sur le programme. Les chevaux n'en touchent rien. Le vainqueur et les vaincus reçoivent une égale ration d'avoine et de même qualité. Les chevaux sont des bêtes stupides. Les boxeurs sont assez élevés dans l'échelle des êtres pour mettre tout leur honneur à amasser de l'argent.* »

Encore le spirituel père du *Bouif* semble-t-il oublier que les chevaux sont aggravés des jockeys.

A plusieurs reprises, il a été clairement démontré que les champs de courses parisiens ne constituaient point toujours le refuge de la probité sportive. Les chevaux y sont, parfois, bien malgré eux, mêlés à d'astucieuses combinaisons d'où ils ne retirent même pas, c'est leur excuse, une ration supplémentaire d'avoine.

Il serait toutefois injuste de généraliser le discrédit où sont tombés certains champions qu'une publicité aussi tapageuse qu'inconsidérée avait trop hâtivement consacrés.

En province, et plus particulièrement dans notre région, l'argent n'a point encore joué de vilain tour au sport. Les prix dont sont dotées les épreuves et les bourses affectées aux matches sont, le plus souvent, trop modestes pour interdire au vainqueur le droit de proclamer qu'il s'est mis en ligne pour l'honneur et pour la grande cause sportive.

Quant aux groupements qui organisent les manifestations sportives, ils s'interdisent, pour la plupart, le droit d'en tirer un
revenu. Les bénéfices qu'ils peuvent réaliser sont, d'après leurs
statuts, exclusivement consacrés au développement du sport. Le
Boxing-Club Stéphanois illustre, depuis deux années déjà, de
réconfortants exemples cette judicieuse méthode.

Mais l'esprit de désintéressement avec lequel sont établies des
performances n'est pas une raison pour que celles-ci soient vouées
à l'oubli

Si le sport crée des organismes sains et retarde la décrépitude
des corps, il ne peut arracher ses adeptes à la vieillesse. Le
champion d'aujourd'hui sera le vétéran de demain. Seule lui
restera alors la joie d'évoquer le souvenir de ses succès d'antan.

L' « *Année Sportive* » sera là pour les lui rappeler.

L'idée n'est pas neuve. Mais, jusqu'à ce jour, les annuaires
édités s'adressaient à la France entière et les épreuves régionales,
quand elles n'étaient point volontairement oubliées, n'y étaient
que trop sommairement indiquées. Du reste, les encouragements
reçus et les concours recueillis nous sont la meilleure preuve que
pareille initiative n'était point indifférente aux gens de sport. Que
tous ceux qui nous les ont si généreusement prodigués trouvent
ici l'expression de notre profonde gratitude !

L'Année Sportive qui paraît pour la première fois n'est pas
à l'abri des omissions ou des erreurs ; nous serons reconnaissants
aux intéressés de les signaler pour en éviter le retour l'an prochain.

Si notre annuaire s'était borné à une sèche nomenclature de
résultats et de performances, il n'eut pas manqué d'être aride.
Aussi, pour éviter cet écueil, il a été fait appel à la collaboration
de sportsmen éclairés : l'intrépide parachutiste Ennemonde Diard,
le docteur Michot, Charles Ravaud, de l'*Auto*, A. Puillet,
de la *Loire*, qui ont bien voulu nous donner des articles sur des
questions où ils se sont, depuis longtemps, spécialisés.

L'Année Sportive est née viable. Mais pour qu'elle ne s'étiole
pas, il lui faut encore tous les concours qui l'ont accueillie à sa
naissance. Ce serait méconnaître l'esprit sportif des populations
de nos régions que de croire que ceux-ci lui feront défaut.

L. BERGERON et A. LARFEUIL.

AUTOMOBILISME

A 200 à l'heure…

Oui, j'ai dépassé un jour, en auto, la vitesse formidable de 200 kilomètres à l'heure. Je sais qu'en écrivant cela, je vais faire sourire. La performance que nous réalisâmes, — Grua surtout —, un après-midi de septembre, dernier, sur un kilomètre de la belle route droite qui relie Mont-rond et Feurs, ne figure sur aucune table des records officiels. Et, pourtant, au risque de passer pour plus naïf encore que je ne le suis, je répète que j'ai roulé à plus de deux cents à l'heure en auto.

Grua n'est pas un bluffeur. Il vérifiait au compte-tours. Cent quatre-vingt au premier essai ; cent soixante-dix au deuxième ; cent quatre-vingt-quinze au troisième, lorsqu'une vieille paysanne, en obligeant mon pilote à couper brusquement les gaz, faillit nous lancer dans une embardée dont l'issue ne pouvait faire aucun doute. Ce n'était déjà pas mal. Demandez plutôt à MM. de Roche-taillée, Colcombet, Ladavière, Marandon, Perrin, et l'homme-chronomètre Rizzi, qui avaient bien voulu barrer avec leurs voitures les croisements de chemins.

J'aurais peut-être eu peur si j'avais considéré Grua, et il me pardonnera le mot, comme un fou de vitesse. Mais on m'avait dit que ce commissionnaire en rubans était en même temps un ingénieur de l'Ecole des Arts et Manufac-tures qui connaissait l'âme des moteurs. Comment résister lorsqu'il m'offrit un quatrième voyage, celui au cours duquel il estima que nous avions atteint le 210 ? Je m'en voudrais encore, d'ailleurs, si j'avais refusé. Car l'attrait de la vitesse, à pareille allure, ne se dépeint pas.

Vous est-il arrivé de rêver, la nuit, que vous tombiez au fond d'un immense précipice, et de vous retrouver, ahuri, allongé dans votre lit. La respiration vous man-quait ; vous vouliez choir plus vite encore pour être plus tôt brisé en bas.

Eh bien ! c'est un peu cela, le 200 à l'heure. Malgré le masque-lunettes, le déplacement d'air vous empêche presque de respirer ; la main que j'avais essayé de lever vint malgré moi se plaquer contre mon épaule, et mes yeux qui voulaient voir, intensément voir, n'arrivaient pas à démêler les platanes du bord de la route qui ne formaient qu'un seul arbre. Et puis, tout à coup, à l'arrêt, j'entendais encore le sifflement de l'air ; je m'étonnais aussi de ne plus voir la route s'enfuir sous les roues, tout comme on s'imagine monter, monter bien haut, lorsqu'on descend pour la première fois dans un puits.

Le 200 à l'heure, c'est tout cela. Je crois que Grua a réalisé cette performance. D'ailleurs, le charme était trop grand pour que je ne garde pas au moins cette illusion, la dernière. Les autres s'envolent si vite, à plus de 200 à l'heure...

A. LARFEUIL.

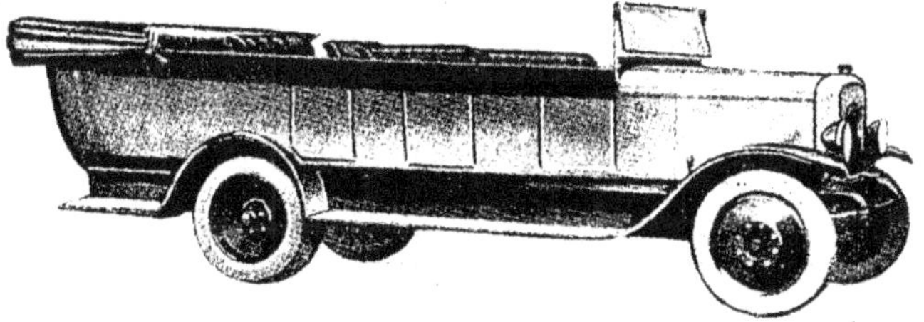

Automobile-Club du Forez

N'a pas encore d'histoire, sa fondation remontant au 28 avril 1922, date à laquelle M. Marandon prenait l'initiative de réunir les fondateurs.

Le siège est 11, place de l'Hôtel-de-Ville, à Saint-Etienne.

Le Conseil d'administration est ainsi composé :

PRÉSIDENT : M. MARTIN-BINACHON Jean, industriel à Pont-Salomon.

VICE-PRÉSIDENT : M. DE MANS Alphonse, industriel au Chambon-Feugerolles.

VICE-PRÉSIDENT : M. le docteur CHAUVE, 8, rue du Général-Foy, Saint-Etienne.

SECRÉTAIRE-TRÉSORIER : M. MARTIN François, dessinateur, 8, place de la Grange-de-l'Œuvre, St-Etienne.

MEMBRES DU BUREAU : MM. FORISSIER Raoul, industriel, 15, rue Emile-Littré, St-Etienne ; BROSSY Jacques, fabricant de rubans, 13, rue des Jardins, St-Etienne ; BERR Georges, industriel, 1, cours Victor-Hugo, St-Etienne ; REYMOND Jean, employé de commerce, 18, rue Général-Foy, Saint-Etienne ; GRUA Ernest, fabricant de rubans, 9, rue du Regard, St-Etienne ; KASTNER Henri, maître-imprimeur, à la Terrasse, St-Etienne ; PHILIBERT Léon, industriel, 5, rue Balay, St-Etienne; BUISSON Lucien, industriel, au Maris, St-Etienne; DE ROCHETAILLÉE, à Saint-Jean-Bonnefonds ; Docteur MUSY, maire de Saint-Rambert-sur-Loire.

La Course de côte de Planfoy

24 septembre ! Cette date marque à la fois, pour ainsi dire, la création et la première manifestation officielle de l'Automobile Club du Forez.

Cette société, qui groupe dans son bureau les sportifs les plus dévoués, ceux que l'on voit toujours partout, mais dont les envieux ou les indolents, les inertes, disent : « Toujours les mêmes », cette société avait, le 24 septembre 1922, déplacé des milliers de personnes et rendu service non seulement à l'automobile, mais au sport et au commerce.

Le meilleur temps de la journée fut réalisé par Grua, sur son bolide de 200 HP., avec 4'49".

Mais parmi les voitures de tourisme qui laissèrent aux spectateurs une réelle impression de vitesse, il faut citer les « Zedel », dont le temps est très satisfaisant.

Le virage de BUARD, sur « *FORD* », dans la course de Planfoy.

La « Ford », pilotée par M. Buard, âgé de 52 ans, exécuta des virages impressionnants et fit admirer ses reprises par les connaisseurs.

Les « Chenard-Walker » et les « Citroën » de la Société Automobile du Centre réussirent aussi des temps appréciables.

LE CLASSEMENT

Première catégorie : *Bicyclettes à moteur* : 6 bis, Tronche, 12'20'' 1/5 ; 2. Dupuis, 14'17'' ; 4. X..., 14'30'' ; 6. André J., 15'25'' ; 1. Alfred Faure, 17'.

125 cmc. : 7. André Faure, 12'33'' ; 10. X..., 13' ; 12. Savarin, 14'05.

Motos 250 cmc. : 15. Goubert, 8'15'' ; 14. Fournier, 11'46.

Motos 350 cmc. : 17. Morin, 6'30''.

Motos 500 cmc. : 20. M. Guiguet, 6'12'' ; 19. Payon René, 6'19'' ; 18. Sarrard, 9'07''.

Motos 750 cmc. : 22. Eddoura, 5'55'' ; 23. Darrier, 7'36'' ; 21. Gisler, 8'28''.

Motos 1.000 cmc. : 24. X..., 5'58'' ; 47. Faure A., 6'25''.

Side-cars 600 cmc. : 25. Guignet R., 7'02''.

Side-cars 1.000 cmc. : 26. X..., 6'34'' ; 57. A. Guiguet, 6'58'' ; 51. B. Dupuis, 7'53'' ; 27. Dulac, 10'18''.

Cycle-cars 750 cmc. : 30. M. Vassiaux, 11'03'' ; 31. Morel, 12'36''.

Cycle-cars 1.100 cmc. : 34. Colas, 5'46'' ; 38. Vassiaux, 6' ; 37. Marchand, 6'37'' ; 33. Gauthier, 10'23''.

Voitures tourisme 1.500 cmc. : 44. Perret, 7'08 ; 46. Dombret, 7'15'' ; 42. De Rochetaillée, 7'31 ; 45. Moriceau, 7'59'' ; 41. Croze, (Mathis), 11'42'' ; 40. B. Laurent, (Citroën), 12'15''.

Tourisme 2.000 cmc. : 53. Blettery, (Z.L.), 8'11'' ; 52. Auger, (Z.L.), 8'51''.

BUARD grimpant les escaliers de l'église de Saint-Galmier avec une « *FORD* ».

Tourisme 2.500 cmc. : 56. Lacharnay, 5'52''.

Tourisme 3.000 cmc. : 59. Segnovert, (Chenard-Walker), 6'25'' ; 60. Bellon, 6'39'' ; 58. X..., (Chenard-Walker), 8'03 ; 57. Raclin, (Chenard-Walker), 9'28''.

Au-dessus de 3.600 cmc. : 63. Digonnet, 5'35'' ; 62. O'Fau 7'02''.

Course 1.500 : 64. Divo, 5'51'' ; 64. T. Petit, 7'20'' ; 63. B. Faure, 8'30''.

Course 2.000 cmc. : 65. Giroux, 6'24''.

Course 3.000 cmc. : 66. Buard (Ford), 6'08''.

Au-dessus de 5.000 cmc. : 68. Grua, (E.G.), 4'49''.

Le concours de bicyclettes à moteur

Grâce à l'initiative de l'active société stéphanoise, la « Joyeuse Pédale », la région stéphanoise a eu la primeur, le 23 juillet, d'une épreuve réservée aux bicyclettes à moteur, le nouvel engin de tourisme dont les progrès sont étonnemment rapides.

Les six concurrents ayant terminé l'épreuve l'ont fait dans les délais imposés par le règlement, c'est-à-dire à une moyenne d'au moins 25 kilomètres à l'heure. Ce fut la vitesse en côte, chronométrée sur 4 kil. 500, à partir de la Digonnière, qui servit à départager les arrivants :

1er Savarin Alfred (125 cmc.), 10' ; 2° Fournier Gabriel (125 cmc.), 10'47'' ; 3° Faure Alfred (98 cmc.), 11'35'' ; 4° Moreau M. (91 cmc), 11'45'' ; 5° Monnier J. (98 cmc.), 13'23'' : 6° Ruel (91 cmc.), 14'8''.

La Joyeuse Pédale

La « Joyeuse Pédale » fera disputer, en 1923, une nouvelle épreuve réservée aux bicyclettes à moteur. L'itinéraire serait celui de l'ancienne course cycliste Forez-Velay. Il est probable que cette manifestation aura un retentissement national.

La course de côte de Vendranges

C'est une épreuve toute nouvelle, qui ne se disputera qu'en juin 1923, dans la fameuse côte que connaissent bien tous les sportifs de notre région. Elle sera organisée par le Moto-Club de Roanne, dont les dirigeants ont entrepris un louable effort de décentralisation.

Les pilotes auront, dans les virages très dangereux, à faire preuve de réelles qualités. Pour le public, le spectacle sera sans pareil.

L'AVIATION

Les précurseurs au pays noir

Choisir un point élevé et découvert, s'en élancer pour de fantastiques glissades aériennes, tenter ce vol dangereux, séduisant, mystérieux, de l'oiseau dans l'espace, n'est-ce pas le principe de ce vol sans moteur, ce vol à voile qui passe aujourd'hui pour un sport nouveau ?

Dans ce domaine, Saint-Etienne pourrait, à juste titre, revendiquer des droits à l'invention et même à la mise en pratique de l'aviation, bien avant l'époque où ceux qui s'en croient les détenteurs n'en aient bégayé les premiers éléments.

M. Pierre-Lucien Buisson, en 1883, à l'aide d'un appareil à ailes battantes, conçu et construit par lui, exécutait, au plateau de la République, des vols planés de 100 à 150 mètres de longueur. Notre compatriote, un demi-siècle avant Santos Dumont, se préoccupait déjà de l'étude des surfaces portantes et de la stabilité, poursuivant ainsi, dans sa petite sphère, les travaux de Chanute et de Lilienthal !

Les vains bruits de la Renommée n'arrivèrent point jusqu'à lui, mais nous lui devons un hommage...

...Tel père, tel fils.

Lucien Buisson, le fils du précédent, construisit, pendant l'hiver 1903, un monoplan dans lequel il employait déjà le gauchissement que Wright devait faire breveter en Amérique et importer en France en 1907 seulement.

Tâtonnements, Mystifications et Rivalités !

En 1906, deux Stéphanois, MM. Tézenas et Reynaud, crurent avoir découvert le secret du plus lourd que l'air.

Les journalistes, victimes de la plaisanterie d'un joyeux fumiste, n'étaient point tendres pour les malheureux inventeurs qui, sans ressources, durent mettre trois ans pour construire une à une les pièces de leur appareil et ouvrir une souscription publique pour se payer un moteur !

L'appareil avait des détails de construction fort intéressants : il retint l'attention de M. Le Vallier, qui vint à cette époque faire, à Saint-Etienne, une conférence sur l'aéronautique.

M. Le Vallier encouragea les inventeurs stéphanois à fonder une Société Forézienne d'Aviation qui fut aussitôt constituée avec MM. Buisson, Heurtier, Tézenas, Reynaud, etc..., sous les auspices du *Forez Illustré*.

Et Dieu sait si les inventeurs étaient alors nombreux ! Il y avait, en tête, le fameux Grangier, qui voulait voler avec une hélice, un morceau de toile et un échalas de vigne !

En expérimentant un appareil extraordinaire, muni d'un tourniquet hydraulique, il se laissa choir sur un tas de fumier et renonça pour tout jamais à l'aviation...

Le 10 mars 1909, à Méons, MM. Tézenas et Reynaud commencèrent leurs essais. Remorqué par une automobile, l'appareil parcourut rapidement 600 mètres et esquissa plusieurs bonds. De son côté, un jeune sportsman stéphanois, M. Perrin, qu'on affuble du surnom de « Mani », faisait, depuis le 28 février, des essais de planement sur un biplan genre Farman, de sa construction.

Les expériences de « Mani », à Méons, resteront célèbres dans les annales sportives stéphanoises. On travaillait même la nuit ! Grua était chargé de remorquer l'appareil à l'aide d'une corde ; mais la corde cassait, et Grua, se retournant, apercevait Mani en panne, faisant des signes désespérés. Ou bien l'avion, tiré très vite, montait tout à coup en chandelle et s'effondrait avec un fracas épouvantable. Aviateur, passagers, spectateurs se retrouvaient couchés pêle-mêle sous les toiles, et Perrin s'exclamait triomphant : « Vous avez vu ! Comme je veux, je me redresse ! » C'était l'heureux temps.

Le 26 septembre 1909, Perrin réussit vraiment à décoller. Le même jour, à Feurs, Tézenas brisait son appareil

Les Malheurs de Gobron

Blériot avait traversé la Manche. On donnait des fêtes partout, et d'habiles organisateurs, transformant en quelques semaines l'hippodrome de Villars, annonçaient aux Stéphanois un gala sensationnel les 30 et 31 octobre.

Vous rappelez-vous Jean Gobron, le « Ronron » et le Savon Rationnel ? Ce fut une histoire inénarrable. Elle déchaîna la colère du public, mais ne diminua pas l'enthousiasme de « Mani » qui, le 31 décembre 1909, à 4 heures du soir, devant une trentaine de témoins, exécuta, à Méons, son premier vol mécanique !

Qui vola le premier ?

D'autres inventeurs travaillaient, parmi lesquels MM. Mazoyer, Deléage, et enfin Buisson et Poutignat.

Après les amusants essais de l'Eolette Rothoptède, Buisson et Poutignat avaient acheté, puis modifié un biplan Sommer, qui s'envola à Méons le 12 juin 1910.

Une querelle ne tarda pas à s'élever entre Buisson et Perrin.
— C'est moi qui ai volé le premier !
— Non, c'est moi.

Et les Stéphanois se divertissaient du duel littéraire (ò combien !) qui se déroulait dans les journaux.

Buisson, en véritable aviateur, s'engagea au meeting d'Auvergne et fut assez heureux pour survoler les bruyères roses de Laschamps.

Quelques semaines plus tard, à Roanne, il couvrit 800 mètres avec deux virages au-dessus de l'hippodrome de Mâtel.

Le Meeting de Champirol

Nous allions enfin voir voler... de véritables hommes-oiseaux ! La *Tribune Républicaine* mit sur pied, du 29 juillet au 10 août 1911, à Champirol, une quinzaine d'aviation qui ne le cédait en rien aux plus grands meetings organisés en France.

Les aviateurs alors les plus célèbres rivalisèrent d'audace : Garros, Obre, Kimmerling, Legagneux, Bielovucci, Loridan, Gilbert, Bathiat, Audemars, Aubrun, Chevallier, Mouthier, Kulhing, sans oublier Mlle Marwingt, dont on admirait fort le béret rouge dans certain jeu de boules de la Terrasse ! Aubrun, le premier, survola Saint-Etienne et boucla le **dôme** de l'Hôtel de Ville. L'enthousiasme de la foule était à son comble.

Le regretté Antoine Roule écrivait alors :

> Au seuil du pays stéphanois
> Vers les firmaments diaphanes
> On vit pour la première fois
> S'élever des aéroplanes...

Et il ajoutait, en parlant d'un « frisson inconnu qui passait sur les cœurs » :

> C'était l'âme du pays noir,
> Qui chantait fervente et sereine,
> Et sa voix disait : Je veux voir
> Voler un fils de Saint-Etienne.

Huit jours après, répondant à son appel, Emile Train évoluait à Bouthéon.

La Semaine de Bouthéon

Après la quinzaine de Champirol, s'ouvrit la semaine de Bouthéon, organisée par le jeune Aéro-Club Forézien, qui comptait, parmi ses membres directeurs, MM. Gaucher, Forissier, Michot, Marandon, Andréoly et Nentien.

Emile Train fut reçu en grande pompe. Pendant trois jours, les grands pilotes — on ne disait pas encore les « as » ! — disputèrent des épreuves. Et les bravos crépitaient de toutes parts pendant que le soleil jouait sur les ailes dorées...

L'Ecole Forézienne d'Aviation

L'Aéro-Club Forézien installa, sur le magnifique terrain de Bouthéon. une école d'aviation dont M. Burel fut nommé chef-pilote.

Avec le sympathique directeur, nombre de Stéphanois reçurent le baptême de l'air. Un de nos compatriotes, M. Mégemont, débuta le premier comme élève et ne tarda pas à passer son brevet.

Des Stéphanois aviateurs : France Vuarin, Marcel Saint-André et le sénateur Emile Reymond vinrent de Paris par la voie des airs, pour atterrir à Bouthéon.

Le 20 octobre 1912, sur le parcours Bouthéon, Balbigny, Boën, Bouthéon, à couvrir cinq fois, soit 400 kilomètres, une demi-douzaine d'aviateurs coururent le Circuit du Forez. Molla, sur son Rep rouge, fut le grand vainqueur. Ses camarades Guillaux, Gilbert, Obre. Vidart et Burel exécutèrent, en fin de journée, une superbe fantasia aérienne.

Hélas ! toutes ces belles choses ne devaient pas durer ! L'idée de Burel, qui voulait faire de Bouthéon un grand centre d'aviation civile et militaire. ne devait pas aboutir. L'Aéro-Club Forézien fut dissout, l'école ferma ses portes...

Dix ans après !

Pendant la guerre, Saint-Etienne fournit un contingent considérable à l'arme de l'aviation militaire.

La paix signée, pilotes et mécanos se retrouvèrent — pas tous, hélas ! — et résolurent de se grouper.

L'aviateur Trabaud, de passage à Saint-Etienne, favorisa les rencontres entre tous ces anciens camarades, et M. Lucien Buisson, toujours inlassablement dévoué, posa les bases du nouvel Aéro-Club Forézien.

Le nombre des adhérents augmenta rapidement et M. Giry, aviateur de première heure, fut appelé à la présidence effective, tandis que l'« as des as », René Fonck, acceptait la présidence d'honneur.

Au bout de quelques mois seulement, la jeune Société eut l'ambition de faire consacrer son existence en organisant, le 24, 25 et 26 septembre 1921, un grand meeting de propagande. Coup d'essai, coup de maître. La fête de la Ronze fut une véritable solennité sportive et, de l'avis même des grands pilotes qui s'y distinguèrent, jamais on ne rencontra, dans les plus importantes manifestations, une telle foule, ni un tel enthousiasme !

Pendant trois jours, Fronval, le roi de l'acrobatie, tint les spectateurs sous le charme, charme quelque peu mêlé d'effroi... Ses compagnons Douchy, Casale, Chemin-Douet, Trabaud, les aviateurs de l'escadrille de Bron, s'envolèrent pour les épreuves les plus diverses. Minier initia de nombreux néophytes aux joies du plein air. Et M. Laurent Eynac, ministre de l'Aéronautique, piloté par le capitaine Fonck, vint encourager les organisateurs de sa présence officielle.

Mes confrères et amis ont bien voulu dire que mon expérience de parachute fut un des « clous » de la réunion ! Je partage le succès avec mon compatriote Montélimard, mon constructeur Jean Ors et mon pilote Fronval...

Cette première tentative devait avoir des lendemains.

A la suite de la démission de M. Giry, l'Aéro-Club Forézien confia ses destinées à M. Antoine Claudinon, dont la compétence et le zèle sont appréciés depuis longtemps dans les milieux sportifs stéphanois.

Quel était le but de l'A.C.F. à sa création? Non seulement grouper amicalement les anciens pilotes, mais travailler efficacement au développement du sport et de l'industrie aéronautiques.

Saint-Etienne, ne l'oublions pas, est le grand centre des constructions mécaniques, le Birmingham français. Pourquoi la fabrication des pièces détachées resterait-elle circonscrite à la bicyclette et à l'automobile, alors que la nouvelle industrie aéronautique ouvre de si formidables débouchés ?

Disposant de techniciens, d'ouvriers et d'usines remarquablement outillées, notre ville ne peut manquer de devenir un grand centre d'aviation, surtout si elle est dotée d'une station aérienne et d'une école d'essais. La locomotion de l'air se vulgarise de plus en plus. L'avion détrône ses ancêtres : le chemin de fer et l'automobile. Saint-Etienne se devrait de figurer sur l'itinéraire des parcours et des lignes de nos Compagnies de navigation aérienne. Elle en retirerait d'inappréciables avantages qui seraient encore doublés du fait de sa situation économique.

Ce beau rêve est toujours celui de l'Aéro-Club Forézien, et il est, aujourd'hui, bien près de se réaliser. Le Conseil d'administration a fait, cette année, de la bonne besogne.

L'aérodrome de Saint-Galmier

On ne pouvait songer à conserver. comme aérodrome permanent, le terrain de la Ronze, mal situé et beaucoup trop exigu. Le premier soin de l'A. C. F., au lendemain de la grande fête de 1921 fut de se mettre à la recherche d'un champ. Tâche assez ardue que celle de découvrir, à proximité de Saint-Etienne, un terrain plat et suffisamment vaste. Enfin, la proposition du maire de Saint-Galmier, qui offrait sur sa commune un terrain, plus une subvention annuelle de dix mille francs, fut retenue par l'Aéro-Club Forézien. Quelques aménagements hâtifs permirent d'inaugurer, le 20 août dernier, jour de la Fête du Blé, l'aérodrome de la Conchonnière.

Six avions, dont l'un était piloté par Pitot, un second par Eu et les autres par des officiers du Centre de Bron, prirent part à cette jolie fête. Une course au clocher Saint-Galmier-Aurec, un simulacre de combat entre le lieutenant Astouin et l'adjudant Mijeon, puis une démonstration d'acrobatie par le lieutenant Astouin, étaient inscrits au programme.

Le jeune vice-président de l'Aéro-Club Forézien, M. Félix Piger. qui fut, pendant la guerre, un excellent pilote de bombardement de nuit, avait promis de prendre une part effective à la fête.

Il ramena de Bron, par les airs, un vieil appareil d'entraînement. Et il partit dans l'après-midi, de l'aérodrome de Saint-Galmier, pour aller survoler Aurec, en compagnie de son camarade d'escadrille Guillaume.

M. Piger avait décidé d'atterrir à Aurec et, la veille déjà, il avait repéré son terrain. Le jour de la fête, il se disposait à s'y poser, lorsqu'il s'aperçut que ce terrain était coupé par une ligne compacte de spectateurs. Prudemment, le pilote essaya de reprendre de la hauteur, mais à ce moment précis, et à un mètre environ au-dessus des toits, le moteur s'arrêta net. Conservant néanmoins tout son sang-froid, M. Piger exécuta l'ultime manœuvre, mais l'appareil — un pauvre diable de coucou — s'abîma dans la cour d'une ferme.

Notre compatriote, assez grièvement blessé, dut subir une douloureuse opération dont les suites sont longues puisque le blessé garde encore la chambre ! J'ajoute, à son honneur, qu'il attend impatiemment sa guérison pour « remettre ça » ! M. Piger a toujours été un fanatique de l'aviation qu'il considère comme le vrai moyen de transport de l'avenir. Il fut, après la guerre, l'un des rares pilotes civils stéphanois fréquentant assidûment le centre de Bron, où il s'entraînait régulièrement tous les dimanches.

L'aviateur PIGER

Sportsman accompli, M. Piger s'intéresse activement à tous les sports, qu'il a tous plus ou moins pratiqués ; il est vice-président de l'Abeille Sportive Stéphanoise et vice-président de l'Aéro-Club Forézien.

Ennemonde DIARD.

L'Aéro-Club Forézien

Le bureau de l'Aéro-Club Forézien, dont le siège est place de l'Hôtel-de-Ville, 1, est ainsi composé :

Président : M. Antoine CLAUDINON.
Vice-Présidents : MM. RAVAT, PIGER et DUPRAT.
Secrétaire : M. KASTNER.
Secrétaire-Adjoint : M. COSTE.
Trésorier : M. STUPFEL.
Trésorier-Adjoint : M. VALLARD.
Membres du Conseil d'Administration : MM. FAVERJEON, BOSC, LAMBERT, JOSSERAND, VINIANE, ROLLET.

De la Bicyclette au Parachute

Revenons, si vous le voulez bien, aux fêtes de Champirol...
Un coup d'aile et nous y voilà !

La montagne de Saint-Priest est noire de spectateurs. Les
commissaires sportifs gesticulent dans les prés envahis, les

La parachutiste Ennemonde DIARD

camelots hurlent, l'auto pavoisée du Comité bondit sur la route... Les frêles appareils sortent du hangar, s'enlèvent, et bientôt c'est un concert assourdissant de moteurs dans le ciel immensément bleu... Puis, le jour tombe... Poursuivant leur fabuleuse envolée, les légers monoplans exécutent un dernier virage autour d'un petit château qui devient tout rose dans le couchant...

Or, il y a là, timide et inconnue, une petite fille qui pleure en voyant voler Garros. Cette petite fille, c'est moi !

Qu'on m'excuse de rappeler ici ces souvenirs personnels,
mais c'est peut-être aux inoubliables impressions reçues alors,
que je dois d'être aujourd'hui parachutiste !

Ce sont ces visions que j'évoquais l'année dernière, à la
fête de la Ronze. Il me semblait contempler le même coucher
de soleil auréolant les mêmes ailes, et ce soir devenait peut-
être un des plus beaux de ma vie !

« L'aviation ! art divin ! art de rêve comme un art de
poète ! »

Je plains ceux qui n'ont jamais goûté au calme enivrant de
la solitude aérienne, à ce recueillement profond que berce
simplement la chanson puissante du moteur... Mon plus beau
vol à moi, je l'effectuai au-dessus de la mer. La Manche était
agitée par un orage lointain et le soleil jouait à cache-cache
avec les nuages. D'en haut, je voyais s'enlever les vagues,
tantôt riantes sous la caresse d'un rayon rapide, tantôt sinis-
tres sous une brume grisâtre. L'avion virait et bientôt, à
l'horizon, je ne distinguais plus ni ciel ni eau, mais un fond
tristement uniforme que rayait seule une frange d'argent...

L'aviation est la grande préoccupation de mon existence. Il
y a longtemps que je vole, je vole le plus souvent possible
et ne me lasse point de voler. Le parachute, à qui aime vraiment le sport aérien, est le complément indispensable de la
promenade en avion.

Quand on commence à craindre pour sa sécurité : hop !
un saut dans le vide ! Ou bien, quand on n'est pas d'accord
avec son pilote : la tête à la portière, un coup de chapeau,
au revoir, monsieur !

Au fond, j'ai tort de plaisanter avec la plus belle de nos
inventions. Et si, après avoir lâché la bicyclette pour l'auto,
l'auto pour l'aéro, j'ai lâché l'aéro... en parachute, ce n'est

pas uniquement pour faire peur aux dames, ni pour éprouver le petit frisson d'une chute libre de 50 mètres.

Les vrais parachutistes ne sont pas des acrobates, mais des propagandistes. Le parachute, en locomotion aérienne, est la preuve ultime de la sécurité. Le feu peut prendre à bord, le moteur peut s'arrêter, l'avion, pour une cause quelconque, peut être désemparé, il reste la bouée de sauvetage !

J'ai toujours envié les êtres privilégiés qui, possédant les moyens de faire du sport, ne se contentent pas d'une jouissance égoïste, mais se donnent pour tâche de convertir les ignorants à leur religion. Et j'ai admiré aussi les autres, ceux qui voient dans le sport autre chose et plus qu'une « affaire » !

Dans l'effort du cycliste dévorant les routes, de l'automobiliste crispé sur son volant, de l'aviateur cabré dans un looping, il est facile de retrouver la pointe de poésie... De l'élan magnifique de l'athlète, on peut dégager l'hymne à la Vie et à la Beauté...

En l'air, on oublie qu'il y a quelque part des vains plaisirs, des mesquineries, des luttes d'intérêt, des haines... On regarde l'inconnu face à face. Et l'on aimerait écrire, écrire, pour dispenser à l'humanité quelque souffle d'idéal...

Une plume et des ailes !

Ennemonde DIARD.

BILLARD

Faut-il considérer le billard comme un jeu ou un sport ? L'art du carambolage tient à la fois de l'un et de l'autre. Il n'en est pas autrement dans la plupart des sports, même ceux qui paraissent violents ; et il est bien certain que trop nombreux sont encore les footballeurs qui pratiquent d'abord pour le plaisir, ensuite pour se développer physiquement, acquérir une plus grande résistance à la maladie.

Je sais bien quel grief puissant est articulé contre le sport du billard. On joue, à Saint-Etienne et dans la Loire du moins, uniquement dans les cafés, et mon ami le docteur Michot vous prouverait facilement que rien n'est plus dangereux. Je ne considère donc pas comme des sportifs ceux pour qui le billard consiste en d'interminables « bandes » et en jetons transformés aussitôt en innombrables bouteilles.

Mais il y a les autres, ceux qui aiment véritablement le billard, et le pratiquent comme un sport. Comptez les pas faits par un champion durant une partie : vous verrez qu'il a accompli plusieurs kilomètres ; les bras, l'avant-bras droit surtout, travaillent ; et ne faut-il pas enfin du sang-froid, de « l'œil », toutes qualités qu'on se plaît à reconnaître aux sportifs.

Les sociétés de billard sont peu nombreuses dans la Loire. Nous n'en connaissons qu'une à Roanne, une à Saint-Chamond, et, enfin, le Billard Club Forézien, de Saint-Etienne, à qui est échue jusqu'ici la tâche d'organiser les championnats départementaux.

A. LARFEUIL.

Le championnat de la Loire

L'ancien champion cycliste Dumoulin abrite maintenant, dans son Café de la Paix, à Saint-Etienne, les fervents du jeu de billard, qui est véritablement un sport.

Le 30 mars, se jouait la finale du championnat de la Loire, première catégorie, jeu libre.

M. Beauregard, calme et froid, accomplit une série de 127, bien menée, qui accentuait son avance. M. Mourier joua l'une des plus mauvaises parties de sa carrière, se rachetant quelque peu à la dernière reprise par une belle, mais trop courte série.

M. Beauregard, qui termina avec 247 points d'avance, fut déclaré gagnant du tournoi, aux applaudissements des spectateurs.

Le dernier résultat donne :

M. Beauregard : 500 points; 51 reprises; moyenne, 9,80; série, 127.

M. Mourier : 362 points ; 50 reprises ; moyenne, 7,24 ; série, 65.

Le palmarès du championnat de première catégorie s'établit comme suit :

M. Beauregard : 3 victoires : 3.000 points : moyenne générale, 10,81 : plus forte série, 140.

M. Mourier : 2 victoires : 1 défaite . 2.753 points : moyenne générale, 11,88 : plus forte série, 96.

M. Garonnaire : 1 victoire : 2 défaites ; 2.134 points : moyenne générale, 7,20 : plus forte série, 65.

M. Reymond : 3 défaites : 1.741 points ; moyenne générale, 6,61 ; plus forte série 75

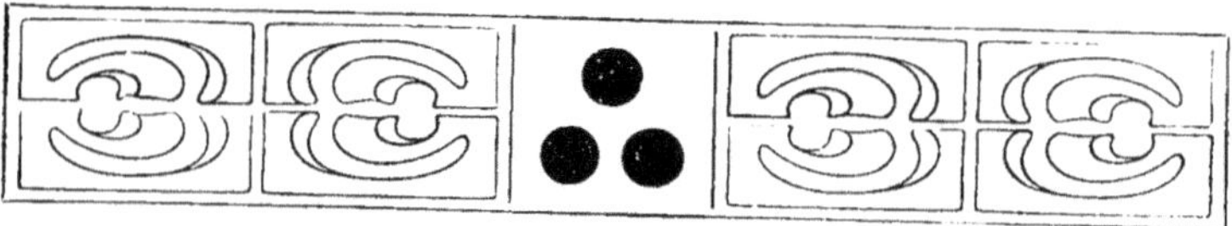

BOULES

S'il est un sport populaire dans notre région, c'est bien le jeu de boules. Ce n'est pas qu'il faille lui accorder une valeur de première importance au point de vue de la culture physique. Ses adeptes n'ont jamais songé par la pratique de leur sport favori à se procurer les doubles muscles de Tartarin. Sans doute, il comporte des exercices variés : lancement, marche, courses, etc., assez intensifs au cours d'une séance, qui peuvent efficacement contribuer à débarrasser de leurs toxines des organismes sédentaires. C'est le gros avantage que nous trouvons aux boules : celui d'un exercice physique efficace quoique modéré et sans ennui. Il contribue aussi, surtout, à donner le goût du plein air et de la fatigue musculaire à ceux qui s'en détourneraient sans cet attrait du jeu nécessaire à tout âge. C'est pourquoi nous croyons ce sport surtout très utile pour ceux dont le temps a durci les artères et calmé les ardeurs au point de les empêcher de se livrer à des ébats plus violents.

Les boules constituent le sport idéal pour les quadragénaires et aussi pour ceux à qui, bien que plus jeunes, le travail physique de la semaine donne plus l'envie d'un exercice modéré au moment de repos que d'une fatigue surajoutée excessive. Et cette considération qui a son importance dans les villes ouvrières, justifie assez la popularité des boules dans notre région.

Dr J. MICHOT.

L'œuvre de la Fédération de la Loire

Ce n'est pas, ici, la place pour décerner des brevets de dévouement aux Masson, Michel, Gory, Cellier, Liabeuf, Lyonnet, Corveille, Ronfa, Girard et autres qui, depuis des années, se prodiguent pour développer le sport-boules. Tous modestes, ils n'ont cure d'ailleurs de compliments, et ne cherchent d'autre satisfaction que celle du devoir accompli.

Et pourtant, n'auraient-ils pas le droit d'être fiers de leur œuvre ? Le succès couronne leurs longs efforts. La Fédération de la Loire compte à elle seule près de dix mille adhérents. Et l'Union nationale des Fédérations boulistes, — à la création de laquelle la Loire contribua pour beaucoup —, a été reconnue par le gouvernement et inscrite sur la liste des grandes fédérations sportives subventionnées.

C'est la consécration officielle du sport bouliste que certains s'obstinent encore à ne considérer que comme un jeu.

Pour douter des bienfaits du sport-boules, il faut n'avoir jamais assisté à un des grands concours qu'organise, trois fois l'an, la Fédération de la Loire et qui, en 1922, donnèrent les résultats suivants :

Concours de Pâques

6ᵉ partie : Ouillon bat Viarmay (2) ; Myon bat Gory (4) ; Crépinge bat Rouma (3).

7ᵉ partie : Crépinge gagne d'office ; Ouillon bat Myon (6).

Championnat : Avant-Garde de Saint-Chamond (Ouillon, Laurent, Rebeau et Robert) bat Boule de Fourneyron (Crépinge, Pélardy, Balma et Butty), à 10 points.

Tir : 1ᵉʳ Fougère, 2ᵉ Pascal, 3ᵉ Ouillon, 4ᵉ Vassal, 5ᵉ Duillon.

Pointage (Rouge) : 1ᵉʳ Pacalet, 2ᵉ Miquel, 3ᵉ Dubouchet, 4ᵉ Simonin, 5ᵉ Bounaire. — (Jaune) : 1ᵉʳ Dubouchet, 2ᵉ Duron, 3ᵉ Clapot, 4ᵉ Viannet, 5ᵉ Mancip.

Concours du 14 Juillet

Championnat : Boule de Fourneyron (Bonhomme, Duillon, Fougère et Dérail) bat Boule du Centre de Firminy (Neyret frères, Lecomte et Favier), à 5 points.

Consolation : Boule du Centre de Firminy (Vallat, Planchet, Maronnet, Fraisse) bat quadrette Mois, Barthélemy, Chabondy et Raval.

Pointage (Rouge) : 1ᵉʳ Clapot, 2ᵉ Forissier, 3ᵉ Dubouchet, 4ᵉ Teyssier, 5ᵉ Bonche. — (Jaune) : 1ᵉʳ Miquel, 2ᵉ Dubouchet, 3ᵉ Celle, 4ᵉ Simonin, 5ᵉ Japonay.

Tir : 1ᵉʳ Neyret, 2ᵉ Démontant, 3ᵉ Lafont, 4ᵉ Fougère, 5ᵉ Duillon.

Concours d'Automne

7ᵉ partie : Bayon bat Ouillon ; Boulin bat Dufour.

Championnat : Boule de Fourneyron (Bayon, Duillon, Fougère et Dérail) bat Boule de Saint-Roch (Boulin, Colombet, Vally, Perrasoto), à 18 points.

Consolation : Boule de Bellevue (Vignal-Champagnac) bat La Joyeuse de Saint-Chamond (Corompt).

Fédération des Joueurs de Boules de St-Etienne
et de la Loire

Le siège de la Fédération est installé au café de la Perle, rue du Grand-Moulin, à Saint-Etienne. Le Comité est composé comme suit :

Président : M. CELLIER.
Vice-Présidents : MM. BOULIN, AVIAS et COLLIN.
Secrétaire : M. COGNET.
Secrétaire adjoint : M. MASSON.
Trésorier : M. CORVEILLE.
Trésorier adjoint : M. BARAILLER.
Membres : MM. GIRARD, BUGNAND, FORGE, LA-TARSE et LIABEUF.

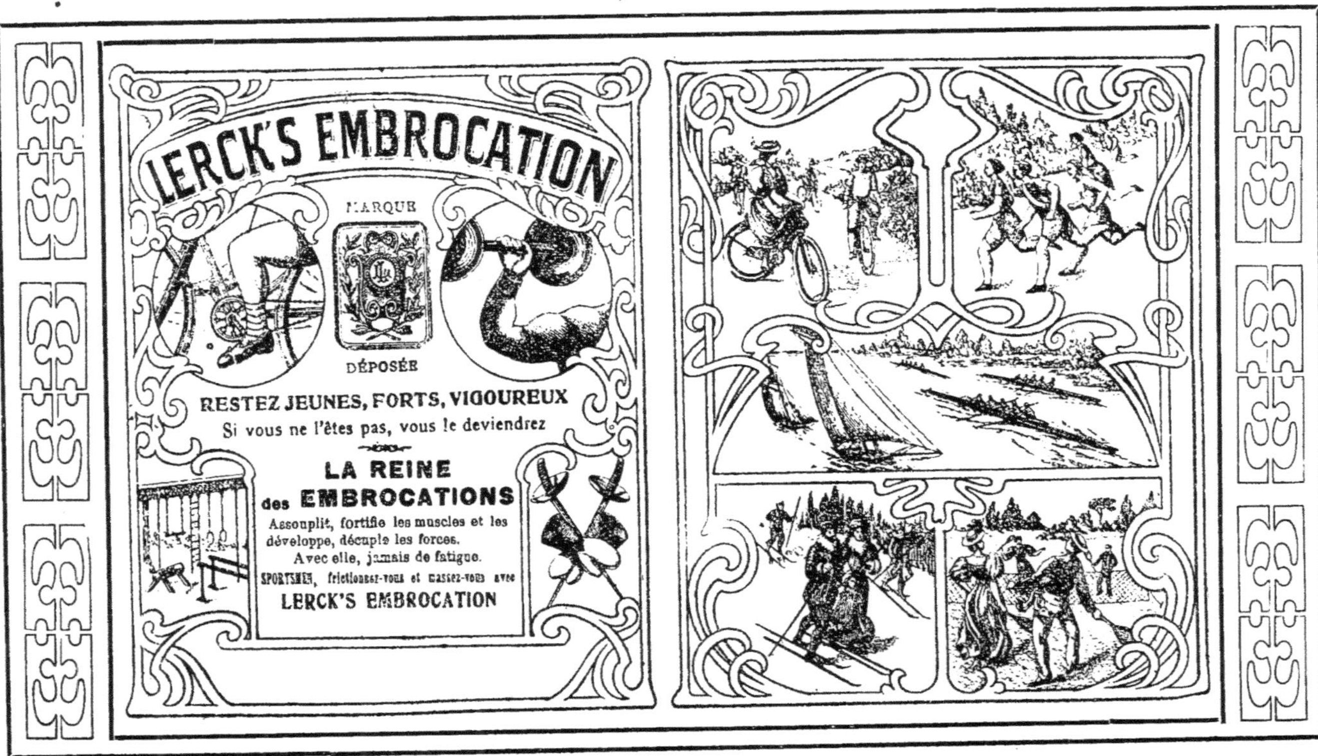
LERCK'S EMBROCATION
MARQUE
DÉPOSÉE
RESTEZ JEUNES, FORTS, VIGOUREUX
Si vous ne l'êtes pas, vous le deviendrez
LA REINE
des EMBROCATIONS
Assouplit, fortifie les muscles et les
développe, décuple les forces.
Avec elle, jamais de fatigue.
SPORTSMEN, frictionnez-vous et massez-vous avec
LERCK'S EMBROCATION

BOXE

La boxe est le sport du jour. Elle tente les jeunes qui gardent toujours au cœur l'espoir de conquérir la gloire et les profits des as du ring.

On distingue la boxe anglaise de la boxe française. Dans cette dernière méthode, il est permis de frapper l'adversaire avec les pieds. Outre le peu de résultat pratique de ces coups, elle obtient peut-être, même, un moindre développemeent des membres inférieurs que la boxe anglaise. Dans celle-ci, en effet, l'attitude des combattants consiste en un sautillement incessant qui permet les meilleures esquives aux coups reçus, le plus de force par l'appui de tout le corps aux coups portés. C'est pourquoi nous constatons chez le boxeur des membr   inférieurs qui existent réellement au point de vue pratique. Nous trouvons des jambes parfois grêles, grêles surtout par comparaison avec les épaules, mais qui n'en sont pas moins capables d'un travail considérable. D'ailleurs, l'entraînement des boxeurs comporte beaucoup de courses à pied ; tant au point de vue du souffle à obtenir qu'au point de vue de la vigueur des jambes à préparer pour le combat.

La caractéristique des boxeurs consiste dans le développement de la musculature de leurs épaules, particulièrement dans le développement du deltoïde qui suffirait à faire reconnaître un boxeur. Il y a même parfois un contraste violent avec la largeur des épaules et celle du bassin. Mais souvent, la musculature ne présente rien d'anormal. La boxe ne tombe pas, en effet, par suite de la nécessité primordiale de la vitesse des coups dans l'erreur de l'hypertrophie musculaire, erreur où seule la quantité du muscle importe et non sa qualité. Nous signalons encore la valeur de la boxe comme exercice respiratoire. Sa valeur déjà signalée en 1842 par Royer-Collard, à l'Académie de Médecine, au point de l'énergie et de la résistance.

Enfin, nous tenons à dire que ce n'est pas le sport brutal que beaucoup se représentent.

Dr J. MICHOT.

Les Soirées du Boxing-Club Stéphanois

19 JANVIER. — Garde bat Vyt aux points en 4 rounds : Jacquemond bat Piney aux points en 4 rounds ; Lespinasse bat Truffin aux points en 6 rounds : Merjean bat Capitain par K. O. en 1 round ; Youyou bat Gachet aux points en 10 rounds : Nilles bat Feste par K. O. en 3 rounds.

10 FEVRIER. — Bousquet bat Merjean aux points en 4 rounds : Costabella bat Varnier aux points en 4 rounds : Jacquemond bat Briffod aux points en 4 rounds : Dufau bat Rogier au 4° round, l'arbitre arrêtant le combat : Jack Walker bat Arnaud aux points en 10 rounds : Dupinay bat Max Henry par abandon au 3° round ; Julliard bat Appollon aux points en 10 rounds

16 MARS. — Debard bat Pitiot par abandon au 3° round : Candel bat Vacher par abandon au 3° round ; Julien bat Billon aux points en 6 rounds : Marin bat Crépinge aux points en 6 rouds : Solvinto bat Faugères par abandon au 6° round ; Vinez bat Merjean aux points en 10 rounds : Anelle bat Waintz aux points en 10 rounds.

21 AVRIL. — Wyt bat Chapelon aux points en 4 rounds : Dufau bat Wainçon au 1er round : Masson bat Vaussan par abandon au 4° round : Huberty bat Truffin aux points en 8 rounds : Julien bat Rampignon aux points en 10 rounds : Dupinay bat Paul Til par abandon au 4° round.

4 JUIN. — Au cours de cette soirée, les lauréats de la course cycliste Paris-St-Etienne, organisée par « La Tribune », furent présentés au public. Les combats de boxe donnèrent les résultats suivants : Exbrayat et Serpouet font match nul : Thomas bat Pourreyron aux points en 4 rounds : Dupinay bat Doyen par abandon au 2° round : Badond bat Guichet par K. O. en 1 round : Anell bat Jim Wango aux points en 10 rounds.

21 SEPTEMBRE. — Blachon et Fiasson match nul en 4 rounds ; Verat bat Redon aux points en 4 rounds ; Civard et Liogier match nul en 4 rounds : Moreau bat Chaumarat par abandon au 4° round ; Capitain bat Jacklin par K. O. en 2 rounds ; Tirelli bat Romério aux points en 10 rounds ; Gachet bat Ferrey par arrêt de l'arbitre au 2° round.

26 OCTOBRE. — Verat bat Bonnet aux points ; Caillet bat Blachon aux points : Jacquemond bat Pinet aux points ; Dufau bat Faure aux points : Dubreuil et Camus font match nul ; Anell bat Danis aux points : Merjean bat Dupinay aux points en 10 rounds.

16 NOVEMBRE. — Civard et Marcel Thomas match nul ; Rochette bat Oustry aux points; Moreau bat Reners aux points; Garde bat Dubreuil par abandon au 4° round; Kessler et Julien match nul en 10 rounds; Capitain bat Jacklin par K. O. au 6° round; Gachet bat Grassi aux points en 10 rounds.

14 DECEMBRE. — Verat bat Caillet aux points en 4 rounds ; Candel et Metifeu match nul en 4 rounds; Garde bat Camus aux points en 6 rounds; Laurens bat Dufau par abandon au 4° round; Julien bat Juliard par disqualification au 6° round; Papin et Capitain match nul en 10 rounds.

Les Réunions du Ring-Club

17 MAI. — La soirée de décentralisation organisée par le Ring Club Stéphanois au Cinéma du Soleil donne les résultats suivants : Rochegude bat Chevalier aux points : Degas et Bonnet font match nul; Gardant bat Perronnet par abandon au 3° round; Jourdy bat Laroche par abandon au 3° round; Vial bat Pons aux points; Robert bat Viannoz par abandon au 5° round. Une exhibition de Géo Crépinge et de Garde, champion de la Loire poids plume, termine la soirée.

Les Championnats amateurs de la Loire

Disputés le 6 mai, à la salle Gachet, les championnats amateurs donnent lieu à 27 combats. Les titres sont attribués comme suit :

Poids minimes : Exbrayat (Abeille) bat Bonnet (Omnium) aux points en 3 rounds. — Poids mouches : Garde (Cercle Pugilistique) bat Bousquet (salle Gachet) aux points en 3 rounds. — Poids coqs : Thomas (salle Gachet) bat Jourdy (Abeille) aux points en 3 rounds. — Poids plumes : Jacquemond (salle Gignoux) bat Pinet (salle Gachet), abandon 2° round. — Poids légers : Dufau (salle Gachet) bat Robert (Abeille), abandon 2° round. — Poids mi-moyens : Candel (salle Gachet) bat O'Connor (salle Gachet), aux points en 3 rounds. — Poids moyens : Reners (Saint-Chamond) bat Touzet (Wonderland Roannais), K. O. au 1er round. — Poids mi-lourds : Bergeron (Cercle Pugilistique) bat Vial (salle Gachet) aux points en 3 rounds.

A FIRMINY

7 FEVRIER. — Le Boxing Club Appelou donne une réunion très réussie qui se termine par les résultats suivants : Vyt bat Laroche par abandon au 1er round; Mounier bat Arnold aux points; Candel bat Boulon par abandon au 1er round. Pinet bat Carrotti aux points; Chaumarat bat Métifeu par K. O. au 6° round; Gachet et le jeune Serpouet font quatre rounds de belle exhibition.

26 MARS. — Soirée organisée à l'occasion de la fête de l'U. S. A. de Firminy : Petiju et Robert match nul en 2 reprises; Laroche bat Olagnon aux points en 4 rounds; Mounier bat Brun aux points en 6 rouds; Pinet bat Carotti aux points en 6 rounds; Chaumarat bat Métifeu par K. O. au 5° round.

7 JUIN. — Rochegude bat Chevalier aux points : Peyronnet et Exbrayat font match nul; Ollagnon et Berger font match nul; Vérat bat Rivoire par abandon au 3° round; Robert bat Viannon par abandon au 5° round; Vial bat Pons par abandon au 2° round; Chaumarat bat Girard par disqualification.

3 OCTOBRE. — Dufau bat Chaumarat par K.O. au 4° round ; Blachon bat Odin aux points; Gerphagnon et Brun font match nul; Borde et Berger match nul; Garnier bat Montchovet par abandon au 3° round; Vial et Gauvignon match nul; Exhibition de Gachet avec Rives.

A RIVE-DE-GIER

11 MAI. — Réunion de propagande organisée par le Club Pugilistique Stéphanois : Jamet bat Degas jeune aux points; Jeannot et Fayasson font match nul; Perrin bat Chapelon aux points; Viannon bat Voinson par abandon au 2° round; Rochette bat Logèle par abandon au 4° round; Bergeron bat Girard par abandon au 3° round; Garde bat Degas par abandon au 3° round.

A ROANNE

26 AVRIL. — Soirée organisée par le Club Pugilistique Roannais : Perrin bat Barroud par abandon au 1er round; Gauthier bat Laroche par abandon au 1er round; Mazoyer bat Gouvers par abandon au 3e round; Garde bat Octobon par abandon au 3e round; Lowson bat Prunier par K. O. au 3e round.

24 MAI. — Le Wonderland Roannais remporte, pour sa première soirée le plus complet succès : Alcouffe bat Dupinay aux points; Romério bat Lajus par K. O. au 4e round; Vaussan bat Géo Martin en 6 rounds aux points; Rochette et Pinet font match nul; Gipons et Serpouet font match nul ; Jamet et Maude font match nul.

25 OCTOBRE. — Verat bat Barriquand par abandon ; Angel bat Candel par abandon au 1er round; Plasse bat Brun aux points; Decloître bat Frank-Nault par K. O. au 1er round; Buisson bat Vaussan aux points; Faraise bat Foriat par K. O.; Gachet bat Bora par K. O. au 2e round.

6 DÉCEMBRE. — Gipons bat Frizot par arrêt du combat ; Verat bat Mounier par abandon au 2e round; Diverès et Chardonnet font match nul; Plasse bat Gerphagnon aux points; Augel bat Odin par abandon au 2e round; Dufau bat Poccobello par arrêt du combat; Garde bat Billon aux points; Sineth bat Demey par abandon au 6e round.

A SAINT-CHAMOND

14 MARS. — Peyronnet bat Rocheguyne aux points en 3 rounds ; Baroux et Mazoyer font match nul en 4 reprises; Sivart bat Furet par abandon au 2e round; Vial et Jourdy font match nul en 4 reprises; Lambert bat Chaumarat par abandon au 2e round; Pons bat Frasson par abandon au 5e round; Richonnet bat Barrelon par disqualification au 7e round; la soirée se termina par une exhibition entre Crépinge et Gobelin.

A SURY-LE-COMTAL

11 JUIN. — Veyrat bat Marsalla aux points en 6 reprises ; Montagnon bat Delay par abandon au 2e round; Brun bat Gay par abandon au 3e round; Candel bat Vianon par abandon au 2e round; Gachet termine par une exhibition avec Verney.

A TERRENOIRE

12 AOUT. — Soirée organisée par l'Amicale Sportive de Terrenoire : Barfiot bat Berger par abandon au 4e round; Vidal et Nicolas font match nul; Gilibert bat Raynaud par abandon au 4e round; Fournel bat Fay aux points; Brayet bat Gueux aux points; Pagne bat Freydier par abandon au 3e round; Bouhier bat Ribeyron par abandon au 3e round.

Les combats d'amateurs salle GACHET

GACHET

25 JANVIER. — Réunion très réussie où des combats sans décision intéressèrent vivement les invités : Gachet fit une exhibition avec le jeune Serpouet (42 kilos); O'Connor, poids mi-moyen irlandais, mit sérieusement à l'ouvrage Métifeu; Dufau, Rochette, Bousquet, Vyt et Pinet furent remarqués.

19 JUILLET. — Première des réunions d'amateurs qui se poursuivirent avec succès pendant tout l'été : Raphard bat Chapelon : Faure bat Rives : Civard bat Mestre: Thomas et Jamet font match nul; Brun bat Delmarty; Gachet termina par une exhibition avec Vial.

27 JUILLET. — La deuxième réunion entre amateurs obtient aussi un vif succès et se termine par les résultats suivants : Maistre, vainqueur de Vallin; Rives, vainqueur de Faure: Jamet, vainqueur de Pabiou; Blachon, vainqueur de Barfils: Verrat, vainqueur de Candell: Vial, vainqueur de Gouvillon.

10 AOUT. — Troisième réunion. Résultats : Bonnet bat Raffard aux points: Jamet bat Frasson aux points: Brayet bat Ollagnon aux points; Rives bat Tachon aux points; Civard et Vérat font match nul: Jamet bat Bonnet et enlève le tournoi.

24 AOUT. — Quatrième réunion : Civard bat Furet par abandon : Exbrayat bat Jamet par arrêt de combat: Gardan bat Rives par abandon: Gauthier bat Vérat par abandon: Dégat bat Raphard aux points: Candel bat Levaut par abandon.

18 SEPTEMBRE. — Villemagne bat Dimeris aux points : Vérat bat Fiasson aux points; Blachon bat Vidal par abandon: Rives bat Daldebert aux points: Gachet fit une exhibition avec Dufau et Jacquemond.

30 NOVEMBRE. — Bonnet bat Duruette aux points : Namou bat Vidal aux points, Vérat bat Defour: Caillet bat Gardan: Blachon et Fayasson font match nul: Garnier et Valayer font match nul: Métifeu bat Brayet.

A la salle GINIOUX

La soirée organisée salle Ginioux par l'Abeille Sportive Stéphanoise, le 19 novembre, donne les résultats suivants : Degas et Berger match nul; Tarrit bat Constant aux points; Nicolas bat Gaspard aux points; Gardant bat Tevei par arrêt au 1er round; Lautru bat Nevel par abandon au 2e round ; Fradier bat Félix par abandon au 2e round, Métifeu bat Rambaud par abandon au 2e round.

COURSE A PIED

ET ATHLÉTISME

Par là. il faut entendre la course pratiquée de façon exclusive, ce qui est plutôt rare, car sur la piste, les coureurs ont
à leur disposition poids, sautoir, etc., et il est bien rare qu'ils
n'en profitent pas, même s'ils se spécialisent dans l'épreuve
où ils obtiennent les meilleurs résultats.

Chez les coureurs à pied qui ne pratiquent rien autre que
la course, nous constatons une musculature peu développée
en apparence, parfois même grêle. D'ailleurs, cette gracilité
est loin de signifier faiblesse et les efforts réalisés le démon-
trent manifestement. Les bras ont été jugés souvent insuffisamment développés, par suite de la vieille erreur, de l'obser-
vation des types d'athlètes produits par l'ancienne gymnastique, types aux biceps volumineux, aux jambes inexistantes.
Le type de notre coureur à pied est celui qui se rapproche
le plus de celui de l'athlète grec. On peut être, au premier
abord, surpris de ce qu'un acte musculaire comme la course,
qui ne met, en somme, directement en jeu que les muscles des
membres inférieurs, puissent nécessiter aussi l'entrée en
action de muscles éloignés. En réalité, dans la course à pied,
les bras travaillent autant que les jambes pour que la foulée
soit harmonieuse.

La course à pied, faite toute de mouvement, par conséquent
la représentation la plus puissante de la vie, est le sport
harmonieux par excellence, celui dans lequel la statuaire
grecque, si soucieuse de la ligne, a puisé tant d'attitudes pour
les immortaliser dans le marbre. Si nous devons signaler
l'importance fondamentale dans la course de l'éducation de
la respiration, nous ne devons pas oublier non plus l'importance de la course dans l'éducation de la fonction respiratoire.
C'est elle seule qui force les poumons à se déplisser jusque
dans leurs alvéoles les plus profondément situées, qui active
à merveille la circulation sanguine et, par là même, oxygénise
intensément le sang, assure une plus riche alimentation sanguine au corps entier. Elle est le vrai stimulant de la peau,
provoque une excellente sudation et fond à merveille la
graisse infiltrée derrière les organes et autour des vaisseaux.

Il nous faut aussi signaler le danger de trop longues courses chez des sujets trop jeunes et pas assez entraînés, danger observé d'ailleurs plus fréquemment sur de jeunes cyclistes rivalisant trop tôt avec leurs aînés, mais dont l'ardeur s'éteint avec la force musculaire.

Pour le surplus, nous estimons que par l'entraînement rationnel, méthodique et progressif dont donnent l'exemple les athlètes américains, et à leur suite, nos coureurs français, au moins dans les sociétés sérieuses, la course à pied ne doit jamais produire aucun surmenage, ni musculaire, ni organique. Pour nous, elle doit être à la base de toute méthode d'éducation physique.

Dr J. MICHOT.

Hier et aujourd'hui

De tous les sports pratiqués avec assiduité par la jeunesse de notre région, la course à pied est certainement le plus ingrat, sinon le plus pénible. Il faut avoir galopé à travers la campagne ou simplement sur une piste, pour se faire une idée des rudes efforts exigés par le sport pédestre. Jamais un profane, en voyant passer un coureur à pied, ne se doutera combien il faut de travail, de volonté et de persévérance, pour arriver à se classer honorablement dans une compétition quelconque. C'est justement parce que l'entraînement du pédestrian est excessivement dur, que le « premier des sports » a eu beaucoup de peine à se faire place nette dans la Loire — comme ailleurs, du reste ! — sans de sérieux encouragements, sans la construction d'un stade miniature à la Terrasse, il est probable que nous n'aurions actuellement, à St-Etienne, qu'un petit noyau de coureurs à pied. Je parle ici de coureurs sérieux, qui font du sport avec conscience et méthode, et non pas de ces soi-disant athlètes, qui s'exhibent une fois tous les six mois, et qui ignorent tout de l'a, b, c, de la course.

Pour parler franchement, nous dirons que si la course à pied a subi une longue crise, la faute doit être supportée par nos clubs, qui se sont par trop désintéressés de leurs membres qui avaient quelques aptitudes. Et puis, nous avons manqué de professeurs, nous avons manqué de managers, nous avons manqué de techniciens.

Quand on songe aux Lyon-St-Etienne, ou aux St-Etienne-le Pilat, d'antan, on reste pétrifié d'horreur. On revoit ces épreuves, on revoit les concurrents se traînant fourbus sur nos routes, et donnant aux populations un spectacle qui ne constituait pas une bonne publicité en faveur du sport. A cette époque héroïque, on avait la folie de la distance. C'était presque du Gallot ! Pour avoir donné dans une exagération incompréhensible, les « bouffeurs de kilomètres » se virent impitoyablement condamner... On leur jeta l'anathème, on les ridiculisa tant et si bien que leur espèce finit par disparaître. La seule victime dans l'aventure était la course à pied — tout bonnement ! Les rares sportifs qui avaient entrepris la croisade de modération qui s'imposait, passèrent eux aussi un vilain quart d'heure, car le public écœuré confondait tous les apôtres — bons ou mauvais ! Il fallut tout recommencer !

La guerre ajouta au désarroi des milieux pédestres. La course à pied tomba lamentablement en détresse.

En 1916, timides essais. A Firminy et St-Chamond on tente de faire revivre les épreuves sur piste et sur route. Il y a un courageux pionnier qui énumère tout. Coureur à pied de la première heure — il avait brillé au temps de la Fédération Cycliste Athlétique de France — il fonde l'Union Sportive des Aciéries de Firminy, et dans ce club réussit à former quelques jeunes. Il s'agit de notre camarade Henriot, aujourd'hui arbitre fédéral de football.

Malheureusement, la besogne de ce zélé serviteur revêt un caractère exclusivement local, et St-Etienne ne profite pas de cette propagande. Pendant deux années, 1917 et 1918, notre ville compte en tout et pour tout — tenez-vous bien ! — deux coureurs. Le premier était J. Guichard, qui devait gagner par la suite de nombreux championnats du Lyonnais, devenir recordman du 400 mètres, et s'affirmer sur cette distance comme un des meilleurs Français. Le second était le signataire de ces lignes.

Il y a cinq ou six ans, St-Etienne ne possédait aucune piste pédestre. Pour s'entraîner on avait recours à la cendrée du Champ-de-Mars, ou au sol rugueux du vieux crassier du Marais. Il fallait avoir le feu sacré...

En fin d'année 1918, gros événement ! L'Union Sportive des Aciéries de Firminy annonçait la formation d'une équipe de cross-country, capable de défendre victorieusement ses couleurs. Pour ses débuts, cette équipe réalisa un tour de force. A Grenoble, elle s'adjugea sans coup férir le Challenge Bouchayer. Dès lors, la cause était entendue ! Firminy allait continuer. On connaît les admirables succès remportés par ce brillant club, qui se révéla comme le premier de province. Champion incontesté de toute la région lyonnaise, il termine second au national 1919. Partout il est roi, et les challenges qu'il enlève sont bientôt innombrables. Il serait injuste de ne pas rendre hommage à notre grande société de la vallée de l'Ondaine.

L'œuvre accomplie par l'Union Sportive des Aciéries de Firminy restera éternellement belle ! Les résultats obtenus par ce groupement font honneur à notre patrie forézienne. Il est bien entendu que Firminy a disposé de moyens considérables. Grâce aux largesses, à la générosité d'une administration éminemment sportive, ce club a pu tabler sur un budget, inconnu dans les autres sociétés.

Mais aussi, avec quel brio, avec quelle maëstria réalisa-t-il son vaste programme ? Le mouvement déchaîné par les Usapistes eut sa répercussion dans tous nos centres importants, et 1919 vit la naissance de nombreuses équipes de course à pied. St-Etienne, St-Chamond, Rive-de-Gier, La Ricamarie, Roanne, Chazelles-sur-Lyon, Le Chambon-Feugerolles, etc., se mirent dans la foulée de Firminy. Et nous eûmes le printemps du sport pédestre !

Le stade Grouchy

Les sports athlétiques ne devaient pas tarder à entrer dans une ère de prospérité. Aussi la Ligue Lyonnaise qui en régissait la pratique fut-elle sagement inspirée en créant la Section de la Loire.

Depuis que la Section de la Loire a vu le jour, nous avons enregistré de magnifiques progrès, progrès en quantité et en qualité. Présentement, une quarantaine de clubs composent notre organisme, et jamais l'athlétisme n'a connu pareille vogue. Il est vrai que les manifestations ne sont pas rares, et que très souvent nos athlètes sont appelés à se mesurer dans le stade !

Le premier travail de la Section a été de doter St-Etienne d'un terrain convenablement aménagé avec piste encendrée, sautoirs, basket-ball, etc. Les travaux poussés activement donnèrent pleine satisfaction.

Les pratiquants surent apprécier le confort et la bonne installation du stade, qui est situé rue Grouchy.

Le public stéphanois prit bien vite le chemin du coquet parc des sports, et chaque réunion organisée à la Terrasse est suivie par une foule qui ne demande qu'à applaudir aux exploits de nos cracks.

La course à pied a bénéficié également des épreuves organisées par notre excellent quotidien du soir, la « Loire Républicaine », qui fait disputer chaque année le Tour de St-Etienne, le Tour de Rive-de-Gier, le Tour de St-Chamond, et le Derby de la Loire (Bellevue-Firminy). Extrêmement populaires, ces quatre courses ont contribué au développement athlétique. Nos concitoyens les suivent avec plaisir.

Comme on le voit, le calendrier de la branche sportive qui nous occupe est particulièrement chargé. C'est fort heureux ! La course à pied a un avenir de tout repos. Imitant le football, elle fait tache d'huile. On peut dire que demain, toutes nos petites communes auront leur équipe de cross-country !

Le sport pédestre est un sport essentiellement démocratique. S'il coûte beaucoup d'efforts, il ne coûte pas beaucoup d'argent. Tout le monde — si pauvre soit-il — peut pratiquer la course à pied. Ne vous en privez pas !

Les performances de 1922

Avant de terminer notre exposé sur les sports athlétiques régionaux, nous allons, si vous le voulez bien, passer en revue l'année 1922, année fertile en jolies performances, et aussi en révélations !

La saison de cross-country 1921-1922 a connu un très gros succès. Dans la Loire, la suprématie resta à l'Union Sportive des Aciéries de Firminy qui enleva facilement le cross d'ouverture et les Grands Prix. En deuxième série, l'Association Sportive du Casino se distingua et présenta des éléments non dépourvus de valeur. Elle triompha au Challenge Bouchard, au Tour de Chazelles-sur-Lyon, Coupe Louis Robert, Tour de Tarare, Challenge Grenard, etc.

Si Firminy conserva le meilleur sur ses adversaires foréziens, il ne put par contre renouveler dans le Lyonnais ses prouesses de 1918-19-20 et 21 ! Son team, affaibli par des départs retentissants — Cintrat, Gallet, Lalarinode — dut baisser pavillon. Malgré tout, il trouve assez de ressources pour gagner le Challenge Voyot, devant ses vieux rivaux.

Parmi les autres sociétés qui firent preuve d'une activité méritoire, nous citerons : l'Etoile Sportive Ricamandoise, le Soleil Sporting Club, le Cercle des Sports, le Stade Forézien, l'Union Sportive Faubourg Clermont de Roanne, l'Association Sportive Chazelloise, etc.

Au point de vue individuel, il faut insister sur les beaux classements obtenus par Grenard (de Firminy), qui termina premier au championnat du Lyonnais ; Montel, Chalancon, Burelier, Arlie, Thouiller, Porteneuve, Defour, Thivel, etc., etc.

La saison d'athlétisme qui débuta en mai se déroula entièrement à l'avantage des deux clubs stéphanois, qui viennent de se réunir sous la même égide : le Club Athlétique du Coquelicot et l'Athletic Club Stéphanois. Les équipes de ces deux groupements dominèrent manifestement la situation. Leur palmarès est éloquent : Critérium de la Loire, Journée des Relais, Challenge Benoît Oriol, Challenge de l'Union des Mutilés, etc., etc. Le Club Olympique St-Chamonnais et le Club Sportif de la Chaléassière donnèrent quelquefois du fil à retordre aux leaders.

La manifestation qui obtint le meilleur succès fut sans contredit celle mise sur pied au stade de la Terrasse, à l'occasion des Grands Prix de l'Athlétic Club Stéphanois. Record d'affluence et record des recettes furent battus de loin, et depuis jamais approchés.

Quelques réunions comme les Grands Prix de la Loire et la finale des Critériums, virent leur succès compromis. On fit mieux, lors du Challenge du Boxing Club, que l'Association Sportive Lyonnaise emporta dans le Rhône !

Comme la Ligue Lyonnaise, la Section de la Loire a son tableau de records. Parmi ceux qui sont véritablement hors ligne il convient d'indiquer :

Le 400 mètres en 51'' 2/5, le 800 mètres en 2' 2'' 2/5, le 1.500 mètres en 4' 15'' 1/5, le 10.000 mètres en 33' 28'' 1/5.

Quatre athlètes de la Loire sont d'ailleurs recordmen du Lyonnais : un est champion du Lyonnais, pour cette année !

Le programme de 1923

L'année athlétique 1923 va s'ouvrir sous d'heureux auspices. La Section de la Loire et nos divers clubs vont faire l'impossible pour donner de superbes manifestations : Challenges, Coupes, Grands Prix se succèderont sans interruption.

Espérons que les réunions verront lutter tous les athlètes foréziens. Peut-être aurons-nous à saluer de nouveaux champions... Dans tous les cas, nous constaterons très certainement une amélioration, quant aux performances qui seront accomplies.

D'ores et déjà, nos clubs se doivent de ne rien négliger, en ce qui concerne l'entraînement de leurs athlètes. Et la Loire pourra présenter bientôt une pléiade de grands cracks !

A. PUILLET.

Le bureau de la Section d'athlétisme de la Loire

Le bureau de la section d'athlétisme de la Loire est composé, pour 1923, de la façon suivante :

Président : REYNAUD.
Vice-Présidents : Docteur MICHOT, MARTIN.
Secrétaire : JACQUET.
Trésorier : SOUVIGNET.
Membres : JOSSERAND, LARGERON, CHALENCON, DARET.

Les records d'athlétisme pour la Loire

Pour la première fois, un tableau des records d'athlétisme pour le département de la Loire a été établi de façon officielle :

Voici ce tableau où l'on remarquera que l'Union Sportive des Aciéries de Firminy est inscrite pour dix records ; l'Athlétic Club Stéphanois pour six ; l'Association Sportive d'Izieux pour trois ; l'Abeille Sportive Stéphanoise pour un ; le Club Olympique Saint-Chamonais pour un, et le Club Sportif de la Chaléassière pour un.

Individuellement, A. Puillet est quatre fois recordman ; Petiot, trois fois ; Guichard, deux fois ; Terme, deux fois, etc.

DISTANCES ET ÉPREUVES	RECORDS	DÉTENTEURS	CLUBS	TERRAINS	DATES
60 mètres	—	—	—	—	—
100 —	12"	Bompuis	A.S S.	Stade de La Terrasse	25 mai 1922
150 —	—	—	—	—	—
200 —	23" 3/5	Guichard	U.S.A.F.	Lyon	29 juin 1919
300 —	—	—	—	—	—
400 —	51" 2/5	Guichard	U.S.A.F.	Lyon	10 juillet 1920
500 —	1' 14" 3/5	A. Puillet	A.C.S.	Stade de La Terrasse	9 juillet 1922
800 —	2' 2" 2/5	A. Puillet	A.C.S.	Lyon	25 juin 1922
1.000 —	2' 46" 3/5	A. Puillet	A.C.S.	Stade de La Terrasse	25 mai 1922
1.500 —	4' 15" 1/5	A. Puillet	U.S A.F.	Lyon	19 juin 1921
2.000 —	6' 42"	P. Puillet	A.C.S.	Stade de La Terrasse	25 mai 1922
3.000 —	10' 15" 4/5	David	A.C S.	Stade de La Terrasse	25 mai 1922
4.000 —	—	—	—	—	—
5.000 —	16' 53"	Cintrat	U.S.A.F.	Lyon	27 juin 1920
6.000 —	—	—	—	—	—
7.000 —	—	—	—	—	—
8.000 —	—	—	—	—	—
9.000 —	—	—	—	—	—
10 000 —	33' 28" 1/5	Gallet	U.S.A.F.	Lyon	19 juin 1921
15.000 —	—	—	—	—	—
Demi heure	8 k. 436-34	Thivel	U.S.A.F.	Stade de La Terrasse	25 mai 1922
Heure	—	—	—	—	—
110 mètres haies	19" 4/5	Minard	U.S.A.F.	Lyon	29 juin 1919
200 —	—	—	—	—	—
400 —	1' 2" 4/5	Pflug	U.S.A.F.	Lyon	29 juin 1919
Saut à la perche	2 m. 83	Brun	C.S.C.	Stade de La Terrasse	25 mai 1922
Long' avec élan	6 m 08	Petiot	A S.I.	Lyon	25 juin 1922
— sans élan	2 m. 84	Terme	U.S A F.	Lyon	29 juin 1919
Haut' avec élan	1 m. 68	Joannon	C.O.S.C	Lyon	25 juin 1922
— sans élan	1 m 47	Terme	U.S A.F.	Lyon	29 juin 1919
Lanc' du poids	10 m. 62	Petiot	A.S I.	Lyon	25 juin 1922
— du disque	30 m. 87	Dupin	A.C.S.	Stade de La Terrasse	9 juillet 1922
— du javelot	35 m. 42	Petiot	A.S.I.	Lyon	25 juin 1922

LA PREMIÈRE ÉQUIPE DE CROSS DE L'U. S. A. DE FIRMINY.

Les critériums d'athlétisme de la Loire

PREMIERE JOURNEE

Les premières éliminatoires, disputées le 7 mai au Stade municipal de la Terrasse, qualifient le Club Sportif de la Chaléassière et le Football Club Montbrisonnais.

Résultats détaillés :

100 mètres : 1er Wolff (C.S.A.C.), 2e Pichon (C.S.A.C.), 3e Garde (C.S.A.C.), 4e Fournier (F.C.M.), 5e Colomb (F.C.M.), 6e Charpinet F.C.M.), 7e Largeron (S.S.C.), 8e Brunon (S.S.C.), 9e Brayet (S.S.C.).

Chaléassière : 6 points : Football Club Montbrisonnais : 15 points; Soleil S. C. : 24 points.

500 mètres : 1er Vigier (C.S.A.C.), 2° Largeron (S.S.C.), 3° Recorbet (S.S.C.), 4° Chalendard (C.S.A.C.), 5° Marnas (F.C.M.), 6° Meunier (C.S.A.C.), 7° Brayet (S.S.C.), 8° Colomb (F.C.M.), 9° Claveloux (F.C.M.).

Chaléassière : 11 points ; Soleil S. C. : 12 points : Football Club Montbrisonnais : 22 points.

1.500 mètres : 1er Combet 4'52" (S.S.C.), 2° Vigier, 4'55" (C.S.A.C.), 3° Brun (C.S.A.C.), 4° Largeron (S.S.C.), 5° Borne (S.S.C.), 6° Giraud (C.S.A.C.), 7° Charpinet (F.C.M.), 8° Devun (F.C.M.), 9° Fallet-Ribon (F.C.M.).

Soleil S C. : 10 points ; Chaléassière : 11 points : Football Club Montbrisonnais : 24 points.

Poids : 1er Giraudet, 8 m. 80 (C.S.A.C.): 2° Sturma, 8 m. 66 (C.S.A.C.): 3° Wolff, 8 m. 30 (C.S.A.C.); 4° Fournier, 7 m. 85 (F.C.M.); 5° Charpinet, 7 m. 38 (F.C.M.); 6° Jaegy, 6 m. 94 (F.C.M.): 7° Largeron, 6 m. 70 (S.S.C.); 8° Brayet, 6 m. 62 (S.S.C.); 9° Borne, 6 m. 03 (S.S.C.).

Chaléassière : 6 points : Football Club Montbrisonnais : 15 points; Soleil S. C. 24 points.

Disque : 1er Giraudet, 23 m. 75 (C.S.A.C.); 2° Wolff, 22 m. 75 (C.S.A.C.); 3° Pichon, 19 m. 87 (C.S.A.C.): 4° Marnas, 18 m. 60 (F.C.M.): 5° Charpinet, 18 m. 30 (F.C.M.): 6° Fournier, 16 m. 70 (F.C.M.); 7° Brayet, 16 m. 50 (S.S.C.): 8° Largeron, 14 m. 30 (S.S.C.); 9° Recorbet, 11 m. 95 (S.S.C.).

Chaléassière : 6 points : Football Club Montbrisonnais : 16 points; Soleil S. C. : 23 points.

Longueur : 1er Garde, 5 m. 85 (C.S.A.C.); 2° Wolff, 5 m. 65 (C.S.A.C.; 3° Fournier, 5 m. 60 (F.C.M.); 4° Charpinet, 5 m. 50 (F.C.M.); 5° Chalendard, 5 m. 22 (C.S.A.C.); 6° Brayet, 4 m. 87 (S.S.C.); 7° Jaegy, 4 m. 80 (F.C.M.); 8° Borne, 4 m. 70 (S.S.C.); 9° Recorbet, 4 m. 62 (S.S.C.).

Chaléassière : 8 points ; Football Club Montbrisonnais : 14 points; Soleil S. C. : 23 points.

Hauteur : 1er Charpinet, 1 m. 63 (F.C.M.); 2° Wolff, 1 m. 60 (C.S. A.C.); 3° Garde, 1 m. 55 (C.S.A.C.); 4° Pichon, 1 m. 50 (C.S.A.C.); 5° Fournier, 1 m. 35 (F.C.M.); 6° Marnas, 1 m. 30 (F.C.M.): 7° Recorbet, 8° Borne, 9° Brunon (S.S.C.).

Chaléassière : 9 points; Football Club Montbrisonnais : 12 points; Soleil S. C. : 24 points.

Perche : 1er Pichon, 2 m. 40 (C.S.A.C.): 2° Brun, 2 m. 40 (C.S.A.C.); 3° Giraudet, 2 m. 30 (C.S.A.C.): 4° Jaegy, 2 m. 30 (F.C.M.); 5° Charpinet, 2 m. 10 (F.C.M.); 6° Fournier (F.C.M.; Soleil (pas de sauteurs).

Chaléassière : 6 points; Football Club Montbrisonnais : 15 points; Soleil S. C. : 24 points.

1.200 mètres relais (800+300+100) : 1er Chaléassière, 3'7"1/5 : 8 points; 2° Soleil, 3'12" 4/5 : 6 points : 3° Football Club Montbrisonnais, 3'40" 9 points.

CLASSEMENT GENERAL : 1er Club Sportif Chaléassière : 65 points; 2° Football Club Montbrisonnais : 132 points; 3° Soleil Sporting Club : 170 points.

DEUXIEME JOURNEE

La deuxième journée voit, le 14 mai, se qualifier l'Abeille Sportive Stéphanoise et le Stade Forézien Universitaire.

Classement détaillé :

100 mètres : 1er Bompuis (A.S.S.); 2° Côte (S.C.F); 3° Daret (S.C.F.): 4° Enjolras (A.S.S.); 5° Falgon (A.S.S.); 6° Fraisse (A.S.C.); 7° Rebours (S.C.F.); 8° Besse (S.F.U.); 9° Bossu (S.F.U.); 10° Castella (S.F.U.);

11° Astier (A.S.C.); 12° Bussière (S.F.U.). Temps : 12 secondes. Gagné de 75 centimètres. Le troisième à 2 mètres.

Abeille : 10 points; Sporting : 12 points; Stade : 27 points; Casino 29 points.

500 mètres : 1er Bompuis (A.S.S.); 2° Rivoire (A.S.S.); 3° Paudrat (S.F.U.); 4° Fraisse (A.S.C.); 5° Doutre (S.C.F.); 6° Guillon (S.F.U.); 7° Rebours (S.C.F.); 8° Besson (A.S.S.); 9° Roux S.F.U.); 10° Beraud (A.S.C.); 11° Chazelet (A.S.C.); etc. Temps : 1.15''1/5. Gagné à 15 mètres. Les autres très près.

Abeille : 11 points; Stade : 18 points; Sporting : 24 points; Casino 25 points.

1.500 mètres : 1er Thouillier (A.S.C.); 2° Cellier (S.F.U.); 3° Arlie (A.S.C.); 4° Fraisse (A.S.C.); 5° Utz (A.S.C.); 6° Roux (S.F.U.); 7° Crozet (A.S.S.); 8° Scrozinski (S.F.U.); 9° Berthet (A.S.S.); 10° Vercasson (S.C.F.); 11° Rimbaud (A.S.S.); 12° Gidon (S.C.F.). Temps : 4'47'' 2/5. Beau retour de Cellier qui ne peut passer Thouillier.

Casino : 8 points; Stade : 14 points; Abeille : 24 points; Sporting : 32 points.

Poids : 1er Fournier, (S.C.F.) 8 m. 68; 2° Falgon (A.S.S.), 8 m. 05; 3° Solle (S.C.F.), 7 m. 77; 4° Machabert (S.F.U.), 7 m. 65; 5° Michot (S.F.U.), 7 m. 60; 6° Lepreux (A.S.S.), 7 m. 57; 7° Deschamps (S.C.F.), 7 m. 56; 8° Guichard (A.S.C.), 7 m. 51; 9° Castella (S.F.U.), 7 m. 35; 10° Veillon (A.S.S.), 7 m. 30; 11° Astier (A.S.C.), 7 m. 20; 12° Beraud (A.S.C.), etc.

Sporting : 11 points; Abeille : 18 points; Stade : 18 points; Casino : 31 points.

Disque : 1er Michot (S.F.U.), 26 m. 21; 2° Solle (S.C.F.), 25 m. 45; 3° Falgon (A.S.S.), 24 m. 40; 4° Faure (A.S.C.), 24 m. 35; 5° Fournier (S.C.F.), 23 m. 39; 6° Deschamps (S.C.F.), 23 m. 05; 7° Lambert (A.S.S.), 21 m. 87; 8° Utz (A.S.C.), 21 m. 62; 9° Astier (A.S.C.), 21 m. 47; 10° Machabert (S.F.U.), 21 m. 30; 11° Guillon (S.F.U.), 20 m. 58; 12° Veillon (A.S.S.), etc.

Sporting : 13 points; Casino : 21 points; Stade : 22 points; Abeille : 22 points.

Hauteur : 1er Falgon (A.S.S.), 1 m. 58; 2° Castella (S.F.U), 1 m. 55; 3° Fraisse (A.S.C.); Machabert (S.F.U.); Faure (A.S.C.); Côte (S.C.F.) et Doutre (S.C.F.), 1 m. 50; 8° Battandier (A.S.S.) et Fleuret (S.C.F.), 1 m. 45; 10° Guillon (S.F.U.), etc.

Stade : 17 points; Sporting : 18 points 1/2; Abeille : 21 points 1/2; Casino : 22 points

Longueur : 1er Falgon (A.S.S.), 5 m. 67; 2° Fraisse (A.S.C.), 5 m. 62; 3° Côte (S.C.F.) et Machabert (S.F.U.), 5 m. 51; 5. Bompuis (A.S.S.) et Faure (A.S.C.), 5 m. 27; 7. Castella (S.F.U.), 5 m. 26; 8° Loste (A.S.S.), 5 m. 25; 9° Rebours (S.C.F.), 5 m. 22; 10° Fleuret (S.C.F.), 5 m. 05, etc.

Abeille : 14 points 1/2; Casino : 19 points 1/2; Stade : 21 points 1/2; Sporting : 22 points 1/2.

Perche : 1er Machabert (S.F.U.), 2 m. 60; 2° Faure (A.S.C.), 2 m. 50. Les autres concurrents n'ayant pas sauté 2 m. 40 sont classés **ex æquo.**

Stade : 16 points; Casino : 17 points; Abeille : 22 points 1/2; Sporting : 22 points 1/2.

1.200 mètres relais (880+300+100 : 1er Abeille Sportive Stéphanoise (Besson-Bompuis-Rivoire) : 3 points ; 2° Stade Forézien (équipe I) : 6 points; 3° Stade Forézien (équipe II); 4° Sporting Club Forézien : 9 points; 5° Casino : 12 points. Temps : 3'17''3/5. Gagné très facilement.

CLASSEMENT GENERAL : 1er Abeille Sportive Stéphanoise : 146 points 1/2; 2° Stade Forézien : 159 points 1/2; 3° Sporting Club Forézien : 164 points 1/2; 4° Association Sportive du Casino : 184 points 1/2.

TROISIEME JOURNEE

Le 21 mai, la dernière journée des Critériums vaut, avec 63 points, une facile victoire au Club Athlétique du Coquelicot.

L'Union Sportive du Chambon est deuxième avec 157 points et Chazelles-sur-Lyon troisième avec 158 points.

Saint-Chamond avait déclaré forfait.

DEMI-FINALES

La 1re demi-finale des Critériums de la Loire met en présence, le 9 juillet, l'Athlétic Club Stéphanois, le Cercle des Sports et l'Union Sportive du Chambon. Les deux premiers clubs se qualifient pour la finale.

Résultats détaillés :

100 mètres : 1er R. Martin (A.C.S.); 2e Jonon (C.D.S.); 3e Imberdis (C.D.S.); 4e Bernard (U.S.C.); 5e Jacob (U.S.C.); 6e Brunon (C.D.S.); 7e Rebaud (A.C.S.); 8e Jacquier (A.C.S.); 9e Jaillardon (A.C.S.); 10e Rivollier (C.D.S.); 11e Berger (U.S.C.); 12e Garoux (U.S.C.). Temps : 12 secondes.

C.D.S. : 11 points; A.C.S. : 16 points; U.S.C. : 18 points.

500 mètres : 1er A. Puillet (A.C.S.); 2e Mortier A.C.S.), à 15 mètres; 3e Burelier (C.D.S.); 4e Guillaumont (A.C.S.); 5e Cognasse (A.C.S.); 6e Brunel (C.D.S.); 7e Brunon (C.D.S.), etc. Temps : 1,14" 3/5 (record battu).

A.C.S. : 7 points; C.D.S. : 14 points; U.S.C. : 24 points.

1.500 mètres : 1er Puillet (A.C.S.) ; 2° De Parny (C.D.S.), à 40 mètres; 3° David (A.C.S.), à 10 mètres; 4° Burelier (C.D.S.); 5° Borne (U.S.C.); 6° Duclos (A.C.S.): 7° Thévenon (C.D.S.); 8° P. Puillet (A.C.S.), etc., etc. Temps : 4'34''.

A.C.S. : 10 points; C.D.S. : 13 points; U.S.C. : 22 points.

Poids : 1er R. Martin (A.C.S.). 9,43; 2° Tardy (C.D.S.), 9,39; 3° Dupin (A.C.S.), 9,35; 4° Mathon (A.C.S.), 9,04; 5° Rivollier (C.D.S.), 8,77; 6° Haffner (C.D.S.), 8,27; 7° Crochat (U.S.C.), 8,13.

A.C.S. : 8 points; C.D.S. : 13 points; U.S.C. : 24 points.

Disque : 1er Dupin (A.C.S.), 30,87 (record battu); 2° R. Martin (A.C.S.), 28,30; 3° Tardy (C.D.S.), 26,20; 4° Mathon (A.C.S.), 25,69; 5° Magand (C.D.S.), 25 m.: 6° Garoux (U.S.C.), 24,15; 7° Jinot (C.D.S.), 23 mètres.

A.C.S. : 7 points; C.D.S. : 15 points; U.S.C. : 23 points.

Longueur : 1er Haffner (C.D.S.), 5,38; 2° Guillaumont (A.C.S.), 5,37; 3° Imberdis (C.D.S.), 5,35; 4° Mortier (A.C.S.), 5,34; 5° Jacquier (A.C.S.), 5,30; 6° Tardy (C.D.S.), 5,25; 7° Garoux (U.S.C.), 5,07.

C. D. S. : 10 points; A.C.S. : 11 points; U.S.C. : 24 points.

Hauteur : 1er Espanet (A.C.S), 1 m. 60; 2° Mortier (A.C.S.); Dupin (A.C.S.) Sarrot (C.D.S.), Haffner (C.D.S.), 1 m. 49; 6° Jacquier (A.C.S.), Berger (U.S.C.), Jacob (U.S.C.), Bernard (U.S.C.).

A.C.S. : 8 points ; C.D.S. : 13 points ½ ; U.S.C. : 23 points ½.

Perche : 1er Sarrot (C.D.S.) et Bary (C.D.S), 2 m. 38. Tous les autres ex æquo.

C.D.S. : 9 points; A.C.S. : 18 points; U.S.C. : 18 points.

1.200 mètres relais (800+300+100) : 1er Athlétic Club Stéphanois (1) (A. Puillet, Guillaumond et Martin); 2° Athlétic Club Stéphanois (2) (David, Mortier et Rebaud), à 2 mètres ; 3° Cercle des Sports (1) (Burelier, Bez, Jonon, loin.

CLASSEMENT GENERAL : 1er Athlétic Club Stéphanois : 88 points; 2° Cercle des Sports : 104 points ½; 3° Union Sportive du Chambon : 175 points ½.

— La 2e demi-finale se dispute le 23 juillet et donné le classement suivant :

100 mètres : Finale : 1er Robillard (C.A.C.), Besson (A.S.S.), Bompuis (A.S.S.), Salis (C.O.S.C.), Racodon (C.A.C.).

500 mètres : Finale : 1er Besson (A.S.S.), Robillard (C.A.C.), Simiand (S.F.U.), Reymond (C.A.C.). Temps : 1'16'' 1/5.

1.500 mètres : 1er Louis (C.A.C.); 2° Cellier (S.F.U.); 3° Vigier (C.S.C.); 4° Reymond (C.A.C.); 5° Villemagne (C.S.C.); 6° Besson (A.S.S.); 7° Noix (S.F.U.); 8° Cambacèdes (C.O.S.C.); 9° Scrosinski (S.F.U.); 10° Massardier (S.F.U.); 11° Mazin (C.A.C.); 12° Vacher (A.S.S.); 13° Escot (C.O.S.C.); 14° Brun (C.S.C.); 15° Meunier (C.S.C.); 16° Tessier (A.S.S.); 17° Legalery (C.A.C.); 18° Patural (A.S.S.); 19° Hugon (C.O.S.C.). Temps : 4'42'' 3/5.

Saut en hauteur : 1er ex æquo, Machabert (S.F.U.); Joannon (C.O.S.C), 1 m. 63; 3° Dupont (A.S.S.), 1 m. 60; 4° ex æquo, Louis Reymond I; Enjolras (C.A.C.); Besson, Falcon (A.S.S.); Deproges, Minard (S.F.U.); Wolff, Garde (C.S.C.), 1 m. 55; 13° ex æquo, Goulenne (C.O.S.C.); Buisson (A.S.S.), 1 m. 43; 15° ex æquo, Deline (C.O.S.C.); Meuner, Barbier (C.S.C.), 1 m. 40.

Saut en longueur : 1er Robillard II (C.A.C.), 5 m. 65; 2° Besson (A.S.S.), 5 m. 39; 3° Garde (C.S.C.), 5 m. 15; 4° Racodon (C.A.C.), 5 m. 13; 5° ex æquo, Falcon (A.S.S.); Defroge (S.F.U.); 7° ex æquo,

Goulenne (C.O.S.C.): Picq (A.S.S.), 4 m. 97; 9° ex æquo, Sabot (C.A.C.).
Giraudet (C.S.C.), 4 m. 96 ; 11° Robillard (C.A.C.); 12° Castella (S.F.U.);
13° Hanquet (C.O.S.C.); 14° Wolff (C.S.C.); 15° de Saint-Jean (C.O.S.C.);
16° Minard (S.F.U.).

Perche : 1er Mignard (C.A.C.), 3 m. 07; 2° Robillard II (C.A.C.),
3 m. 02; 3° Machabert I (S.F.U.), 2 m. 95; 4° ex æquo, Hanquet (C.O.
S.C.); Brun (C.S.C.), 2 m. 85; 6° Legalery (C.A.C.); 7° Quancet (A.S.S.);
8° ex æquo, Minard (S.F.U.); Racodon (C.A.C.); 10° ex æquo, Buisson
(A.S.S.); Giraudet, Jacquemond (C.S.C.); 13° ex æquo, Redon (A.S.S.);
Dupont (A.S.S.); Wolf (C.S.C.); Décline (C.O.S.C.); Goulenne (C.O.
S.C.); Paudrat (S.F.U.); Machabert (S.F.U.).

Poids : 1er Celle (C.O.S.C.), 9 m. 88; 2° Brun (C.A.C.), 9 m. 69;
3° Giraudet (C.S.C.), 9 m. 49; 4° David (C.O.S.C.), 9 m. 27; 5° de
Saint-Jean (C.O.S.C.), 9 m. 17; 6° Defroge (S.F.U.), 9 m. 04; 7° Robil-
lard I (C.A.C.); 8° Lepreux (A.S.S.); 9° Ledur (C.A.C.); 10° Wolf
(C.S.C.); 11° Machabert (S.F.U.); 12° Falcon (A.S.S.); 13° Michot
(S.F.U.); 14° Besson (A.S.S.); 15° Vernay (C.S.C.).

Disque : 1er Giraudet (C.S.C.), 31 m. 65; 2° Celle (C.O.S.C.),
30 m 05; 3° Wolf (C.S.C.), 29 m. 15; 4° de Saint-Jean (C.O.S.C.),
28 m. 11; 5° Enjolras (C.A.C.); 6° David (C.O.S.C.); 7° Brun (C.A.C.);
8° Besson (A.S.S.); 9° Falcon (A.S.S.); 10° Mignard (C.A.C.) ; 11° Machabert (S.F.U.); 12° Dupont (A.S.S.); 13° Defroge (S.F.U.); 14° Machabert II (S.F.U.); 15° Vernay (C.S.C.).

1.200 mètres relais (800+300+100) : 1er Abeille Sportive Stéphanoise
(Besson I et II, Enjolras); 2° Club Athlétique du Coquelicot (Rey-
mond, Robillard, Racodon); 3° Stade Forézien Universitaire (Mondet,
Chardon, Besse); 4° Club Olympique Saint-Chamonais (Cambassédès,
Salis, Pacaud); 5° Club Sportif de la Chaléassière (forfait).

CLASSEMENT GÉNÉRAL : 1er Club Athlétique du Coquelicot :
139 points ½; 2° Abeille Sportive Stéphanoise : 196 points ½; 3° Stade
Forézien Universitaire : 207 points ½; 4° Club Olympique Saint-Chamonais : 210 points; 5° Club Sportif de la Chaléassière : 251 points ½.

FINALE

Quatre clubs devaient disputer la finale des Critériums
d'athlétisme de la Loire. L'Abeille Sportive Stéphanoise ayant
déclaré forfait, trois clubs se trouvent en présence, et le Club
Athlétique du Coquelicot remporte la victoire avec une légère
avance sur l'Athlétic Club Stéphanois :

100 mètres : 1er Robillard I (C.A.C.); 2° Martin (A.C.S.), **à 50 centi-**
mètres; 3° Mortier (A.C.S.), à 1 m. 50; 4° Charrel (C.A.C.), à 50 centimètres. Temps : 11'' 4/5 (record battu).
C.A.C. : 10 points; A.C.S. : 13 points; C.D.S. : 22 points.

500 mètres : 1er Mortier (A.C.S.); 2° Robillard I (C.A.C.), à 3 mètres; 3° Raymond (C.A.C.), à 10 mètres; 4° Enjolras (C.A.C.). Temps :
1'15''.
C.A.C. : 9 points; A.C.S. : 14 points; C.D.S. : 22 points.

1.500 mètres : 1er A. Puillet (A.C.S.); 2° David (A.C.S.), à 20 mètres; 3° Louis (C.A.C.), à 10 mètres ; 4° Raymond (C.A.C.); 5° Burelier
(C.D.S.); 6° P. Puillet (A.C.S.); 7° Duclaux (A.C.S.); 8° Bayon (C.D.S.);
9° Servy (C.D.S.); 10° Mazin (C.A.C.). Temps : 4'40''.
A.C.S. : 9 points; C.A.C. : 16 points; C.D.S. : 20 points.

Longueur : 1er Robillard I (C.A.C.), 5 m. 85; 2e Robillard II (C.A.C.), 5 m. 84; 3e Espanet (A.C.S.), 5 m. 43; 4e Racodon (C.A.C.), 5 m. 32; 5e Chauvet (C.D.S.), 5 m. 28; 6e Rivollier (C.D.S.), 5 m. 21; 7e Imberdis (C.D.S.), 5 m. 19; 8e Guillaumond (A.C.S.), 5 m. 02, etc.

C.A.C. : 7 points; C.D.S. : 18 points; A.C.S. : 20 points.

Hauteur : 1er Espanet (A.C.S.) et Louis (C.A.C.), 1 m. 55; 3 Dupin (A.C.S.), 1 m. 52; 4e Sarrot (C.D.S., 1 m. 50, etc.

A.C.S. : 10 points ½; C.A.C. : 15 points ½; C.D.S : 19 points.

Perche : 1er Mignard (C.A.C.), Robillard II (C.A.C.) et Racodon (C.A.C.), 2 m. 60; Legalery (C.A.C.) et Barry (C.D.S.), 2 m. 50, etc.

C.A.C. : 6 points; C.D.S. : 15 points; A.C.S. : 24 points.

Poids : 1er Dupin (A.C.S.), 9 m. 55; 2e Brun (C.A.C.), 9 m. 16; 3e Martin R. (A.C.S.), 8 m. 96; 4e Revollier (C.D.S.), 8 m. 83; 5e Mathon (A.C.S.), 8 m. 66, etc.

A.C.S. : 9 points; C.A.C. : 15 points; C.D.S. : 21 points.

Disque : 1er Dupin (A.C.S.), 27 m. 08; 2e Enjolras (C.A.C.), 26 m. 80; 3 Mathon (A.C.S.), 26 m. 22; 4e Robillard I (C.A.C.), 25 m. 93; 5e Martin R. (A.C.S.), 25 m. 29.

A.C.S. : 9 points; C.A.C. : 15 points; C.D.S. : 21 points.

1.200 relais (800+300+100) : 1er Athlétic Club Stéphanois (Puillet, Mortier, Martin); 2e Club Athlétique Coquelicot (Fonis, Robillard I, Racodon), à 80 mètres; 3e Cercle des Sports (De Parny, Jonon, Brunon); 4e Athlétic Club Stéphanois II (David, Guillaumond, Duclaux), etc., etc. Temps : 3'2" 2/5.

A.C.S. : 3 points; C.A.C. : 6 points; C.D.S. : 9 points.

CLASSEMENT GÉNÉRAL : 1er Club Athlétique du Coquelicot : 99 points ½; 2e Athlétic Club Stéphanois : 111 points ½; 3e Cercle des Sports : 167 points.

Le Challenge de la Presse Stéphanoise

Ce Challenge, offert par les trois quotidiens de Saint-Etienne : « La Loire Républicaine », « Le Mémorial » et « La Tribune Républicaine », donne lieu, chaque année, à une belle manifestation sportive réglée jusque dans ses moindres détails par les dirigeants du Stade Forézien Universitaire.

Le 2 avril, ce Challenge obtint son habituel succès et donna les résultats suivants :

1er Grenard (U.S.A.F.); 2e Roche (L.O.U.), 25 m.; 3e Micod (F.C.L.); 4e Ladigue (F.C.L.); 5e Montel (U.S.A.F.); 6e Leclerc (L.O.U.); 7e Sauze (F.C.L.); 8e Louis (C.A.C.); 9e Morel (L.O.U.); 10e Pognon (F.C.L.); 11e Gerin (L.O.U.); 12e Thouillet (A.S.C.); 13e Combet (S.S.C.); 14e Thivel (U.S.A.F.); 15e Bichard (F.C.L.); 16e Bourdier (A.S.L.); 17e Minaire (U.S.A.F.); 18e Fraisse (A.S.C.); 19e Arlie (A.S.C.); 20e Chalancon (U.S.A.F.); 21e Borne (U.S.C.); 22e Tranchand (A.S.C.); 23e Stelling (U.S.A.F.); 24e Royet (A.S.C.); 25e Defour (A.S.V.); 26e Utz (A.S.C.); 27e Recorbet (S.S.C.); 28e Porteneuve (A.S.C.); 29e Barret (L.O.U.); 30e Munier (U.S.A.F.); 31e Thève (U.S.A.F.); 32e Chevalier (E.S.R.); 33e Preynat (A.S.C.); 34e Fanget (L.O.U.); 35e Vigier (C.S.F.A.C.); 36e Defour (E.S.R.); 37e Maneval (S.S.C.); 38e Cellier (S.F.U.); 39e Gelas (E.S.R.); 40e Gallet (U.S.A.F.); 41e Fayard (U.S.A.F.); 42e Defour (A.S.C.); 43e Gallien (A.S.C.); 44e Gros (F.C.L.); 45e Guichard (A.S.C.); 46e Althuser (L.O.U.); 47e Besson (E.S.R.); 48e Pluvy (Ch.); 49e Weinher (E.S.R.); 50e Faure (A.S.C.); 51e Robert (F.C.L.); 52e Borne (U.S.C.); 53e Fay (S.S.C.); 54e Soulas (A.S.C.); 55e Largeron (S.S.C.); 56e Vineis (E.S.R.); 57e Bisker (L. O. U.); 58e Poizat (Ch.); 59e Neyme (L.O.U.); 60e Nicolas (A.S.V.); 61e Astier (A.S.C.); 62e Métail (A.S.U.); 63e Chauve (A.L.T.); 64e Faure (A.L.T.); 65e Servy (C.D.S.); 66e Guillaud (C.D.S.); 67e Berger (U.S.C.); 68e Berger II (U.S.C.); 69e Chave (U.S.C.); 70e Noix (S.F.U.); 71e Menis (U.S.C.); 72e Guillot (A.S.U.); 73e Weinher (E.S.R.); 74e Lie (U.S.R.); 75e Roux (S.F.U.); 76e Meunier (C.S.F.A.C.); 77e Chazelet (A.S.C.); 78e Bourge (S.F.U.); 79e Bonnefoy (C.D.S.); 80e Cizeron (C.D.S.); 81e Charras (E.S.R.); 82e Véricel (Ch.); 83e Grelon (S.F.U.); 84e Degrandi (F.C.L.); 85e Merley (A.S.V.); 86e Rozier (C.D.S.); 87e Touron (U.S.C.); 88e Clavaron (S.S.C.); 89e Legalerie (C.A.C.); 90e Descos (A.S.V.).

Par équipes . 1er Football Club de Lyon, 3+4+7+10+15=39 points; 2e « dead heat », Union Sportive des Aciéries de Firminy 1+5+14+17+20 et Lyon Olympique, 2+6+9+11+29=57 points ; 4e Association Sportive du Casino, 95 points ; 5e Soleil Sporting Club, 182 points ; 6e Etoile Sportive de La Ricamarie, 203 points ; 7e Union Sportive du Chambon, 296 points ; 8e A. S. Villars, 304 points ; 9e Stade Forézien, 344 points ; 10e A. S. de Chazelles-sur-Lyon et Club des Coquelicots, 370 points ; 12e Cercle des Sports, 376 points ; 13e Amicale laïque de Tardy, 400 points

Le palmarès. — Le palmarès de l'épreuve est le suivant :

1920 : 1er Cintrat (U.S.A.F.); 2e Lalaimode (U.S.A.F.); 3e Bonvicini (A.S.M.). — Challenge : Firminy.

1921 : 1er « dead heat » Grenard (A.S.L.) et Gallet (U.S.A.F.); 3e Lalaimode (U.S.A.F.). — Challenge : Firminy.

1922 : 1er Grenard (U.S.A.F.); 2e Roche (L.O.U.); 3e Micod (F.C.L.). — Challenge : Football Club de Lyon.

Cross des Débutants

22 janvier. — Disputé au Pont-de-l'Ane, sur trois kilomètres environ :

1er Vigier (C.S.C.); 2° Borne (U.S.C.), à 20 mètres; 3° Mayer (A.C.R.), à 10 mètres ; 4° Maneval (A.C.R.), à 10 mètres ; 5° Wemer (E.S.R.); 6° Fraisse (A.S.C.); 7° Grandchamp (A.S.C.); 8° Gabe (A.C.C.); 9° Desgranges (A.C.R.); 10° Berger (U.S.C.); 11° Thève (U.S.A.F.); 12° Royer, 13° Cellier, 14° Gelas, 15° Berthéas, 16° Minjard, 17° Munier, 18° Zuber, 19° Meunier, 20° Varenne, 21° Guillot, 22° Eyraud, 23° Rochard, 24° Cuercq, 25° Allemand, 26° Borne, 27° Achard, 28° Werner, 29° Crozet, 30° Malosse.

Fraisse, de l'A.S.C., mène plus de la moitié de la course mais, dans la côte, Borne, du Chambon, passe en tête suivi de Vigier qui s'assure une vingtaine de mètres d'avance, dans la descente, sur le Stade de Grangeneuve.

Le Grand Prix de la Loire

29 janvier. — Sur 120 engagés, une cinquantaine de concurrents seulement prennent le départ. Le parcours, de 11 kilomètres 500, allant du Stade de la Terrasse à L'Etrat et retour par les collines de Saint-Priest ou de La Tour-en-Jarrez, était, il est vrai, très dur. Grenard ne fut jamais inquiété.

1er Grenard (U.S.A.F.), en 40'18'' 3/5; 2° Thivel (U.S.A.F.), à 100 m.; 3° Chalancon (U.S.A.F.), à 50 m.; 4° Grenner (U.S.A.F.), à 5 m.; 5° Arlie (A.S.C.), à 50 mètres; 6° Stelling (U.S.A.F.): 7° Guichard (A.S.C.): 8° Thouillier (A.S.C.): 9° Grandchamp (A.S.C.): 10° Utz (A.S.C.): 11° Chalancon (A.S.C.): 12° Fayard (U.S.A.F.); 13° Preynat (A.S.C.); 14° Royet (A.S.C.): 15° Berlande (U.S.A.F.); 16° Borne (U.S.C.); 17° Recorbet (S.S.C.); 18° Largeron (S.S.C.); 19° Astier (A.S.C.); 20° Maneval (S.S.C.): 21° Gidon (U.S.A.F.): 22° Oriol (U.S.S.); 23° Combet (S.S.C.); 24° Brayet (S.S.C.): 25° Faure (A.S.C.); 26° Framont (A.S.C.); 27° Soulas (A.S.C.): 28° Chazelet (A.S.C.); 29° Burelier (C.D.S.): 30° Munier (A.S.C.): 31° Borne (S.S.C.); 32° Blaise (U.S.C.): 33° Servy (C.D.S.); 34° Crozet (A.S.S.); 35° Brunon (S.S.C.); 36° Rozier (C.D.S.); 37° Berger (U.S.C.); 38° Chave (U.S.C.).

Par clubs. — 1er Union Sportive des Aciéries de Firminy, 28 points ; 2° Association Sportive du Casino (1), 50 points : 3° Association Sportive du Casino (2) 121 points ; 4° Soleil Sporting Club, 128 points ; 5° Union Sportive du Chambon, 184 points ; 6° Cercle des Sports, 215 points.

Le palmarès. — Le palmarès de l'épreuve est le suivant :

1921 : 1er Gallet (U.S.A.F.); 2° Puillet (U.S.A.F.); 3° Burelier (C.D.S.). — Challenge : Union Sportive Stéphanoise.

1922 : 1er Grenard (U.S.A.F.); 2° Thivel (U.S.A.F.); 3° Chalancon (U.S.A.F.) — Challenge : Première série : U.S.A. de Firminy ; deuxième série : A.S. du Casino.

La réunion interclubs de l'Ascension

25 mai. — Maigre succès pour la fête du Stade de la Terrasse où les performances suivantes sont établies :

100 mètres : 1er Bompuis, en 12'' ; 2° Côte.
200 mètres : 1er Bompuis, en 25''.
500 mètres : 1er Mortier, en 1'19'' 1/5 ; 2° Vigier.
1.000 mètres : 1er A. Puillet, en 2'46'' 3/5 ; 2° Poizat.

2.000 mètres : 1er P. Puillet, en 6'42"
3.000 mètres : 1er David, en 10'15" 4/5 ; 2e Chalençon.
1/2 heure : Thivel couvre 8 km. 436 m. 34.
Hauteur : Tyrode, 1 m. 40.
Longueur : Tyrode, 5 m. 53.
Perche : Brun, 2 m. 83.

Les Grands Prix de l'A. C. S.

28 mai : Au Stade de la Terrasse, avec la participation de tous les clubs, cette manifestation sportive intéresse vivement le public et donne les résultats suivants :

60 mètres handicap : Finale : 1er Bompuis (A.S.S.) (0) : 2e Cotte (S.C.F.) (1), à une poitrine ; 3e Marnat (F.C.M.) (2), à 50 centimètres : 4e Chalendard (C.S.C.) (0), à 50 centimètres : 5e Rivoire (A.S.S.) (2). — Temps : 7" 1/5.

300 mètres handicap : Finale : 1er Dupin (A.C.S.) (25) : 2e Maillon (C.A.C.) (20), à 1 mètre : 3e Cotte (S.C.F.) (10) ; 4e Martin (A.C.S.) (20) ; 5e Bompuis (A.S.S.) (0). — Temps : 38" 2/5.

1.000 mètres handicap : 1er A. Puillet (A.C.S.) (0) : 2e Poizat (A.-S.C) (30), à 25 mètres ; 3e Gallet (S.C.M.) (10), à 6 mètres ; 4e Defour (E.S.R.) (40) : 5e Vigier (C.S.C.) (30) : 6e Mortier (A.C.S.) (50) ; 7e Noix (S.F.U.) (50) ; 8e Cellier (S.F.U.) (30) : 9e Roux (S.F.U.) (40) : 10e Mondet (S.F.U.) (30), etc. — Temps : 2'47" 1/5.

3.000 mètres handicap : 1er Gallet (S.C.M.) (0) : 2e David (A.C.S.) (150), à 50 mètres : 3e Combet (S.S.C.) (120), à 20 mètres : 4e P. Puillet (A.C.S.) (200), à 15 mètres : 5e Locatti (A.C.R.) (180) : 6e Duclaux (A.C.S.) (200) : 7e Bayon (C.D.S.) (130) : 8e Thivel (U.S.A.F.) (50) : 9e Chazot (E.S.R.) (140) : 10e Besson (E.S.R.) (140), etc. — Temps : 9'32".

Saut en hauteur : 1er Charpinet (F.C.N.), 1 m. 62 : 2e dead-heat, Doutre (S.C.F.), Machabert (S.F.U.), Wolff (C.S.C.), 1 m. 60 ; 5e Racodon (C.A.C.) et Dupin (A.C.S.), 1 m. 56, etc.

Saut en longueur : 1er Racodon (C.A.C.), 5 m. 93 ; 2e Garde (C.S.C.), 5 m. 76 ; 3e Imberdis (C.D.S.), 5 m. 67 : 4e Robillard (C.A.C.), 5 m. 55 : 5e Louis (C.A.C.), 5 m. 54 ; 6e Jacquier (A.C.S.), 5 m. 49, etc.

Saut à la perche : 1er Mignard (C.A.C.) 2 m. 98 : 2e Machabert (S.F.U.), 2 m. 85 : 3e dead-head, Boudoul (A.S.M.P.) : Aulagnier (A.S. A.M.P.) ; Brun (C.S.C.) et Robillard (C.A.C.), 2 m. 62, etc.

Lancement du disque : 1er Giraudet (C.S.C.), 31 m. 66 : 2e Dupin (A.C.S.), 29 m. 60 : 3e Martin R. (A.C.S.), 29 m. 27 : 4e Tardy (C.D.S.), 28 m. 38 ; 5e Mathon (A.C.S.), 27 m. 22 : 6e Wolff (C.S.C.), 27 m. 02, etc.

Le cross d'ouverture

Le deuxième cross d'ouverture organisé par la Section d'athlétisme de la Loire fut l'occasion d'une deuxième victoire de Puillet qui gagna assez facilement. La deuxième place revint à Caillet qui fit une belle course.

1er Puillet (C.A.C.), en 12'35" 4/5 ; 2e Caillet (U.S.A.F.), à 50 mètres; 3e Thève (U.S.A.F.), 4e Montel (U.S.A.F.), 5e Louis (C.A.C.), 6e Sabatier (E.S.R.), 8e Guédon (C.A.S.S.), 9e Billard (U.S.A.F.), 10e Porteneuve (C.A.C.), 11e Stelling (U.S.A.F.), 12e Munier (U.S.A.F.), 13e Defour (C.A.C.), 14e Borne (S.S.C.), 15e Bourgier (E.S.R.), 16e Reymond (C.A.C.), 17e David (C.A.C.), 18e Berthéas (C.D.S.), 19e Gelas (E.S.R.), 20e Depras (C.A.C.), 21e Pière (U.S.A.F.), 22e Weinher (E.S.R.), 23e Vineis (E.S.R.), 24e Defour (E.S.R.), 25e Largeron (S.S.C.), 26e Gayton (C.A.C.), 27e Denis

(C.D.S.), 28° Gallet (U.S.A.F.), 29° Legalery (C.A.C.), 30° Brunon (S.S.C.), 31° Burianne (C.A.S.S.), 32° Chauchat (C.A.C.), 33° Malosse (E.S.R.), 34° Gilibert (C.A.S.S.), 35° Lefranc (C.A.C.), 36° Duvert (C.A.C.), 37° Marion (E.S.R.).

Classement par équipes. — 1er U.S.A. de Firminy, 35 points ; 2° Club Athlétique du Coquelicot, 50 points ; 3° U.S. de La Ricamarie, 128 points ; 4° Soleil Sporting Club, 177 points ; 5° Club Amical Sportif, 186 points ; 6° Cercle des Sports, 191 points.

Le palmarès. — 1921 : 1er Puillet (U.S.A.F.), 2° Cintrat (U.S.A.F.), 3° Chalancon (U.S.A.F.). — Challenge : U.S.A. de Firminy.

1922 : 1er Puillet (C.A.C.), 2° Caillet (U.S.A.F.), 3° Thève (U.S.A.F.). — Challenge : U.S.A. de Firminy.

Entre Lycées

18 mai : Les jeunes sont toujours sportifs. Le 18 mai, la Société Sportive du Lycée de Roanne et le Lycée Sportif Stéphanois se livrent, au stade de la Terrasse, à un match qui donne le classement ci-dessous :

Finale des 100 mètres : 1er Enjolras P. (L.S.S.) ; 2° Moulard (L.S.S.); 3° Tyrode (L.S.S.), à une poitrine ; 4° Jourlin (S.S.L.R.), à une poitrine.

L.S.S., 6 points ; S.S.L.R., 15 points.

400 mètres : 1er Vindy (L.S.S.) : 2° Béal (S.S.L.R.), à 5 mètres ; 3° Paudrat (L.S.S.) ; 4° Cussonnet L. (S.S.L.R.).

L.S.S., 9 points ; S.S.L.R., 12 points. — Temps : 57'' 1/5.

3.000 mètres : 1er Raymond (L.S.S.) ; 2° Serozenski (L.S.S.) ; 3° Molière (S.S.L.R.) ; 4° Berthet (L.S.S.).

L.S.S., 7 points ; S.S.L.R. 14 points. — Temps : 11'10''.

Hauteur : 1er Cussonnet J. (S.S.L.R.), 1 m. 60 ; 2° Bal (S.S.L.R.), 1 m. 55 ; 3° Moulard (L.S.S.), 1 m. 53 ; 4° Vindy et Vimal (L.S.S.), 1 m. 50.

S.S.L.R.. 9 points ; L.S.S., 12 points.

Longueur : 1er Bal (S.S.L.R.), 5 m. 80 ; 2° Cussonnet L. (S.S.L.R.), 5 m. 65 ; 3° Tyrode (L.S.S.), 5 m. 60 ; 4° Tardy (S.S.L.R.), 5 m 55.

S.S.L.R., 7 points ; L.S.S., 14 points.

Poids (5 k.) : 1er Sabot (L.S.S.), 9 m. 97 ; 2° Cussonnet J. et Bal (S.S.L.R.), 9 m. 64 ; 4° Tardy (S.S.L.R.), 9 m. 44.

S.S.L.R.. 9 points ; L.L.S., 12 points.

1.500 mètres relais : 800+400+200+100 : 1er L.S.S. (Vindy, Maillon, Barbier, Enjolras) ; 2° S.S.L.R.). à 40 mètres.

L.S.S., 3 points ; S.S.L.R., 6 points. — Temps : 4'02.

Classement général : Lycée Sportif Stéphanois bat Société Sportive du Lycée de Roanne par 63 points à 72.

Les Grands Prix d'athlétisme de la Loire

Les grands prix d'athlétisme de la Loire, disputés le 11 juin, n'eurent pas toute l'ampleur qu'aurait dû avoir une manifestation de cette importance. Les champs étaient restreints. — Résultats :

100 mètres : 1er Cotte, 2° Robillard.
400 mètres : 1er Robillard, 2° Petiot.
800 mètres : 1er Puillet, 2° Vindy, 3° Mondet, 4° Cognasse.

1.500 mètres : **1er** **Puillet,** 2e **Poizat,** 3e **Lachaud.**

5.000 mètres : **1er** **Thivel,** 2e **Bayon,** 3e **Fayard.**

Poids : 1er **Petiot, 10 m. 20 :** 2e **Tardy.**

Disque : 1er **Terme, 29 m. 83 :** 2e **Tardy :** 3e **Celle :** 4e **Pitiot :** 5e **Giraudet.**

Javelot : 1er **Petiot, 31 m. :** 2e **Wolff :** 3e **Enjolras.**

Hauteur : 1er **Joannon, 1 m. 65 :** 2e **Machabert :** 3e **Espanet :** 4e **Racodon et Wolff.**

Longueur : 1er **Racodon, 6 m. 3 ;** 2e **Petiot ;** 3e **Robillard ;** 4e **Garde.**

Perche : 1er **Machabert, 2 m. 82 :** 2e **Mignard.**

1.200 mètres relais : 1er **Athlétic Club Stéphanois (Puillet, Guillaumond, Martin) :** 2e **Club Athlétique du Coquelicot.**

A Chazelles-sur-Lyon

2 juillet : Interclubs organisé au stade Guynemer par l'Association Sportive Chazelloise.

80 mètres : 1er **Robillard, en 9" 3/5 :** 2e **Racodon :** 3e **Brun :** 4e **Barbier.**

1.500 mètres : 1er **Poizat,** 2e **Louis,** 3e **Mortier,** 4e **David.**

Saut en longueur : 1er **Robillard (1), 6 m. 15 :** 2e **Robillard (2), 5 m. 88 :** 3e **Racodon :** 4e **Louis.**

Saut à la perche : 1er **Mignard, Robillard (2), Racodon et Legalery,** ex æquo avec 2 m. 80 : 5e **Perrucca :** 6e **Galtier.**

1.700 mètres relais (800+500+300+100) : 1er **Athlétic Club Stéphanois (David, Mortier, Guillaumond, Martin) :** 2e **A. S. Chazelloise :** 3e **C.A. Coquelicot.**

Le Grand Prix de Saint-Etienne (Juniors)

Epreuve organisée à l'occasion du 14 juillet, au stade de la Terrasse, par la Section d'Athlétisme de la Loire, et réservée aux jeunes sportifs de moins de 17 ans :

60 mètres : Finale : 1er **Pacod (C.O.S.C.) :** 2e **Fraisse (Casino) :** 3e **Maillon (Coquelicots) ;** 4e **Tessier (Abeille) :** 5e **Bernard :** 6e **Buttet.** — Temps : 7" 3/5.

250 mètres : Finale : 1er **Fraisse (Casino) :** 2e **Tessier (Abeille) :** 3e **Bettet (Casino) ;** 4e **Roux (S.F.U.) :** 5e **Bourge (S.F.U.).** — Temps : 35".

1.000 mètres : 1er **Combet (S.S.C.) :** 2e **Fraisse (Casino) :** 3e **Giaume (Saint-Rambert) :** 4e **Gallet (S.F.U.) :** 5e **Serozinski (S.F.U.) :** 6e **Foultier (Saint-Rambert).** — Temps : 3'7".

Lancement du poids : 1er **Pacod, 10 m. 49 (C.O.S.C.) :** 2e **Machabert, 10 m. 48 (Stade) :** 3e **Violin, 10 m. 18 (Chaléassière) :** 4e **Vial, 9 m. 93 (Stade) ;** 5e **Burlet, 9 m. 78 (Casino) ;** 6e **Genoux, 9 m. 78 (Sporting C.F.).**

Saut en longueur : 1er **Fraisse, 5 m. 45 (Casino) :** 2e **Pacalon, 5 m. 29 (Chaléassière) :** 3e **Tessier 5 m. 25 (Abeille) ;** 4e **Buttet, 5 m. 14 (Casino);** 5e **Ravel, 5 m. 05 (Saint-Chamond) ;** 6e **Meunier, 4 m. 93 (Chaléassière).**

Saut en hauteur : 1er **Fraisse, 1 m. 53 (Casino) ;** 2e **Pacalon, 1 m. 49 (Chaléassière) ;** 3e **Meunier, 1 m. 44 ;** 4e **Tessier, 1 m. 44 :** 5e **Déchaumet, 1 m. 44 :** 6e **Jacob, 1 m. 44.**

Le challenge Benoît ORIOL

16 juillet : Cette réunion, organisée le **16** juillet, au vélodrome du Coin, remporta le plus vif succès, et fut l'occasion d'une belle victoire pour le Club Athlétique du Coquelicot :

100 mètres : Finale : 1er Besson M. (A.S.F.), 11" 1/5 ; 2° Côte (S.C.F.); 3° Salis (C.O.S.C.) ; 4° Robillard (C.A.C.) ; 5° Voitot (C.O.S.C.) ; 6° Pacaud (C.O.S.C.).

Lancement du poids : 1er Celle (C.O.S.C.), 9 m. 83 ; 2° David (C.O. S.C.), 9 m. 35 ; 3° Henriot (U.S.F.), 9 m. 20 ; 4° de Saint-Jean (C.O.S.C.), 9 m. 15 ; 4° Brun (C.A.C.), 9 m. 15 ; 6° Besson M. (A.S.F.), 9 m. 08.

Saut en longueur : 1er Besson (A.S.S.), 6 m. 29 ; 2° Robillard (C.A.C.), 6 m. 12 ; 3° Robillard (C.A.C.), 6 m. 08 ; 4° Racodon (C.A.C.), 5 m. 90 ; 5° Giraud (C.O.S.C.), 5 m. 79 ; 6° Rebour (S.C.F.), 5 m. 71, etc. — Besson bat le record de la Loire.

Lancement du disque : 1er Giraudet (Chaléassière), 30 m. 77 ; 2° de Saint-Jean (C.O.S.C.), 28 m. 15 ; 3° Henriot (U.S.F.), 28 m. ; 4° Bonnet (C.A.C.), 26 m. 19 ; 5° Celle (C.O.S.C.), 25 m. 34 ; 6° Wolff (Chaléassière), 25 m. 30.

400 mètres série : Finale : 1er Besson (Abeille) ; 2° Robillard II (C.A.C.); 3° Robillard I (C.A.C.); 4° Salis (C.O.S.C.); 5° Marret (C.O.S.C.).

Saut en hauteur : 1er Machabert (S.F.U.), 1 m. 56 ; 2° Falgon (Abeille), 1 m. 54 ; 3° Voitot et De Poge, 1 m. 50.

1.500 mètres : 1er Louis (Coquelicots), en 4'40" 3/5; 2° Cellier (S.F.U.); 3° Vigier (Chaléassière) ; 4° Arlie (A.S.C.) ; 5° Reynioud (2) .(Coquelicots) ; 6° Escot (C.O.S.C.).

Saut à la perche : 1er Robillard II (C.A.C.) ; Mignard (C.A.C.), et Machabert (S.F.U.) 3 m. 02 ; 4° Brun (C.S.A.C.) ; Faure (A.S.C.) ; Piraud (C.O.S.C.) et Voitot (C.O.S.C.), 2 m. 85

Classement général : 1er Club Athlétique du Coquelicot, 141 points; 2° Club Olympique Saint-Chamonais, 156 points ; 3° Abeille Sportive Stéphanoise, 287 points 1 ; 4° Club Sportif de la Chaléassière, 293 points 1, etc

La journée de préparation olympique

Ouverte à quiconque, cette journée de vulgarisation, organisée par la Section d'Athlétisme de la Loire, réunit de nombreux athlètes et se termina par les résultats suivants :

100 mètres : 1er Daret (S.C.F.), 12" ; 2° Duthoit (A.G.S.) ; 3° Mortier (A.C.S.) ; 4° Joannon (C.D.S.), etc.

400 mètres : 1er Mortier (A.C.S.), 57" 4/5 ; 2° Vindy (U.S.A.F.) ; 3° Daret (S.C.F.) ; 4° Blanchard (S.F.U.), etc.

800 mètres : 1er Mortier (A.C.S.), 2'19"4/5 ; 2° Fraisse (A.S.C.) ; 3° Sauze (U.S.A.F.) ; 4° Mazin (C.A.C.) ; 5° Bayon (C.D.F.), etc., etc.

1.500 mètres : 1er Mortier (A.C.S.), 4'42" 2/5 ; 2° Beraud (U.S.A.F.) ; 3° Thève (U.S.A.F.) ; 4° Villemagne (C.S.C.) ; 5° Thivel (U.S.A.F.) etc.

5.000 mètres : 1er Thivel (U.S.A.F.), en 18'11" ; 2° Beraud (U.S.A.F.) ; 3° Burelier (C.D.S.) ; 4° Bayon (C.D.S.) ; 5° P. Puillet (A.C.S.), etc.

Saut en longueur : 1er Sabot (C.A.C.), 5 m. 59 ; 2° Espanet (A.C.S.), 5 m. 55 ; 3° Duthoit (A.G.S.), 5 m. 25 et Tyrode (U.S.A.F.), 5 m. 25 ; 5° Rivollier (C.D.S.), 5 m. 21, etc.

Saut en hauteur : 1er Faure (A.S.C.), 1 m. 58 ; 2° ex æquo, Machabert (S.F.U.) et Espanet (A.S.C.), 1 m. 53, etc.

Lancement du disque : 1er Deschamps (S.C.F.), 26 m. 84 ; 2° Bruyère (C.A.C.), 24 m. 97 ; 3° Sagnal (E.S.R.), 24 m. 90 ; 4° Rivollier (C.D.S.). 23 m. 53 : 5° Magand (C.D.S.), 23 m. 50, etc.

Poids : 1er Rivollier (C.D.S.), 8 m. 69 ; 2° Deschamps (S.C.F.), 8 m. 51 ; 3° Magand (C.D.S.) 8 m. 17 ; 4° Desgat (A.S.I.), 8 m. 04 ; 5° Boulon (U.S.A.F.), 7 m. 77, etc.

Saut à la perche : 1er Faure (A.S.C.), 3 m. ; 2° Machabert (S.F.U.) et Doudon (A.G.S.), 2 m. 95 ; 4° Haon (A.G.S.) et Brun (C.D.S.), 2 m. 75, etc.

Le Challenge du Boxing-Club

Gagné en 1921, par l'Abeille Sportive Stéphanoise, le Challenge du B.C.S. donne lieu, le 15 août, à une belle manifestation où les Lyonnais s'assurent la supériorité :

100 mètres : 1er Besson (A.S.S.), 2° Bompuis (A.S.S.), à 40 centim. : 3° Cotte (S.C.F.), à 3 mètres ; 4° Bouillot (A.S.L.). — Temps : 11'' 3/5.

400 mètres : 1er Besson (A.S.S.), 2° Bayon (A.S.L.), à 5 mètres ; 3° Robillard (C.A.C.), 4° Bompuis (A.S.S.). — Temps : 55'' 3/5.

1.500 mètres : 1er Perroux (A.S.L.), 2° Berger (A.S.S.), à 30 mètres : 3° Louis (C.A.C.), 4° Ponthieux. — Temps : 4'35'' 4/5.

Poids : 1er Ribert (A.S.L.), 10 m. 29 ; 2° Celle (C.O.S.C.), 9 m. 76 ; 3° Tarel (A.S.L.), 9 m. 57 ; 4 David (C.O.S.C.), 9 m. 10.

Disque : 1er Tarel (A.S.L.) 29 m. 43 ; 2° Henriot (A.S.S.), 29 m. 30 ; 3° Celle (C.O.S.C.), 26 m. 18 : 4° Descombes (A.S.L.), 25 m. 82.

Hauteur : 1er Sabatier (A.S.L.), 1 m. 60 ; 2° Besson (A.S.S.), 1 m. 58 ; 3° Machabert (S.F.U.), Dupont (A.S.S.), Berger (A.S.S.), 1 m. 55.

Longueur : 1er Besson (A.S.S.), 6 m. 25; 2° Bertrand (A.S.L.), 5 m. 99; 3° Robillard (C.A.C.), 5 m. 64 ; 4° Sabatier (A.S.L.), 5 m. 45.

Relais : 1er A.S.L., 3'48''2/5 ; 2° C.A.C. ; 3° A.S.S.

Classement général : 1er A.S.L., 48 points : 2° A. S.S., 70 points ; 3° C.A.C., 94 points.

Le Challenge Eugène PARET

La journée sportive organisée par l'Union Gymnique et Sportive des Patronages de la Loire, en l'honneur de son président, M. Eugène Paret, fut l'occasion d'une belle manifestation au stade de la Chaléassière.

Les Petits Fifres de Montbrison s'assurèrent la garde du challenge. Voici les résultats détaillés :

Classement individuel : Legat (A.V.), 34 ; Messonnet (R.C.), 56 ; Charpinet (P.F.M.), 63 ; Pélissier (A.S.M.), 74 ; Marnas (P.F.M.) et Thomas (A.V.), 75 ; Boudoul (A.S.M.), 78 ; Duteyrat L. (S.B.), 82 ; Fournier (P.F.M.), 88.

100 mètres : Duthoit (A.G.S.) et Marnas (P.F.M.), en 11' 3/5.

400 mètres : Charpinet et Marnas (P.F.M.), en 58'' 3/5.

Saut en hauteur : Charpinet (P.F.M.), 1 m. 60 ; Fournier (P.F.M.), 1 m. 49 ; Legat (A.V.) et Molinier (V.), 1 m. 45.

Saut en longueur : Duthoit (A.G.S.), 6 m. 05 ; Charpinet (P.F.M.), 5 m. 72 ; Messonnet (R.C.), 5 m. 62 ; Pélissier (A.S.M.), 5 m. 53 ; Legat (A.V.), 5 m. 47 ; Louison (R.C.), 5 m. 45.

Saut à la perche : Messonnet (R.C.) et Doudon (R.C.), 2 m. 70 ; Arion (A.S.M.), 2 m. 65 ; Boudoul (A.S.M.), 2 m. 55.

Lancement du poids : Legat (A.V.), 8 m. 93 ; Messonnet (R.C.) 8 m. 87 ; Arion (A.S.M.), 8 m. 52.

Lancement du disque : Legat (A.V.), 27 m. 47 ; Boudoul (A.S.M.), 25 m. 36 ; Martinaud (A.V.), 24 m. 64 ; Messonnet (R.C.), 24 m. 08 ; Maza (S.B.), 23 m. 40.

Lever de l'haltère : Machon (S.G.S.M.) ; Arion (A.S.M.) ; Legat (A.V.) ; Clérino (E.R.G.), 15 fois maximum fixé.

1.500 mètres : 1er Babillon (R.C.); 2 Chazelet (A.S.M.); 3° Maza (S.B.).

Relais 1.200 (800+300+100) : 1er A.G.S. ; 2° P.F.M. ; 3 A.V.

Relais 1.200 (6 fois 200) : 1er A.G.S. ; 2° A.V. ; 3° S.S.M.

Classement général : Petits Fifres de Montbrison, 332 points ; Alerte de Valbenoîte, 386 points ; Amicale Saint-Michel du Puy, 452 ; Réveil du Chambon, 557 ; Sainte-Barbe du Soleil, 563 ; Vigilante de Saint-Etienne, 737 ; Espérance de Rive-de-Gier, 752 ; Saint-Joseph de Monthieux, 788 ; Jeune Garde Sainte-Marie de Saint-Etienne, 820.

L'Inauguration du Stade du Casino

Les sportifs de la Loire savent avec quelle sollicitude l'administratiion des magasins du Casino s'est intéressée aux efforts de l'Association Sportive du Casino et quel magnifique terrain d'exercices elle a offert à son personnel, au Pont-de-l'Ane.

L'inauguration officielle de ce stade eut lieu le 24 septembre. Devant un public nombreux et enthousiaste, se déroulèrent d'abord les matches de football comptant pour le Challenge Jean Moulin.

L'Association Sportive d'Izieux triompha du Stade Forézien Universitaire, par 1 but à 0.

L'Athlétic Club Stéphanois battit, par 2 à 0, l'Amical Sporting Club.

Dans la finale, l'A. C. S. triompha, avec 2 buts contre 1, d'Izieux.

Ce fut ensuite le clou de la fête : le cross country d'environ 7 kilomètres, à l'occasion duquel les challenges Perrachon et Godot étaient mis en compétition.

Les résultats furent les suivants :

Individuel : 1er Mouyon (A.S.L.), en 25'2'' ; 2° Espinasse (A.S.L.), à 80 mètres ; 3° Ménard (A.S.L.) à 70 mètres ; 4° Chapuis (U.S.A.F.), à 60 mètres ; 5° Fléchet (U.S.A.F.), à 80 mètres ; 6° Guichard (A.S.C.), à 80 mètres ; 7° Thève (U.S.A.F.), 8° Caillet (U.S.A.F.), 9° Arlie (A.S.C.), 10° Montel (U.S.A.F.), 11° Munier (U.S.A.F.), 12° Bellat (U.S.A.F.), 13° Poignon (F.C.L.), 14° Berlande (U.S.A.F.), 15° Boyer (A.S.C.), 16° Thouiller (A.S.C.), 17° Stalport (A.S.L.), 18° Bouchard (A.S.L.), 19° Preynat (A.S.C.), 20° Chalancon (U.S.A.F.), 21° Borne (S.S.C.), 22° Bourdier (A.S.L.), 23° Lapoële (A.S.L.), 24° Faure (A.S.C.), 25° Buriane (C.A.S.S.) 26° Garnier (C.A.S.S.), 27° Chazelet (A.S.C.), 28° Merlat (A.S.C.), 29° Fraisse (A.S.C.), 30° Soulas (A.S.C.), 31° Dotton (C.S.M.), 32° Largeron (S.S.C.), 33° Regaudie (A.S.C.), 34° Monteil (U.S.A.F.), 35° Ferraton (U.S.A.F.), etc.

Challenge Perrachon (1re série) : 1er Union Sportive des Aciéries de Firminy, 46 points ; 2° Association Sportive Lyonnaise, 57 points.

Challenge Godot (2° série) : 1er Association Sportive du Casino, 80 points ; 2° Soleil Sporting Club, 190 points ; 3° Club Amical Sportif Stéphanois.

Le soir, au siège du Groupement Amical du Casino, M. Jacquet, président, entouré de ses dévoués collaborateurs, MM. Godot, Moulin, Philibert, Souvignet, Chalançon, etc., procéda à la distribution des récompenses.

Le Challenge LEFLAIVE

Mis en compétition entre toutes les sociétés appartenant à l'U.G.S.P.L., le Challenge Joseph Leflaive donna lieu à une intéressante fête sportive :

Classement individuel (des dix premiers) : Duthoit (A.G.S.), 7 p. ; Roux (A.C.U.), 31 p. ; Weber (A.G.S.), 49 ; Bachelard (A.G.S.), 51 ; Cornède (S.J.), 57 ; Vérot (V.) et Thévenon (R.C.), 58 ; Cheval (S.J.), 59; Brunelle (A.V.), 61 ; Ouillon (S.J.) 62 ; Drevet (S.B.), 65.

60 mètres : Duthoit (A.G.S.), 7" 3/5 ; Thévenon (R.C.), Vérot (V.), Drevet (S.B.) et Weber (A.G.S.), 8" 1/5.

200 mètres : Duthoit (A.G.S.), 26" 3/5 ; Cornère (S.J.), 28" 1/5 ; Thévenon (R.C.), 28" 3/5.

500 mètres . Duthoit (A.G.S.), 1'23" 2/5 ; Roux (A.C.U.), 1'25" ; Duport (A.C.U.), 1'26" 3/5.

Saut en hauteur : Duthoit (A.G.S.), 1 m. 50 ; Pinet (R.C.), 1 m. 40 ; Barthélemy (A.S.M.), 1 m. 35.

Saut en longueur : Duthoit (A.G.S.), 5 m. 80 ; Barthélemy (A.S.M.), 5 m. 10 ; Cornède (S.J.), 4 m. 85.

Lancement du poids (5 kilog.) : Barthélemy (A.S.M.), 8 m. 57 ; Duthoit (A.G.S.), 8 m. 19 ; Ouillon (S.J.), 8 m. 13.

Courses de relais (6 fois 60 mètres) : 1re A.G.S., 2° S.J., 3° Vig., 4° S.B., 5° A.S.M.

Classement général : Avant-Garde Stéphanoise, 184 ; Saint-Joseph, 253 ; Arc-en-Ciel d'Unieux, 409 ; Amicale Saint-Michel du Puy, 439 ; Vigilante, 457 ; Sainte-Barbe du Soleil, 474 ; Réveil Chambonnaire, 514 ; Alerte de Valbenoîte, 565.

Le Challenge de l'Union des Mutilés

Un temps abominable gâta la réunion organisée, le 22 octobre, au stade de la Terrasse, par l'Union des Mutilés et la Section d'Athlétisme de la Loire :

100 mètres : 1er Cotte (S.C.F.), 2° Guichard (A.C.S.), 3° Mortier (A.C.S.), etc.

400 mètres : 1er Puillet (A.C.S.), 2° Guichard (A.C.S.), 3° Mortier (A.C.S.), etc.

5.000 mètres : 1er Puillet (A.C.S.), 2° Chapuis (U.S.A.F.), 3° Combet (S.S.C.), 4° Borne (S.S.C.), 5. Tève (U.S.A.F.), 6° Chalancon (U.S.A.F.), 7° Largeron (S.S.C), 8° Thivel, etc.

3.000 mètres relais : 1er A.C.S. (Puillet, Mortier, David) ; 2° C.A.C. (Racodon, Chapuis, Raymond) ; 3° S.S.C. (Largeron, Borne, Brunon).

Classement pour le Challenge : 1er Athlétic Club Stéphanois, 41 p. ; 2° Club Athlétique du Coquelicot, 14 p. ; 3° Soleil Sporting Club, 8 p. ; 4° Union Sportive des Aciéries de Firminy, 7 p. ; 5° Sporting Club Forézien, 5 points.

Le Challenge du Forez-Sportif

Le Challenge créé par le « Forez-Sportif » se dispute, pour la seconde fois, le 26 novembre. Le parcours mesure 6 k. 500 environ ; la course se fait par équipe de deux coureurs.

En 1921, la victoire revint à l'équipe Gallet-Puillet, qui couvrit le parcours en 34'56'' 2/5, devant Cintrat-Chalancon en 35'34'' 3/5, et Noharet-Parize.

L'U.S.A. de Firminy enlevait le challenge avec 9 points, devant le Sporting Vélo Club de Lyon, 15 points, et le Football Club de Lyon, 23 points.

En 1922, le Forez-Sportif recueille un plus grand succès encore et les divers classements sont les suivants :

Individuel : 1er Chapuis-Cintrat (S.C.M.), en 34'56'' 2/5 : 2e Caillet-Montel (U.S.A.F.) : 3e Louis-Puillet (C.A.C.); 4e Gallet-Potignan (S.C.M.); 5e Rougemont frères (S.C.M.) : 6e Chapuis-Robert (U.S.A.F.) : 7e Thève-Thivel (U.S.A.F.) : 8e Arlie-Combet (A.S.C.); 9e Thévenon-Cellier (S.F.U.); 10e Munier-Bourdier (U.S.A.F.) : 11e Depras-David (C.A.C.) : 12e Denis-Berthéas (C.D.S.) : 13e Giadano-Faure (A.S.C.) ; 14e Gelas-Defour (E.S.R.) : 15e Borne-Largeron (S.S.C.) : 16e Robert-Riffard (.'.L.T.) ; 17e Royet-Guichard (A.S.C.): 18e Chazelet-Fraisse II (A.S.C.) : 19e Chauve-Thouillier (A.S.C.) : 20e Weinher-Sabatier (E.S.R.) : 21e Preynat-Chalancon (A.S.C.) : 22e Gallien-Merlat (A.S.C.) ; 23e Rozier-Duivon (S.F.U.) : 24e Guédon-Barlet (C.A.S.S.) ; 25e Fay-Recorbet (S.S.C.) ; 26e Regaudie-Beraud (A.S.C.) : 27e Malosse-Vineis (E.S.R.) : 28e Legalery-P.-Puillet (C.A.C.) ; 29e Sidolly frères (A.S.C.) : 30e Roux-Bernard (S.F.U.) : 31e Lefranc-Duvert (C.A.C.).

L'équipe Crozatier-Mortier, arrivée dix-septième, a été déclassée.

Par clubs : 1er Sporting Club Montcellien, 10 points ; 2e Union Sportive des Aciéries de Firminy, 15 points : 3e Association Sportive du Casino, 38 points : 4e Club Athlétique Coquelicot, 42 points : 5e Etoile Sportive Ricamandoise ; 6e Stade Forézien Universitaire : 7e Soleil Sporting Club ; 8e Cercle des Sports : 9e Amicale Laïque de Tardy ; 10e Club Amical Sportif Stéphanois.

Un match de basket-ball disputé pendant la course vit la victoire, par 8 points à 4, de l'équipe des moniteurs du C.R.I.P. de Lyon sur celle de La Fraternelle de Saint-Etienne.

GUILLEMOT à Firminy

La fête sportive organisée le 26 mars fut couronnée par le plus complet succès.

Ogier enleva la course cycliste devant Grange.

L'U.S.A. de Firminy et le Club Olympique Saint-Chamonais firent match nul en association, chaque équipe marquant deux buts.

Mais le clou de la journée était le cross-country, qui fut l'occasion d'une victoire facile et prévue pour le champion Guillemot :

Classement détaillé

Individuel : 1er Guillemot (ind.), en 45'26'' ; 2e Gallet (S.C.M.), en 46'1'' ; 3e Cintrat (S.C.M.), à 50 mètres ; 4e Jury (C.O.C.), à 100 mètres ; 5e Robert (C.O.C.), 6e Chapuis (C.O.C.), 7e Montel (U.S.A.F.), 8e Pierre (S.C.M.), 9e Develay (C.O.C.), 10e Mouyon (A.S.L.), 11e Lebœuf (C.O.C.), 12e Domergue (S.C.M.), 1. Delion (C.O.C.), 14e Genin (S.C.M.), 15e Richerand (S.C.V.), 16° Henry (S.C.M.), 17° Devaux (S.C.M.), 18° Sturmman (S.C.V.), 19° Micod (F.C.L.), 20° Pognon (F.C.L.), 21° Bourgeois (C.O.C.), 22° Recorbet (S.S.C.), 23° Volle (S.C.V.), 24° Talpin (S.C.M.), 25° Boac (C.O.C.), 26° Gallet (U.S.A.F.), 27° Stelling (U.S.A.F.), 28° Gelas (E.S.R.), 29° Defour (E.S.R.), 30° Thouiller (A.S.C.), 31° Royet (A.S.C.), 32° Bouchard (A.S.L.), 33° Gallien (A.S.C.), 34° Thève (U.S.A.F.), 35° Berthéas (C.D.S.), 36° Thivel (U.S.A.F.), 37° Porteneuve (A.S.C.), 38° Fayard (U.S. A.F.), 39° Tranchand (A.S.C.), 40° Utz (A.S.C.), 41° Besson (E.S.R.), 42° Malosse (E.S.R.), 43° Berlande (U.S.A.F.), 44° Mulatero (A.C.R.), 45° Defour (A.S.C.), 46° Preynat (A.S.C.), 47° Astier (A.S.C.), 48° Cantonne (R.S.), 49° Weinher II (E.S.R.), 50° Menis (U.S.C.), 51° Munier (U.S.A.F.), 52° Borne (U.S.C.), 53° Bouchet (R.S.), 54° J. Borne (U.S.C.), 55° Combet (S.S.C.), 56° Chalancon (A.S.C.), 57° Maneval (S.S.C.), 58° Weinher I (E.S.R.), 59° Largeron (S.S.C.), 60° Bon (R.S.) 61° Chave (U.S.C.), 62° Côte (R.S.), 63° Gros (F.C.L.), 64° Lacombe (R.S.), 65° Clavaron (S.S.C.), 66° Dibeaux (S.C.V.), 67° Serpy (C.O.S.), 68° Fay (S.S.C.), 69° Soulas (A.S.C.), 70° Berger (U.S.C.), 71° Cizeron J. (C.D.S.), 72° Allemand (E.S.R.), 73° Chazelet (A.S.C.), 74° Braule (R.S.), 75° Beraud (A.S.C.), 76° Varenne (A.L.T.), 77° Laurent, 78° Levat (R.S.), 79° Fanget (A.L.T.) 80° Cizeron (C.D.S.), 81° Rochard (E.S.R.), 82° Ganne (A.L.T.), 83° Touron (U.S.C.), 84° Verne (U.S.C.), 85° Pucellier (S.C.V.).

Par clubs : 1re série : 1er Club Olympique Creusotin, 40 points : 2e Sporting Club Montcellien, 46 points ; 3e U.S.A. de Firminy, 148 p.

2e série : 1er Association Sportive du Casino, 57 points ; 2e Etoile Sportive Ricamandoise, 88 points ; 3e Soleil Sporting Club, 138 points ; 4e Rhône Sportif. 173 points ; 5e Union Sportive du Chambon, 207 points. Etc., etc.

La Journée des Relais

Les clubs marquent peu d'empressement pour ce genre d'épreuves. Les résultats suivants terminent la manifestation du 18 juin :

4 × 100 mètres : 1er Club Athlétique du Coquelicot : 2e Stade Forézien ; 3e Abeille Sportive Stéphanoise ; 4e Cercle des Sports. — Temps : 50'' 4/5.

4 × 400 mètres : 1er Abeille Sportive ; 2e Club Athlétique Coquelicot : 3e Cercle des Sports ; 4e Stade Forézien. — Temps : 4'6'' 4/5.

4 × 800 mètres : 1er Club Athlétique Coquelicot ; 2e Cercle des Sports; 3e Abeille Sportive ; 4e Stade Forézien. — Temps : 9'46'' 1/5.

4 × 1.500 mètres : 1er Cercle des Sports ; 2e Stade Forézien ; 3e Club Athlétique Coquelicot ; 4e Abeille Sportive. — Temps : 20'4'' 1/5.

3.000 mètres facultatif : 1er Club Athlétique Coquelicot ; 2 Abeille Sportive ; 3e Stade Forézien ; 4e Cercle des Sports. — Temps 7'55''.

Classement général : 1er Club Athlétique du Coquelicot (1+2+1+3 +1)=8 points ; 2e Abeille Sportive (3+1+3+4+2)=13 points ; 3e Cercle des Sports (4+3+2+1+4)= 14 points 4e Stade Forézien (2+4+4 +2+3)=15 points.

La Fête de l'Instruction physique

Organisée par le Service de l'Instruction Physique de la 26e subdivision, la fête qui se déroula le 18 juin, au stade Leflaive donne les résultats suivants :

100 mètres : 1er Cotte (Sporting) ; 2e Salis (C.O.S.C.) ; 3e Martin (A.C.S.).

400 mètres : 1er Cotte (S.C.F.) ; 2e Mortier (A.C.S.) ; 3e Rebours (Sporting).

Saut en hauteur 1er Joannon (C.O.S.C.), 1 m. 58 ; 2' Garde (Chaléassière), Machabert (S.F.U.), 1 m. 53.

Saut en longueur : 1er Garde (Chaléassière), 5 m. 68 ; 2° Minard (S.F.U.), 5 m. 63 ; 3° Décombis (Saint-Chamonaise), 5 m. 37.

Saut à la perche : 1er Machabert (S.F.U.), 2 m. 90 ; 2° Dondon (Avant-Garde), 2 m. 80 ; 3° Messonnet (Réveil Chambonnaire) et Giraud (C.O.S.C.), 2 m. 70.

1.200 relai : 1er Chaléassière (Vigier, Wolff, Garde) ; 2° Sporting (Doutre, Cotte, Darret).

Par clubs : 1er Club Sportif de la Chaléassière, 51 points ; 2° Sporting Club Saint-Chamonais, 67 p. : 3° Club Olympique Stéphanois, 80 p.; 4° Stade Forézien Universitaire, 93 p. ; 5° Avant-Garde de Saint-François, 95 p. : 6° Amical Club du Casino, 128 p. ; 7° Réveil Chambonnaire, 140 p. ; 8° Athlétic Club Stéphanois, 150 p. : 9° La Sainte-Barbe, 157 p.; 10° Saint-Chamonaise, 159 p. : 11° Club Coquelicot, 165 p. ; 12° Jeune Garde Sainte-Marie, 176 p. ; 13° La Vigilante, 177 p. ; 14° Arc-en-Ciel d'Unieux, 178 p. : 15° Alerte de Valbenoite, 179 p. ; 16° Avant-Garde de Saint-Julien-en-Jarez et Abeille Sportive, 183 p. : 18° Cercle des Sports et Avenir de Firminy, 184 p. : 20° Jeune France de Grand-Croix et Sentinelle de la Grand-Grange, 186 p. : 22° Saint-Joseph de Monthieux, 189 points.

Le Tour de Chazelles-sur-Lyon

Disputé le 30 avril et organisé par l'A.S.C., donne les résultats ci-dessous :

Individuel : 1er Lacombe (R.S.), 2° Perroux (A.S.L.), 3° Mouyon (A.S.L.), 4° De Jarny (C.D.S.), 5° Bourdier (A.S.L.), 6° Louis (C.A.C.), 7° Arlic (A.S.C.), 8° Chevron (A.S.C.), 9° Burnand (A.S.L.), 10° Thouillier (A.S.C.), 11° Poizat (A.S.C.), 12° Combet (S.S.C.), 13° Pluvy (A.S.C.), 14° Fraisse (A.S.C), 15° Porteneuve (A.S.C.), 16° Roustan (R.S.), 17° Cantonne (R.S.), 18° Burelier (C.D.S.), 19° Richard I (R.S.), 20° Boure (S.S.C.), 21° Richard II (R.S.), 22° Royet (A.S.C.), 23° Ferrand (S.V.C.), 24° Guichard (S.S.C.), 25° Defour (E.S.R.), 26° Gelas (E.S.R.), 27° Meyer (A.S.L.), 28° Dufresse (A.S.L.), 29° Vignard (S.V.C.), 30° Rochard (E.S.R.), 31° Thévenon (C.D.S.), 32° Malherbe (A.S.L.), 33° Bayon (C.D.S.), 34° Groselier (S.C.T.), 35° Iseule (A.S.L.), 36° Bergeron (S.V.C.), 37° Largeron (S.S.C.), 38° Boero (A.S.L.), 39° Nicolas (S.V.C.), 40° Viallard (S.V.C.), 41° Chapuis (C.A.C.), 42 Lapoële (A.S.L.), 43° Defour (A.S.L.), 44° Preynat (A.S.C.), 45° Réocreux (A.S.C.), 46° Faure (A.S.C.), 47° Tranchand (A.S.C.), 48° Srozinski (S.F.U.), 49° Fey (S.S.C.), 50° Grangy (A.S.C.), etc.

Le Tour de Feurs

Cette belle épreuve, due à l'Association Sportive de Feurs, donne les résultats suivants :

Individuel : 1er Manigaud (U.S.F.C.), temps non constaté ; 2° Chapuis (ind.), 3° Arlic (A.S.C.), 4° Thouillier (A.S.C.), 5° Thivel (U.S.A.F.), 6° Stelliing (U.S.A.F.), 7° Thévenon (C.D.S.),8° Montel (U.S.A.F.), 9° Berlande (U.S.A.F.), 10° Chevron (Ch.), 11° Minaire (U.S.A.F.), 12° Munier (U.S.A.F.), 13° Thève (U.S.A.F.), 14° Defour (E.S.R.), 15° Bayon (C.D.S.), 16° Bayon (A.S.C.), 17° Poizat (Ch.), 18° Guillaume (C.A.C.), 19° Louis (C.A.C.). 20° Donnadieu (R.S.R.), 21° Preynat (A.S.C.), 22° Chazelet (A.S.C.), 23° Durand (U.S.F.C.), 24° Noix (S.F.U.), 25° Fleury (A.S.F.), etc.

En tout 86 arrivants.

Par clubs : 1er Union Sportive Aciéries de Firminy, 46 points ; 2° Association Sportive du Casino, 86 points : 3° Cercle des Sports,

205 **points** : 4° Red Star Roannais, 238 points : 5° Soleil Sporting Club, 249 **points** : 6° Association Sportive de Feurs, 258 points ; 7° Association Sportive de Chazelles, 307 points : 8° Club Athlétique Coquelicot, 325 points ; 9° Etoile Sportive Ricamandoise, 383 points : etc., etc.

Le meeting athlétique qui précéda le Tour de Feurs donna les résultats suivants :

100 mètres : 1er Besson (A.S.S.) ; 2° Bompuis (A.S.S.), à 1 m. 50 : 3° dead-heat, Maillon (C.A.C.) et Charrel (C.A.C.).

Saut en hauteur : 1er Machabert (S.F.U.), 1 m. 60 : 2° Louis (C.A.C.), 1 m. 55 ; 3° dead-heat, Faure (C.D.S.) et Enjolras (C.A.C.), 1 m. 50, etc.

Perche : 1er dead-heat, Mignard (C.A.C.) et Machabert (S.F.U.), 2 m. 85 ; 3° Racodon (C.A.C.), 2 m. 75.

Poids : 1er Petiot (A.S.L.), 10 m. 63 : 2° Celle (C.O.S.C.), 9 m. 98 ; 3° Coizet, 8 m. 94 : 4° Robillard (C.A.C.), 8 m. 37.

Le Tour de Roanne

Le succès de cette épreuve, organisée le 3 septembre, sur un parcours de 8 km. 800, dépassait les prévisions de l'Union Sportive du Faubourg Clermont :

Individuel : 1er Manigaud (U.S.F.S.), en 33'10" 4/5 ; 2° Chapuis (U.S.A.F.), à 1 mètre ; 3° Beraud (U.S.A.F.), à 100 mètres ; 4° Payet (ind.), à 100 mètres ; 5° Dupré (Moulin), 6° Auberger (Moulin) ; 7° Dumas (Tarare), 8° Verchère (U.S.F.C.), 9° Arlie (Casino), 10° Frigerio (Miribel), 11° Thève (U.S.A.F.), 12° Thivel (U.S.A.F.), 13° Meunier (U.S.A.F.), 14° Fraisse F. (Casino), 15° Guichard (Casino), etc., etc.

Par clubs : 1er Union Sportive des Aciéries de Firminy, 38 points : 2° Association Sportive du Casino, 75 points ; 3° Union Sportive Faubourg-Clermont, 85 points ; 4° Football Club Moulinois, 87 points ; 5° Sporting Club de Tarare, 143 points ; etc., etc.

Un 3.000 mètres relais, disputé à l'issue du Tour de Roanne, revint à l'Association Sportive du Casino, devant le Faubourg-Clermont. Firminy déclassé.

Le Tour de Firminy

La fête organisée, le 30 juillet, par l'Association des Poilus, en collaboration avec l'Union Sportive des Aciéries de Firminy, avait déplacé un énorme public.

Disputé sur 5 km. 500, le Tour de Firminy se termina par le classement suivant :

Individuel : 1er Mouyon (A.S.L.), en 18'30' ; 2° Chapuis (U.S.A.F.), à 180 mètres ; 3° Beraud (U.S.A.F.) 4° Combet (S.S.C.), 5° Marin (U.F.A.), 6° Thève (U.S.A.F.), 7° Arlie (A.S.C.), 8° Thouiller (A.S.C.), 9° Munier (U.S.A.F.), 10° Guichard (A.S.C.), 11° Chalancon (U.S.A.F.), 12° Thivel (U.S.A.F.), 13° Royet (A.S.C.), 14° Berlande (U.S.A.F.), 15° Billard, 16° Giaume (F.S.S.R.), 17° Montel (U.S.A.F.), etc., etc.

Diverses épreuves athlétiques figuraient encore au programme. Résultats détaillés :

60 mètres : 1er Tyrode (U.S.A.F.); 2° Coizet (A.S.I.); 3° Petiot (A.S.I.).

400 mètres : 1er Mortier (A.C.S.) ; 2° Burel (A.S.L.) ; 3° Rougier (A.S.L.). — Temps : 55" 1/5.

1.500 mètres : 1er Fléchet (U.S.A.F.), 2e Puillet (A.C.S.), 3e David (A.C.S.). — Temps : 4'42''.

5.000 mètres : 1er Mouyon (A.S.L.) ; 2e Chapuis (U.S.A.F.), à 220 m. ; 3e Marin (U.F.A.) : 4e Combet (S.S.C.), etc.

1.500 mètres relais (500+400+300+200+100) : 1er Association Sportive Lyonnaise ; 2e Athlétic Club Stéphanois (Cognasse, Mortier, Dupuis, Martin, Jaillardon) : 3e U.S.A.F. : etc.

Poids : 1er Petiot (A.S.I.), 11 m. 07 : 2e Celle (C.O.S.C.), 10 m. 63 ; 3e Dupuis (A.C.S.), 9 m. 55.

Disque : 1er Henriot (U.S.S.), 30 m. 40 ; 2e Petiot (A.S.I.), 29 m. 55 : 3e Dupin (A.C.S.), 28 m. 28 ; etc.

Longueur : 1er Petiot (A.S.I.), 6 m. 62 (!!), etc.

Hauteur : 1er Machabert (S F.U.), etc.

Perche : 1er Machabert (S.F.U.), etc.

Le Tour de Saint-Etienne

La plus populaire des épreuves organisées par la « Loire Républicaine » se dispute le 29 octobre et donne lieu à une belle lutte :

Individuel : 1er Guillaume Tell (S.C.A.), en 32'29'' 3/5 ; 2e Mandhia (C.S.V.), en 33'16'' : 3e Ahmar (C.S.V.), en 33'18'' ; 4e Gallet (S.C.M.), en 33'25'' : 5e Benntrat (C.S.V.), en 33'53'' ; 6e Martel (ind.), 34'21'' ; 7e Bussemey (ind.), 34'21'' ; 8e Ben Lechem (C.S.V.), 34'35'' ; 9e Ben Abila (Lyon Olympique), 34'40'' ; 10e Zitoum (C.S.V.), 34'42'' ; 11e Chichan (Vienne) ; 12e Thivel (Firminy); 13e Deganon (Gaulois Athlétique); 14e Mouillaud (Gaulois Athlétique) ; 15e Combet (Soleil Sporting) ; 16e Arlie (Casino). ; 17e Fanget (Lyon Olympique) ; 18e Denis (Cercle des Sports) ; 19° Verchère (Roanne) ; 20° Royet (Casino) ; 21° Roffet (Roanne) ; 22° Quatrepoint (Roanne) ; 23° Chalancon (Firminy) ; 24° Borne (Soleil) ; 25° Bramat (Gaulois Athlétique ; 26° Vigouroux (Gaulois Athlétique) ; 27° Chassagnette (Gaulois Athlétique) ; 28° Gelas (Ricamarie) ; 29° Rey (Roanne) ; 30° Sag (Gaulois Athlétique) ; 31° Merlat (Casino) ; 32° Berthéas (C.D.S.) ; 33° Largeron (Soleil) ; 34° Brunon (Soleil) ; 35° Durand J. (Roanne) ; 36° Weinher (Ricamarie) ; 37° Aunoble (Gaulois Athlétique) ; 38° Regaudie (Casino) ; 39° Durand L., (Roanne) ; 40° Châteauvieux (Soleil).

Par équipes : 1er Club Sportif de Vienne, 28 points ; 2° Gaulois Athlétique de Clermont, 110 points ; 3° ex æquo, N.S. du faubourg Clermont de Roanne, et Soleil Sporting Club, 163 points ; 4° Association Sportive du Casino, 167 points.

Palmarès de l'épreuve : *1908* (15 km. 800) : 1er Faure (C.P.V.L.) ; 2° Waille (C.P.V.L.) ; 3° Jean Louis (U.S.S.). — Temps : 59'54''.

Challenge : Union Sportive Stéphanoise.

1909 (15 km. 800) : 1er Bourdin (U.S.S.) ; 2° Faure (C.P.V.L.) ; 3° Jourget (U.S.S.). — Temps : 57'7'' 2/5 (record).

Challenge : Union Sportive Stéphanoise.

1910 (15 km. 800) : 1er Jourget (U.S.S.) ; 2° Chancrain (U.S.S.) ; 3° Faure (C.P.V.L.). — Temps : 1 heure.

Challenge : Union Sportive Stéphanoise.

1911 (15 km. 800) : 1er Chorliot (U.S.S.) ; 2° Chancrain (U.S.S.) ; 3° Bruyère. — Temps ; 58'41''.

Challenge : Union Sportive Stéphanoise.

1921 (9 km. 300) : 1er Gallet (U.S.A.F.) ; 2° Chalancon (U.S.A.F.) ; 3° Brunel (C.A.B.). — Temps : 33'38'' 1/5.

Challenge : Club Athlétique Bergougnan.

1922 (9 km. 300) : 1er Guillaume Tell (S.C.A.) ; 2° Mandhia (C.S.V.) ; 3° Ahmar ben Ahmed (C.S.V.). — Temps : 32'29'' 3/5 (record).

Challenge : Club Sportif de Vienne.

Le Tour de Rive-de-Gier

Pour la troisième fois, l'épreuve organisée par la « Loire Républicaine se dispute, le 3 décembre, avec la participation de nombreux coureurs. L'itinéraire mesure environ 8 km. 800 :

Individuel : 1er Payé (C.S.M.), en 11'41'' 2/5 ; 2° Bourdier (U.S.A.F.), à 70 mètres ; 3° Mouyon (A.S.L.), à 20 mètres ; 4° Louis (C.A.C.), à 10 mètres ; 5 Thève (U.S.A.F.) ; 6° Peroux (A.S.L.) ; 7° Fléchet (U.S.A.F.) ; 8° Ménard (A.S.L.) ; 9° Montel (U.S.A.F.) ; 10° Thivel (U.S.A.F.); 11° Chastel (A.S.L.) ; 12° Riffard (A.L.T.) ; 13° Stelling (U.S.A.F.) ; 14° Munier (U.S.A.F.) ; 15° Berlande (U.S.A.F.) ; 16° Porteneuve (C.A.C); 17° Denis (C.D.C.) ; 18° Billard (U.S.A.F.) ; 19° Poizat (A.S.C.) ; 20° Sabatier (E.S.R.) ; 21° Thévenon (S.F.U.) ; 22° Defour (E.S.R.) ; 23° Bruyas (A.S.C.) ; 24° Depras (C.A.C.) ; 25° Gelas (E.S.R.) ; 26° Weinher (E.S.R.); 27° Vineis (E.S.R.) ; 28° Boetto (A.S.L.) ; 29° Dotton (C.S.M.) ; 30° Tappa (A.S.L.) ; 31° Puillet (C.A.C.) ; 32° Berthéas (C.D.S.) ; 33° Ménis (U.S.A.F.) ; 34° Boriès (C.S.M.) ; 35° Crozatier (C.A.C.) ; 36° Rozier (S.F.U.) ; 37° Véricel (A.S.C.) ; 38° Dufresse (A.S.L.) ; 39° Prève (U.S.A.F.) ; 40° Chalaye (C.S.M.) ; 41° Légalery (C.A.C.) ; 42° Roche (indép.) ; 43° Orard (A.S.C.) ; 44° Chénel (U.S.A.F.) ; 45° Bernard (S.F.U.) ; 46° Lefranc (C.A.C.) ; 47° Reynaud (C.A.C.) ; 48° Chauchat (C.A.C.).

Par clubs : 1er Union Sportive des Aciéries de Firminy, 33 points ; 2° Association Sportive Lyonnaise, 56 points ; 3° Club Athlétique du Coquelicot, 110 points ; 4° Etoile Sportive Ricamandoise, 120 points ;

5° Club Sportif de Miribel, 159 points ; 6° Association Sportive Chazelloise, 177 points.

Palmarès : 1920 : 1er M. Cintrat, en 14'9'' ; 2° H. Cintrat ; 3° Chalancon.

1921 : 1er Puillet, en 11'52'' 1/5. — Challenge : A.S.L.

1922 : 1er Payé, en 11'41'' 2/5. — Challenge : U.S.A.F.

Le Derby de la Loire

Organisé par la « Loire Républicaine », se dispute pour la deuxième fois, le 17 décembre, sur 9 km. 400 :

Individuel : 1er Chapuis (S.C.M.) en 31'15'' 4/5 ; 2° Gallet (S.C.M.), en 31'28'' 4/5 ; 3° Rougemont (S.C.M.), à 1 mètre ; 4° Cintrat (S.C.M.), à 2 mètres ; 5° Mouyon (A.S.L.), à 60 mètres ; 6° Louis (C.A.C.), à 20 mètres ; 7° Thivel (U.S.A.F.), à 50 mètres ; 8° Rougemont B. (S.C.M.); 9° Devaux (S.C.M.) ; 10° Montel (U.S.A.F.) ; 11° Berlande (U.S.A.F.) ; 12° Riffart (A.L.T.) ; 13° Stelling (U.S.A.F.) ; 14° Robert (U.S.A.F.) ; 15° Porteneuve (C.A.C.) ; 16° Depras (C.A.C.) ; 17° Thévenon (S.F.U.) ; 18° Mortier (C.A.C.) ; 19° Munier (U.S.A.F.) ; 20° Defour (C.A.C.) ; 21° Bourdier (U.S.A.F.) ; 22° Chalancon (A.S.C.) ; 23° Desgouttes (S.S.C.) ; 24° Billard (U.S.A.F.) ; 25° Garnier (C.A.S.S.) ; 26° Guédon (C.A.S.S.) ; 27° Largeron (S.S.C.) ; 28° P. Puillet (C.A.C.) ; 29° Borne (S.S.C.) ; 30° Piève (U.S.A.F.) ; 31° Ménio (U.S.A.F.) ; 32° Fayard (U.S.A.F.) ; 33° Brunon (S.S.C.) ; 34° Ferrapy (U.S.A.F.) ; 35° Pignard (S.F.U.) ; 36° Burianne (C.A.S.S.) ; 37° Regaudie (A.S.C.) ; 38° Sidolly (A.S.C.) ; 39° Sidolly J. (A.S.C.) ; 40° Legalery (C.A.C.) ; 41° Giraud (A.S.C.) ; 42° Chysclain (C.A.C) ; 43° Graillon (C.A.S.S.) ; 44° Duvert (C.A.C.) ; 45° Chauchat (C.A.C.) ; 46° Lefranc (C.A.C.) ; 47° Gervais (A.S.C.).

Par clubs : 1er Sporting Club Montcellien, 18 points ; 2° Union Sportive des Aciéries de Firminy, 62 points ; 3° Club Athlétique du Coquelicot, 74 points ; 4° Soleil Sporting Club, 147 points ; 5° Association Sportive du Casino, 162 points ; 6° Club Amical Sportif Stéphanois, 182 points ; 7° Stade Forézien Universitaire, 219 points.

En 1921, la victoire était revenue à Puillet, en 30'5'' 2/5 et à l'Association Sportive Lyonnaise.

Le Tour de Saint-Chamond

Organisé par la « Loire Républicaine », se dispute, le 24 décembre, sur 4 kilomètres 600 :

1er Caillet (U.S.A.F.), en 15'21'' ; 2° Louis (C.A.C.), à 80 mètres ; 3° Thève (U.S.A.F.), à 50 mètres ; 4° Riffard (A.L.T.), à 25 mètres ; 5° Combet (A.S.C.), à 30 mètres ; 6° Montel (U.S.A.F.), à 20 mètres ; 7° Thouiller (A.S.C.), 8° Denis (C.D.S.), 9° Berlande (U.S.A.F.), 10° Munier (U.S.A.F.), 11° Arlic (A.S.C.), 12° Guédon (C.A.S.S.), 13° Mortier (C.A.C.), 14° Depras (C.A.C.), 15° Porteneuve (C.A.C.), 16° Defour (E.S.R.), 17° Giardano (A.S.C.), 18° Faure (A.S.C.), 19° Chauve (A.S.C.), 29° Gelas (E.S.R.), 21. P. Puillet (C.A.C., 22° Royer (A.S.C.), 23° Vineis (E.S.R.), 24° Berthéas (C.D.S.), 25° Garnier (C.A.S.S.), 26° Borne (S.S.C.), 27° Weinher (E.S.R.), 28° Brunon (S.S.C.), 29° Gallien (A.S.C.), 30° Thévenon (S.F.U.), 31° Duivon (S.F.U.), 32° Busseuil (S.F.U.), 33° Guichard (A.S.C.), 34° Largeron (S.S.C.), 35° Fraisse (A.S.C.), 36° Dégouttes (S.S.C.), 37° Pignard (S.F.U.), 38° Doucet (S.F.U.), 39° Faye (S.S.C.), 40° Cellier (S.F.U.), 41° Granger (E.S.R.). 42° Buriane (C.A.S.S.), 43° Guillon (S.F.U.), 44° Véricel (Ch.), 45° Rozier (S.F.U.), 46° Légalery (C.A.C.), 47° Regaudie (A.S.C.), 48° Varenne (A.L.T.), 49° Bonnefoy

(S.F.U.), 50° Roux (S.F.U.), 51° Giraudet (A.S.C.), 52° Gilibert (C.A.S.S.), 53° Chauchat (C.A.C.), 54° Barlet (C.A.S.S.).

Par clubs : 1er Association Sportive du Casino, 58 points ; 2° **Club Athlétique du Coquelicot**, 65 points ; 3° Etoile Sportive Ricamandoise, 127 points ; 4° Soleil Sporting Club, 163 points ; 5° Stade Forézien Universitaire, 168 points ; 6° Club Amical Sportif Stéphanois, 185 p.

Le Challenge du Haut-Forez

Trois clubs prennent part à cette compétition organisée, pour la seconde fois, par les actifs dirigeants de l'Amicale Sportive Ussonnaise, à Usson-en-Forez :

100 mètres plat : Vimal (Craponne), Garrait J. (Marsac), Bravard (Usson).

400 mètres : Vimal (Craponne), Lachal (Marsac), Mathevet **M.** (Marsac).

800 mètres : Nourrisson (Marsac), Robert (Usson), Charbonnier (Craponne).

5.000 mètres plat : Breuil (Craponne), Nourrisson (Marsac), Orlut (Usson).

1.500 mètres relai : Equipe gagnante : Marsac.

Disque : Mantrand (Usson), 29 m. 90 ; Barlet (Craponne ; Garrait J. (Marsac).

Poids (5 kilos) : Mantrand (Usson), 12 m. 60 ; Garrait J. (Marsac); Garrait J.-B. (Marsac).

Saut en hauteur : Ex æquo, 1 m. 35, Vimal (Craponne), Garrait J. (Marsac), Bravard et Grangier (Usson).

Par clubs : Amicale Sportive Ussonnaise, 114 points ; Etoile Sportive de Marsac, 125 points ; Association Sportive Craponnaise, 137 p.

Paris-Saint-Etienne

Le Sous-Comité d'athlétisme de la Loire avait organisé, le 4 juin, sur la place Carnot, en attendant l'arrivée des cracks de la course de « La Tribune », une réunion qui se termina comme suit :

60 mètres : 1er Bompuis (A.S.S.) : 2° Cotte (S.C.F.), à un mètre ; 3° Falgon (A.S.S.) ; 4° Bussière (S.F.U.). — Temps : 7'' 1/5.

1.500 mètres : 1er Poizat (A.S.C.) ; 2° Combet (S.S.C.), à 80 mètres ; 3° P. Puillet (A.C.S.), à 3 mètres ; 4° Fraisse (Casino) ; 5° Berthet (A.S.S.) ; 6° Montel (U.S.A.F.) ; 7° Crozatier (A.C.S.), etc. — Temps : 4'35''.

Saut en hauteur : 1er deat-heat, Falgon (A.S.S.), Doutre (S.C.F.) et Machabert (S.F.U.), 1 m. 60 ; 4° Cotte (S.C.F.), 1 m. 50.

Saut à la perche : 1er Machabert (S.F.U.), 2 m. 85 ; 2° Redon (A.S.S.) et Berger (A.C.S.), etc., etc.

Les matches interclubs

9 juillet : Au Pont-de-l'Ane, entre le Sporting Club Forézien et l'Amical Sporting Club :

100 mètres : 1er Daret (S.C.F.), en 12'' ; 2e Cotte (S.C.F.), à une poitrine ; 3e Rebours (S.C.F.), etc.

400 mètres : 1er Cotte (S.C.F.), en 58'' ; 2e Rebours, à 2 m.; 3e Chalançon (Casino), etc., etc.

800 mètres : 1er Fraisse II (C.), en 2'30'' ; 2e Beraud (C.) ; 3e Bourgin (Sporting), etc.

1.500 mètres : 1er Faure (C.), en 4'51'' ; 2e Arlie (C.), à 5 mètres ; 3e Fraisse (C.).

5.000 mètres : 1er Arlie (C.) et Thouiller (C.), 17'46'' ; 3e ex æquo, Royet et Preynat (C.) ; 5e Chazelet (C.).

110 haies : 1er Cotte (S.) ; 2e Doutre (S.) ; 3e Daret (S.).

Longueur : 1er Rebours (S.), 5 m. 57 ; 2e Cotte (S.C.F.), 5 m. 40 ; 3e Doutre (S.C.F.), 5 m. 30.

Hauteur : 1er ex æquo, Faure (C.) et Doutre (S.), 1 m. 58 ; 3e ex æquo, Fraisse II (C.) et Cotte (S.), 1 m. 55 ; 5e Basset (C.), 1 m. 50.

Poids : 1er Fournier (S.), 8 m. 55 ; 2e Deschamps (S.), 8 m. 15 ; 3e Cotte (S.), 7 m. 35.

Disque : 1er Fournier (S.), 24 m. 45 ; 2e Faure (C.), 23 m. 60 ; 3e Deschamps (S.), 23 m. 20.

Perche : 1er Faure (C.), 2 m. 73 ; 2e Fraisse I (C.), 2 m. 60.

Relais (3 fois 200 mètres) : 1er Sporting ; 2e Casino, à 20 mètres.

9 juillet : A Méons, entre le Soleil Sporting Club et l'Amicale laïque de Tardy :

100 mètres : 1er Largeron (S.S.C.), 2e Varenne (A.L.T.), 3e Royet (A.L.T.), 4e Brayet (S.S.C.) 5e Mayon (A.L.T.), 6e Fay (S.S.C.), etc.

Saut en longueur : 1er Varenne (A.L.T.), 2e Recorbet (S.S.C.), 3e Brayet (S.S.C.), 4e Chaumienne (A.L.T.), 5e Borne (S.S.C.), 6e Mayou (A.L.T.), etc.

Disque : 1er Brayet (S.S.C.), 2e Tissot (A.L.T.), 3e Varenne (A.L.T.), 4e Legat (A.L.T.), 5e Fay (S.S.C.), 6e Borne (S.S.C.), etc.

Saut en hauteur : 1er Tissot et Varenne (A.L.T.), 3e Borne (S.S.C.), 4e Fortuné (A.L.T.), 5e Chaumienne (A.L.T.), 6e Recorbet (S.S.C.), etc.

500 mètres : 1er Largeron (S.S.C.), 2e Rocher (A.L.T.), 3e Brayet (S.S.C.), 4e Borne (S.S.C.), 5e Brunon (S.S.C.), 6e Legat (A.L.T.), etc.

Poids : 1er Vergnon (S.S.C.), 2e Rocher (A.L.T.), 3e Brayet (S.S.C.), Oriol (A.L.T.), 5e Pierrot (A.L.T.), 6e Constant (S.S.C.), etc.

1.500 mètres : 1er Combet, 2e Borne, 3e Fay, 4e Clavaron, 5e Châteauvieux, 6e Guichard (tous du S.S.C.).

Perche : 1er Richard (A.L.T.), 2e Varenne (A.L.T.), 3e Borne (S.S.C.), 4e Recorbet (S.S.C.), 5e Royer (A.L.T.), 6e Chaumienne (A.L.T.) et Brayet (S.S.C.), etc.

Relais (800+300+100) : 1er Soleil S C. (Combet, Largeron, Brayet) ; 2e Amicale L.T., à 80 mètres (Rocher, Tissot, Varenne ; 3e S.S.C. II.

Classement général : Soleil S.C. bat A.L.T. par 87 points à 90.

Les Championnats de Clubs

ETOILE SPORTIVE RICAMANDOISE

Le championnat se dispute, le 5 février, sur 5 kilomètres :

1er Chevalier, en 17'3" ; 2° Defour, à 20 mètres ; 3° Besson, à 30 mètres ; 4° Gelas, 5° Rochard, 6° Peyrard, 7° Veinhert, 8° Malosse II, 9° Bartholin, 10° Arnaud, 11° Vehnert II, 12° Allemand, 13° Chazot, 14° Granger, 15° Blachier, 16° Rivory, 17° Marion, 18° Gérenton, 19° Vineis, 20° Charrat.

VELO-CLUB ROANNAIS

Championnat disputé le 5 février :

1er Murard ; 2° Durand, à 1 mètre ; 3° Petrini, 4° Normand, 5° Monnet A.

UNION SPORTIVE STEPHANOISE

Le championnat s'est disputé, le 5 février, sur 6 kilomètres :

1er Oriol, en 21'30" ; 2° Peyrache, 3° Rollando, 4° Jardini, 5° Peyrache M., 6° Crépy, 7° Battandier.

CERCLE DES SPORTS

Championnat disputé, le 12 février, sur 6 kilomètres environ :

1er Burrelier, en 19'30" ; 2° De Parny, en 19'50" ; 3° Thevenon, 4° Berthéas, 5° Servy, 6° Bayon, 7° Rozier, 8° Bonnefoy, 9° Cizeron, 10° Court, 11° Vacher, 12 Brunon, 13° Digonnet, 14° Feuillet.

Championnats d'athlétisme disputés le 27 août :

CATEGORIE SENIOR. — *100 mètres* : 1er Jonon, 2° Imberdis, 3° De Parny, 4° Brunon, 5° Barry. — Temps : 12".

400 mètres : 1er Jonon, 2° Brunon, 3° Bayon, 4° Bernard, 5° Mousseux. Temps : 58" 4/5.

800 mètres : 1er De Parny, 2° Thevenon, 3° Bayon. — Temps : 2'21" 3/5.

1.500 mètres : 1er De Parny, 2° Bayon, 3° Thevenon. Temps : 4'45".

5.000 mètres : 1er Bayon, 2° Thevenon, Rozier et Berthéas, à 100 mètres. — Temps, 18'16".

Lancement du poids (7 kg. 250) : 1er Coissy, 8 m. 80 ; 2° Blanchet, 8 m. 60 ; 3° Brunon, 8 m. 50.

Lancement du disque : 1er Blanchet, 25 m. ; 2° Coissy, 3° Brunon.

Saut en hauteur : 1er Sarrot, 1 m. 50 ; 2° ex æquo, Barry et Brunon, 1 m. 45.

Saut en longueur : 1er Jonon, 5 m. 20 ; 2° Barry, 3° Jouve.

Saut à la perche : 1er Barry, 2 m. 75 ; 2° Sarrot, Magand, 2 m. 65.

Classement général : 1er Jonon, 51 points ; 2° Brunon, 56 points ; 3° Barry et Sarrot, 58 points ; De Parny, 61 points, etc.

JUNIOR. — 60 mètres : 1er Denis, 2e Dugat, 3e Chazal.
250 mètres : 1er Denis, 2e Feuillet. — Temps : 37" 2/5.
1.000 mètres : 1er Denis, 2e Marleix.
Lancement du poids (7 kg. 250) : 1er Chazal, 6 m. 70 ; 2e Dugat,
3e Denis.
Lancement du disque : 1er Chazal, 18 mètres.
Saut en hauteur : 1er Chazal, 1 m. 35 ; 2e Denis, 1 m. 30.
Saut en longueur : 1er Denis, 4 m. 68.
Classement général : 1er Denis, 14 points ; 2e Dugat, 20 points ;
3e Chazal, 21 points.

UNION SPORTIVE DU CHAMBON

Championnat disputé, le 19 février, sur 6 kilomètres 800 :
1er Cuerq, en 26'33" ; 2e Berger P., à 200 m.; 3e Blaise, 4e Berger J.,
5e Chaves, 6e Barallon, 7e Touron, 8e Barbier, 9e Homeyer, 10e Duruys,
11e Garoux, 12e Bacquart, 13e Cornillon.

16 juillet : Championnats d'athlétismes :

100 mètres : 1er Jacob ; 2e ex æquo, Bernard et Berger. —
Temps : 12".
400 mètres : 1er Berger, 2e Rey. — Temps : 1'2".
1.500 mètres : 1er Borne, 2e Lie, 3e Berger, 4e Bacgnart. — Temps :
5'2".
Hauteur : 1er Garoux, 1 m. 45 ; 2e Dechaumet, Jacob, Bernard,
Berger, 1 m. 40.
Longueur : 1er Jacob, 5 m. 55 ; 2e Garoux, 5 m. 40 ; 3e Berger,
5 m. 25 ; 4e Bernard, 5 m. 20.
Poids : 1er Garoux, 7 m. 85 ; 2e Durand, 7 m. 35 ; 3e Cornillon,
7 m. 30 ; 4e Blanc, 7 m. 10.
Disque : 1er Bernard, 21 mètres ; 2e Blanc, 20 m. 60 ; 3e Garoux,
20 m. 50 ; 4e Cornillon, 20 m. 20.

AMICAL CLUB RIPAGERIEN

Le championnat, disputé à l'occasion de la fête très
réussie, organisée, le 26 février, par l'A.C.R., donna les résultats suivants :
1er Mayer ; 2e Locatti, à 60 mètres ; 3e Desgranges I ; 4e Mulat-
tiro, 5e R. Bouilley.

30 avril : Au cours de la fête sportive organisée par
l'A.C.R., Puillet, recordman du Lyonnais, luttait sur 1.500
mètres contre deux équipes locales qui se relayaient : Des-
granges-Chaize et Mayer-Locatti.

Parti en tête dès le début, Puillet conserva toujours le
commandement et finit à 20 mètres devant ses adversaires.

Le match d'association commencé pendant la course vit
l'A.C.S. triompher de l'A.C.R., par 2 buts à 0.

AMICALE SPORTIVE DE VILLARS

Championnat disputé, le 26 mars, sur 4 kilomètres 500 :
1er Robert, 2e Defour, 3e Nicolas, 4e Michon, 5e Merley, 6e Fillol,
Guillot et Descos.

SPORTING CLUB FOREZIEN

Championnats d'athlétisme disputés, le 30 juillet, au Stade de la Terrase :

SENIORS. — *100 mètres* : 1er Daret, 2e Cotte, 3e Rebour, 4e Padel. — Temps : 11'' 4/5.

Poids : 1er Fournier, 8 m. 74 ; 2e Deschamps, 8 m. 68 ; 3e Cotte, 8 m. 10 ; 4e Porte, 7 m. 97.

Saut en hauteur : 1er Cotte, 1 m. 55 ; 2e Rebour, 1 m. 47 ; 3e Daret, 1 m. 43 ; 4e Fournier, 1 m. 38.

Disque : 1er Deschamps, 24 m. 21 ; 2e Fournier, 23 m. 35 ; 3e Porte, 20 m. 18 ; 4e Cotte, 19 m. 46.

Saut en longueur : 1er Rebour, 5 m. 40 ; 2e Cotte, 5 m. 21 ; 3e Garbil I, 4 m. 60 ; 4e Porte, 4 m. 50.

800 mètres : 1er Cotte, 2e Rebour, 3e Padel. — Temps : 2'25''.

Perche : 1r Gidon, 2 m. 15 ; 2e Cotte et Rebour, 2 m. 08 ; 4e Porte, 2 m. 05.

300 mètres : 1er Daret, 2e Rebour, 3e Garbil. — Temps : 42''.

JUNIORS. — *60 mètres* : 1er Faurand, 2e Penet, 3e Delhomme, 4e Poy. — Temps : 8''.

Poids (7 kg. 250) : 1er Ginhoux, 7 m. 54 ; 2e Faurand, 6 m. 71 ; 3e Penet, 6 m. 17 ; 4e Poy, 6 m. 16.

Saut en hauteur : 1er Faurand, 1 m. 43 ; 2e Fournier, 1 m. 26 ; 3e Delhomme, 1 m. 20 ; 4e Chovelon et Poy, 1 m. 15.

Disque : 1er Civeyrac, 25 m. 90 ; 2e Penet, 19 m. 65 ; 3e Poy, 17 m. 15 ; 4e Ginhoux, 17 m 02

Saut en longueur : 1er Faurand, 4 m. 59 ; 2e Ginhoux, 4 m 21 et Fournier, 4 m. 21 ; 4e Delhomme, 4 m. 20.

800 mètres : 1er Penet, 2e Faurand, 3e Garbil (2). — Temps : 2'30''.

Perche : 1er Poy, 2 m. 10 ; 2e Faurand, 2 m. ; 3e Chovelon, 1 m. 88. — Temps : 38'' 2/5.

250 mètres : 1er Delhomme, 2e Garbil (2), 3e Faurand, 4e Ginhoux.

Classement général : *Seniors* : 1er Cotte, 19 points ; 2e Rebour, 22 points ; 3e Daret, 39 points ; 4e Porte, 42 points.

Juniors : 1er Faurand, 18 points ; 2e Delhomme, 31 points ; 3e Poy, 32 points ; 4e Penet et Ginhoux, 34 points.

CLUB ATHLETIQUE DU COQUELICOT

Championnats d'athlétisme disputés, le 30 juillet, au Stade de la Terrasse :

60 mètres : 1er Plaçard.

100 mètres : 1er Barbier, 2e Ledur, 3e Raymond (1), 4e Louis. — Temps : 11'' 4/5.

300 mètres : 1er Barbe, 2e Plassard, 3e Légalery (2), 4e Perruca (2).

400 mètres : 1er Raymond (1), 2e Ledur, 3e Enjolras, 4e Barbier. — Temps : 56'' 1/5.

1.000 mètres : 1er Moulin, 2e Légalery, 3e Plaçard, 4e Perruca (2), 5e Louis (2), 6e Royet.

1.500 mètres : 1er Louis, 2e Raymond (2), 3e Mazin. — Temps : 4'35''.

Saut en hauteur : *Juniors* : 1er ex æquo, Combe, Bruyère J., Barbe, 1 m. 45 ; 4e ex æquo, Légalery (2), Plaçard, 1 m. 35 ; 6e Perruca (2).

Seniors : 1er Sabot, 1 m. 57 ; 2e ex æquo,Charrel, Enjolras, Louis, Robillard (2), Reymond (1), 1 m. 52.

Saut en longueur : Juniors : 1er Royet, 4 m. 70 ; 2e Perruca (2), 4 m. 35.

Seniors : 1er Brun, 5. m. 59 ; 2e Robillard (2), 5 m. 57.

Sauts à la perche : Juniors : 1er ex æquo, Legalery (2), Combe, 2 m. 37.

Seniors : 1er Robillard (2), 3 m. 05 ; Mignard, 2 m. 92 ; Legalery (1), 2 m. 82.

Poids : 1er Brun, 9 m. 80 ; 2e Enjolras, 9 m. 15 ; 3e Ledur, 8 m. 98.

Disque : 1er Brun, 27 m. 67 ; 2e Enjolras, 26 m. 42.

83 mètres haies : Juniors : 1er Combe, 2e Plaçard.

Seniors : 1er Charrel, 2e Barbier.

ETOILE SPORTIVE DE BOEN-SUR-LIGNON

23 avril : Première épreuve de l'année organisée sur un parcours de 5 kilomètres : Corbines, L'Argentière, Le Mas, Bois de Rotagnon, le Grand Pont, rue et route de Clermont-Corbines :

1er Cellier Claude, en 17' ; 2e Surel Léon, à 200 mètres ; 3e Roche Aimé, à 300 mètres ; 4e Michel Jean, 5e Grange Antoine, 6e Thomas Jean, 7e Hauteville.

25 juin : Course de 7 kilomètres environ comprenant trois fois le Tour de Boën :

1er Giaume (Alerte de Saint-Just-sur-Loire), en 28' ; 2e Bost Alphonse (Chaudelauze, Puy-de-Dôme) ; 3e Geneyton François, (E.S.B.) ; 4e Dupuis (Montverdun) ; 5e Perret André (Boen) ; 6e Pontvianne (Saint-Just-sur-Loire) ; 7e Poyet (La Fabrique) ; 8e Michel Louis (E.S.B.) ; 9e Roche Aimé (E.S.B.) ; 10e Lermy Pierre (Saint-Etienne-le-Molard).

13 août : Course de vitesse par éliminatoires :

1er Roche aîné, 2e Soulier, 3e Geneyton Antoine.

5 *kilomètres :* 1er Geneyton, 2e Soulier, 3e Roche aîné, 4e Surel, 5e Michel.

JEUNE GARDE DE BALBIGNY

A l'occasion de la fête patronale, le 13 août, ce club fait disputer une course à pied qui donne les résultats suivants :

1er Berthelot ; 2e Magnin, à 3 mètres ; 3e Grizonnet, à 10 mètres ; 4e Grange ; tous de la Jeune Garde de Balbigny.

ETOILE SPORTIVE DE SURY-LE-COMTAL

La fête organisée, le 30 avril, par l'E.S.S. remporte le succès le plus complet et donne les résultats suivants :

60 mètres : Juniors : 1er Dury, 2e Schmitt, 3e Neige.

100 mètres : Seniors : 1er Bernard, 2e Barjon, 3e Peycelon, 4e Vial.

Tour de Sury : Juniors : 1er Schmitt, 2e Barjon, 3e Dury.

Seniors : 1er Peycelon, 2e Vial, 3e Bernard, 4e Barjon.

Poids : 1er Barjon, 2e Michalon, 3e Vial.

Course de bicyclettes : 1er Blanchon, 2e Pontvianne, 3e Michalon, 4e Boyer, 5e Tissot, 6e Bayle, 7e Fréry, 8e Grandgonnet, 9e Tiozzo.

ABEILLE SPORTIVE STEPHANOISE

Championnats disputés, le 2 juillet, au Stade de la Terrasse :

100 mètres : 1er Enjolras, 2e Rivoire, 3e Lagrevol, 4e Joubert, 5e Rochegude. — Temps : 12'' 1/5.

200 mètres : 1er Rivoire, 2e Enjolras, 3e Teissier, 4e Lagrevol, 5e Magand. — Temps : 25''.

500 mètres : 1er Rivoire, 2e Exbrayat, 3e Rochegude, 4e Redon. — Temps : 1'33''.

1.500 mètres : 1er Vacher, 2e Teyssier, 3e Crozet, 4e Patural, 5e Serrui, 6e Redon, 7e Exbrayat, 8e Veillon, 9e Vial. — Temps : 5'2''.

3.000 mètres : 1er Crouzet, 2e Patural, 3e Teyssier. — Temps : 11'12''.

Hauteur : 1er Teyssier, 1 m. 45 ; 2e ex æquo, Rivoire et Lagrevol, 1 m. 41 ; 4e Vial, 5e Cancet.

Longueur : 1er Magand, 5 m. 46 ; 2e Teyssier, 5 m. 40 ; 3e Enjolras, 5 m. 26 ; 4e Lagrevol, 5 m. 10 ; 5e Cancet.

Perche : 1er Cancet, 2 m. 75 ; 2e Redon.

Disque : 1er Veillon, 23 m. 26 ; 2e Cancet, 21 m. 05 ; 3e Crozet.

Poids : 1er Lepreux, 8 m. 30 ; 2e Veillon, 7 m. 40 ; 3e ex æquo, Rivoire, 7 m. 28, et Magand, 7 m. 28.

ATHLETIC CLUB STEPHANOIS

Championnats d'athlétisme disputés, le 16 juillet, au Stade de la Terrasse :

100 mètres : 1er R. Martin, 2e Mortier, à 1 m. 50 ; 3e Gauthier, 4e Rebaud. — Temps : 12''.

400 mètres : 1er Mortier, 2e Dupin, à 15 mètres ; 3e Gauthier, 4e Duclaux M. — Temps : 58'' 2/5.

1.500 mètres : 1er David, 2e Crozatier, à 200 mètres. — Temps : 4'44'' 2/5.

3.000 mètres : 1er J. Duclaux, 2e P. Puillet, à 20 mètres . — Temps : 10'39'' 2/5.

Poids (7 k. 250) : 1er Dupin, 9 m. 37 ; 2e R. Martin, 9 m. 03 ; 3e Jacquier, 7 m. 97 ; 4e Mortier, 7 m. 44 ; 5e Galtier, 7 m. 42 ; 6e Crozet, 7 m. 30 ; 7e Martin, 7 m. 26 ; 8e Rebaud, 6 m. 80 ; 9e Allirot, 6 m. 73 ; 10e M. Duclaux, 6 m. 44 ; 11e Gauthier, 6 m. 28; 12e Crozatier, 6 m.

Disque : 1er Martin, 28 m. 10 ; 2e Dupin, 27 m. 43 ; etc., etc.

Hauteur : 1er Espanet, 1 m. 54 ; 2e Dupin, 1 m. 49 ; 3e Jacquier et Mortier, 1 m. 44 ; 5e Crozet et David, 1 m. 39 ; 7e Galtier, 1 m. 25.

Longueur : 1er Espanet, 5 m. 70 : 2e Rebaud, 5 m 68 : 3e Dupin, 5 m. 58 : 4e Jacquier, 5 m. 39 : 5e Mortier, 5 m. 30 : 6e Martin, 5 m. 08 : 7e Crozatier, 5 m. 04 : 8e Tardieu, 5 m. : 9e Galtier, 4 m. 90.

Perche : 1er Galtier, 2 m. 45 : 2e Berger et Crozet, 2 m. 40.

750 mètres relais (6+125) : 1re équipe : P. Puillet, David, Espanet, Gauthier, Jacquier, Mortier : 2e équipe : Crozatier, J. Duclaux, M. Duclaux, Tardieu, Martin, R. Martin, à 60 mètres ; 3e équipe : Tranchand, Crozet, Berger, Galtier, Rebaud, Dupin, à 5 mètres. — Temps : 1'36".

ANCIENS ELEVES DE L'ECOLE PRATIQUE DE ROANNE

Fête très réussie, le 30 avril, sur le terrain des Deux-Faubourgs.

En association, la Sélection Roannaise bat l'Amicale des Charpennes (1), par 3 à 2.

En rugby, les deux équipes de Sélection Roannaise font match nul, 0 à 0.

Puis les diverses épreuves de courses à pied donnent les résultats suivants :

100 mètres : 1er Griffon (C.N.R.), en 12" 3/5 : 2e Sauteret (C.N.R.) : 3e Comte (C.N.R.).

100 mètres : 1er Griffon (C.N.R.), en 1'2" 3/5 : 2e Sauteret (C.N.R.); 3e Cussonnet Louis (S.S.L.R.).

800 mètres relais : 1er Equipe du C.N.R., en 1'52" 3/5 ; 2e Equipe A.E.E.P. : 3e Equipe Red Star : 4e Equipe U.S.F.C.).

5.000 mètres : 1er Fournier (C.N.R.), en 17'30" : 2e Manigaud (U.S. F.C.) : 3e Bourgeon (A.S.R.) : 4e Durand (U.S.F.C.) : 5e Giovendo (A.S.R.) : 6e Verchère (U.S.F.C.), etc.

Le challenge est attribué au Club Nautique, qui s'est classé premier dans toutes les épreuves. Viennent ensuite l'U.S.F.C., le Red Star et les A.E.E.P.

STADE FOREZIEN UNIVERSITAIRE

Les championnats d'athlétisme du club doyen de Saint-Etienne se terminent comme suit :

100 mètres : 1er Besse, 12" 2/5 : 2e Caste, 3e Paudrat, 4e Charle.

200 mètres : 1er Charle, 26" 2/5 : 2e Besse, 3e Caste, 4e Bussière, 5e Vidal

400 mètres : 1er Paudrat, 59 3/5 ; 2e Bussière, 3e Machabert P., 4e Noix, 5e Vidal.

800 mètres : 1er Mondet, 2'16" : 2e Cellier, 3e Noix, 4e Machabert P., 5e Roux.

1.500 mètres : 1er Cellier, 4'50" : 2e Scrozinski, 3e Roux, 4e Mondet, 5e Uny.

Poids : 1er Antoine, 9 m. 25 : 2e Michot, 8 m. 40 ; 3e Machabert P., 8 m. 05 ; 4e Boisson, 5e Charle.

Disque : 1er Machabert P., 23 m. 08 ; 2e Machabert A., 22 m. 28 ; 3e Uny, 21 m. 35 : 4e Henry, 5e Michot.

Hauteur : 1er Machabert P., 1 m. 60 : 2e Henry et Caste, 1 m. 50 ; 4e Machabert A. et Michot.

Longueur : 1er Henry, 5 m. 60 : 2e Paudrat, 5 m. 20 ; 3e Machabert P., 5 m 15 ; 4e Caste, 5e Comte.

Perche : 1er Machabert P., 2 m. 65 ; 2° Henry, 2 m. 55 : 3° Machabert A., 2 m. 45.

110 mètres haies : 1er Henry, 19" 3/5 ; 2 Caste.

Classement général : 1er Machabert P., 26 points ; 2° Henry, 15 points ; 3° Caste, 12 p. ½ ; 4° Paudrat, 12 points ; 5° Charle, 10 points; 6° Cellier et Besse, 9 points ; 8° Machabert A., 8 p. ½ ; 9° Mondet, 7 points ; 10° Michot, 6 p. ½, etc.

SOLEIL SPORTING CLUB

Championnats d'athlétisme disputés le 23 juillet :

100 mètres : 1er Largeron, 2° Brayet, à une poitrine ; 3° Brunon, 4° Buisson, 5° Vergnon, 6° Fay, etc. — Temps : 12".

Poids : 1er Chalencon, 9 m. 10 ; 2° Vergnon, 7 m. 90 ; 3° Brayet, 7 m. 40 ; 4° Valette, 5° Largeron, 6° Borne, etc.

500 mètres : 1er Brayet, 2° Brunon, 3° Borne, 4° Combet, 5° Fay, 6° Clavaron, etc. — Temps : 1'17".

Hauteur : 1er Borne, 1 m. 40 ; 2° Brunon, 1 m. 35 ; 3° Fay, 4° Brayet, 5° Guichard, etc.

Disque : 1er Brayet, 23 m. 90 ; 2° Chalancon, 23 m. 10 ; 3° Borne, 21 m. ; 4° Largeron, 5° Vergnon, 6° Fay.

Longueur : 1er Brayet, 5 m. 15 ; 2° Combet, 5 m. 05 ; 3° Fay, 4° Borne, 5° Vergnon, 6° Fournel, etc.

1.500 mètres : 1er Fay, 2° Combet, 3° Brunon, 4° Borne, 5° Châteauvieux, 6° Brayet, etc. — Temps : 4'55'.

Perche : 1er Borne, 2 m. 30 ; 2° Châteauvieux, 3° Brayet, etc.

Classement général : 1er Brayet G., 21 points ; 2° Borne, 29 points; 3° Fay, 37 points ; 4° Brunon, 5° Combet, 6° Vergnon, 7° Fournel et Chalencon, 9° Buisson, 10° Clavaron et Guichard, 12° Valette, 13° Roche, 14° Châteauvieux.

CLUB OLYMPIQUE SAINT-CHAMONNAIS

Championnats d'athlétisme disputés, le 13 août, avec la participation de plus de 50 concurrents :

100 mètres : 1er Voitot, 12' 1/5 ; 2° Pacaud, 3° Terrat, 4° Raynaud.

400 mètres : 1er Raynaud, 56" 1/5 ; 2° Terrat, 3° Décline, 4° Tardy.

1.500 mètres : 1er Ledauf, 5' ; 2° Escot 5'5" ; 3° Seyve, 5'8" ; 4° Rougier, 5'12" ; 5° Décline, 5'17".

Saut en hauteur : 1er Voitot, 1 m. 62 ; 2° Joannon, 1 m. 55 ; 3° Goulème, 1 m. 50 ; 4° ex æquo, Chaput, Décline.

Saut en longueur : 1er Voitot, 6 m. ; 2° Giraud, 5 m. 81 ; 3° Goulème, 5 m. 70 ; 4° Terrat, 5 m. 63.

Perche : 1er Voitot, 2 m. 60 ; 2° Giraud, 3° Goulème, 4° Décline.

Poids : 1er Celle, 10 m. 60 ; 2° David, 9 m. 52 ; 3° Voitot 8 m. 57 ; 4° Décline, 8 m. 38.

Disque : 1er Celle, 28 m. 20 ; 2° David, 26 m. 18; 3° Voitot, 26 m. 13; 4° Goulème, 23m . 65.

UNION SPORTIVE DE LA SEAUVE

2.000 mètres : 1er Castagnier, 2° Granger, 3° Touron, 4° Manevy, 5° Lununel

Une course réservée aux pupilles donne le classement ci-dessous : 1er Sabot, 2° Massard, 3° Moulin, 4° Tranchant.

CYCLISME

C'est évidemment le sport le plus populaire dans nos régions. Il est aussi l'un des plus sains, à condition cependant que l'on fasse preuve dans l'entraînement qu'il nécessite de méthode et de modération.

Le dos voûté, les bras grêles, un thorax étroit à sa partie supérieure, le tout surmontant des jambes volumineuses dont les cuisses surtout sont énormes, tel nous apparaît le cycliste. Les muscles qui se développent particulièrement sont, au bassin, le psoas iliaque et le fessier ; à la cuisse, le qutriceps fémoral, les demi-tendineux et demi-membraneux : à la jambe, le triceps sural. Nous ne voulons pas cependant méconnaître la grande valeur hygiénique de la bicyclette. C'est elle qui a attiré et attire encore aux sports de plein air la grande masse. Nous ne voulons pas, non plus, méconnaître sa valeur comme exercice respiratoire. Si nous avons signalé l'étroitesse de la partie supérieure du thorax, nous devons aussi remarquer l'ampleur des parties postérieures qui surtout importent dans l'acte respiratoire. Mais nous devons encore ajouter que trop souvent, sous prétexte de cyclisme, des jeunes gens insuffisamment formés pratiquent de longues courses et en arrivent bien vite au surmenage peut-être plus que dans aucun autre sport. C'est ainsi que nous avons pu observer quelques jeunes gens après deux ou trois saisons, parfois glorieuses, se retirer prématurément du sport cycliste. Par leur incompréhension de la méthode qui doit présider à tout entraînement physique, ils étaient arrivés au surmenage et à un état de moindre résistance organique au lieu de retirer un bénéfice de la pratique rationnelle de leur sport.

Dr J. MICHOT.

Trente ans après...

Des frères Gauthier, les deux Stéphanois qui furent les vulgarisateurs de la bicyclette, un seul reste. L'aîné, Pierre, est mort en 1922, avant d'avoir vu sa première machine solennellement installée dans une des salles du Musée de Saint-Etienne. Cette machine date à peine, pourtant, de six lustres. Mais, trente ans après, qui se souvient des frères Gauthier, dont l'innovation est à la base de l'une des plus florissantes industries de la Loire et de la France ?

On bataillait ferme cependant, voici trente ans, pour implanter le goût du sport et de la bicyclette. Et si, comme les anciens, les champions d'alors n'emportaient pour prix de leur victoire qu'un honneur passager, ils n'en luttaient pas moins avec une ardeur et une loyauté qu'ignorent beaucoup de jeunes.

Un des as de l'époque, Carrot, a prématurément disparu. Mais ses exploits, — et l'importante fabrique de moyeux et roues libres dont son gendre, M. Berr, sportsman avisé, assume la direction —, perpétuent son souvenir. La plupart de ses adversaires ont tâté ou se servent encore de l'automobile : Dumoulin, devenu cafetier ; Gibert, chef d'orchestre ; Dubost, garagiste, etc...

Empruntons au « Mémorial de la Loire » un compte-rendu de la réunion qui se déroula, le 25 septembre 1892, au parc des Sports de l'Etivallière, et pour laquelle plus de trois mille entrées furent enregistrées :

Le public montre pour ce sport nouveau un goût de plus en plus vif. Il faut voir avec quelle attention il suit les péripéties de chaque course ; il faut entendre les encouragements jetés des tribunes aux coureurs qui volent sur leur monture d'acier et les ovations qui saluent les vainqueurs.

Les tribunes du parc de l'Etivallière sont admirablement placées. De là le spectateur embrasse toute la piste. Sur la gauche, un bouquet d'arbres cache pendant quelques mètres la vue des coureurs, mais rien de plus gracieux que ce peloton ailé, un instant disparu, débouchant tout à coup du petit bois et se précipitant à fond de train vers le poteau d'arrivée.

Le roi de la journée a été M. Dumoulin, qui est arrivé premier dans toutes les épreuves auxquelles il a pris part. « Il gagne comme il veut ! ». C'était le mot de tout le monde et c'était le mot vrai.

Il ne cherche pas à prendre la corde dès le début. Il suit le train du peloton jusqu'au dernier tour. Mais, à l'instant même où le coup de cloche annonce qu'il ne reste plus qu'un tour à faire, voilà notre Dumoulin qui donne un coup de pédale. On le voit immédiatement prendre la tête, se détacher du peloton, le laisser derrière lui et prendre une avance qu'il ne perd plus.

A défaut de M. Lambrecht, il a eu hier un concurrent redoutable dans un autre coureur lyonnais, M. Welinski, qui est de belle force. M. Welinski est arrivé second dans les deux courses où il a figuré. Et dans la course internationale, il n'y a eu qu'une demi-roue de différence entre lui et Dumoulin.

Hurrah pour Dumoulin !

Suivent les résultats des courses :

1re course départementale (6 tours, 3.000 mètres), 8 partants : 1er Dumoulin, 2e Cœur, 3e Sarpe, 4e Carrot, 5e Raze.

2e course départementale pour cyclistes n'ayant jamais gagné de prix (5 tours, 2.500 mètres), 10 partants : 1er Touron, 2e Chaly, 3e Chavrot, 4e Odin C., 5e Tapette.

3e course régionale, pour Loire et départements limitrophes (8 tours, 4.000 mètres), 12 partants : 1er Dumoulin, 2e Welinski, 3e Colomb, 4e Raze, 5e Sarpe.

4e course internationale (12 tours, 6.000 mètres), 14 partants : 1er Dumoulin, 2e Welinski, 3e Sarpe, 4e K. Signard, 5e Raze, 6e Colomb.

5e course, pour cyclistes n'ayant gagné aucun prix dans les épreuves précédentes, (5 tours, 2.500 mètres) : 1er Barailler, 2e Dombret Em., 3e Dombret Charles.

Je ne terminerai pas sans adresser un amical souvenir à M. Hugonnard, qui fut l'un des premiers champions des 100 kilomètres de la Loire, et préside, depuis de longues années, avec un inlassable dévouement, aux destinées du Comité de la Loire de l'Union Vélocipédique de France.

A. LARFEUIL.

Organisation du Comité uvéfiste de la Loire

Voici la liste des membres du Comité de la Loire de l'U.V.F. dont les présidents d'honneur sont MM. Louis SOULIÉ, sénateur-maire de Saint-Etienne ; Albert SEROL, maire de Roanne, et ASTIER, constructeur à St-Etienne :

Chef délégué sportif : M. Pierre Hugonnard, 16, rue Daguerre, à Saint-Etienne.

Délégués sportifs : MM. Henri Goutte, 61, rue de la République, à Panissières ; Lucien Buisson, boulevard Jules-Janin, à Saint-Etienne ; Jean Reymond, 18, rue du Général-Foy, à Saint-Etienne ; Henri Dumoulin, 1, place de l'Hôtel-de-Ville, à Saint-Etienne ; Paul Gayot, à Voron, commune de L'Horme

Sous-délégués sportifs : MM. Jacques Rizzi, 37, place du Peuple, à Saint-Etienne ; Antoine Girod, 1, rue des Tanneries, à Roanne ; Jean Lefort, hôtel Garnier, à Boën-sur-Lignon ; Georges Voitot, 19, rue Ernest-Renan, à Izieux ; Jean Meunier, 7, rue de la Loire, à Feurs ;

Etienne Durastel, 9, rue de la Bourse, à Saint-Etienne ; Léon Dalibert, 9, rue de Sorbiers, à Saint-Etienne ; Jules Gourcy, horloger, à Boën ; Jean-Claude Mathevon, 39, rue de Roanne, à Saint-Etienne ; Martin Baudet, 9, rue de la Vigne, à Saint-Etienne ; Joannès Digat, usine à Gaz, à Roanne ; Jean Georges, commerçant en tissus, à Boën ; Louis Patissier, 10, rue de Mably, à Roanne ; Marcel Royer, café du Point-du-Jour, la Terrasse, à Saint-Etienne; Joseph Vallet, 38, cours Montgolfier, à Saint-Chamond ; Antoine Duculty, 10, rue Saint-Etienne, à St-Chamond.

Chef consul : M. Jean Aulagne, 38, rue de la République, à Saint-Etienne.

Consuls : MM. Sylvain Maisonneuve, 13, rue Wilson, à Saint-Etienne ; Claude Marandon, 4, rue du Général-Foy, à Saint-Etienne ; Louis Destre, docteur, à Terrenoire; Pierre Faure, café Stéphanois, rue de la Caserne, à Montbrison ; Joannès Paulin, rue Gambetta, à Roanne.

Vice-consuls : MM. Jean Colombet, café des Molineaux, près La Fouillouse, à Saint-Etienne ; Jacques Louison, 10, rue des Verriers, à Saint-Etienne ; Léon Philibert, 6, rue Balay, à Saint-Etienne ; Casimir Gerest, 23, cours Fauriel, à Saint-Etienne ; Marcel Menut, 42, rue de la République, à Saint-Etienne ; Jean Mercier, 61, rue de la Préfecture, à Saint-Etienne ; Benoît Denuzière, 6, rue du Général-Foy, à Saint-Etienne ; André Girardon, 14, rue des Creuses, à Saint-Etienne ; Pierre Reynaud, 64, rue de la République, à Saint-Chamond ; Jean Morel, route de Saint-Etienne, à Sury-le-Comtal ; Joannès Troussel, 7, rue Saint-Claude, à Saint-Chamond ; Pierre Muller, 17, rue Nationale, à Firminy ; Claude Lerck, 63, place Saint-Roch, à Saint-Etienne ; Marius Bayet, 30, rue Elisée-Reclus, à Saint-Etienne ; Paul Bonnard, 15, rue Nationale, à Firminy ; Albert Delorme, 41, rue du Commerce, à Roanne ; Auguste Garnier, Central Hôtel, place de l'Hôtel-de-Ville, à Boën ; André Bidon, 13, rue de Balzac, à Saint-Etienne ; Claudius Perrin, négociant, à Usson-en-Forez ; Duffaut, 6, place de l'Hôtel-de-Ville, à Saint-Etienne.

Chef consul honoraire : M. Louis Lerck, 63, place Saint-Roch, à Saint-Etienne.

Chef délégué militaire : M. Boudet, 152, rue d'Annonay, à Saint-Etienne.

Délégués militaires : MM. Jules Barrelon, avenue Jacquemond, à Saint-Etienne ; Jean-Baptiste Lassablière, 11, place Jean-Jaurès, à Saint-Etienne ; Pierre Thomas, 3, rue du Coin, à Saint-Etienne ; Claudius Basset, 25, rue Michel-Servet, à Saint-Etienne.

Sous-délégué militaire : M. Javogues, à Roanne.

Paris-Saint-Etienne

La grande course annuelle Paris-Saint-Etienne, organisée par la « Tribune Républicaine », s'est achevée, en
1922, dans une apothéose. Notre confrère Charles Ravaud
a traduit ainsi ses impressions :

« Je lui suis tout d'abord reconnaissant de cette classique compétition, de me valoir chaque année un déplacement infiniment agréable. On respire, tout au long du
parcours, dans une ambiance éminemment sympathique,
et l'on éprouve, à traverser des localités dont la sportivité
ne fait aucun doute, mais qui seraient aujourd'hui encore
parfaitement déshéritées au point de vue spectacle cycliste, sans la « Tribune Républicaine », une joie sans mé-
lange, la joie du vieux sportsman qui rêve, qui travaille,
depuis toujours à la régénération de la race française, et
à qui, brusquement, on dévoile des imitateurs, on révèle
de nouveaux et nombreux adeptes.

« Permettez-moi donc de féliciter sans réserve la « Tribune Républicaine » et de lui dire qu'elle peut être fière
de son œuvre.

*
* *

« Je la remercie maintenant pour trois autres faits.

« Le premier consiste en la réhabilitation complète du
grand champion belge, René Vermandel, vainqueur de la
première étape.

« Le second se rapporte à la consécration définitive de
Rossius, cet autre belge au nom de Romain, dont le courage, la persévérance, l'énergie, la modestie, se trouvent
enfin récompensés.

« Le troisième enfin — et c'est le plus intéressant à tous
les points de vue — se traduit par une révélation sensa-
tionnelle, celle du jeune suisse Suter, aujourd'hui catalo-
gué grand spécialiste pour avoir enlevé la seconde étape
— une étape difficile — d'une grande course cycliste.

« Cette révélation, voyez-vous, c'est le succès même de
Paris-Saint-Etienne Elle représente la haute valeur sportive de l'épreuve. Elle la classe. Elle démontre que les
vieux la désirent gagner, tandis que les jeunes ont aussi
leurs chances.

« Je dis, aussi, en présence des résultats acquis : victoires de deux jeunes en étapes, triomphe d'un vieux au
classement général, acharnement apporté par tous les as
de la route à s'aligner, à batailler sur deux itinéraires de
distance raisonnable, mais suffisante. Je dis qu'une
épreuve qui donne des précisions semblables est à l'honneur de ses organisateurs et que, si elle n'existait point,
il la faudrait inventer. « Ch. RAVAUD. »

CYCLES

ROUTE - COURSE - GRAND TOURISME

"LE CHEMINEAU"

USINES ET BUREAUX :

LA RICHELANDIÈRE
SAINT-ETIENNE

MAGASIN DE VENTE :

47, RUE DE LA RÉPUBLIQUE

CATALOGUE FRANCO

Palmarès de l'épreuve

1921

Première étape. — 1″ R. Bellenger, en 8 h. 40', moyenne 27 kil. 692 ; 1″ régional : Normand.

Deuxième étape. — 1″ Barthelémy, en 8 h. 49'26', moyenne 28 kil. 410 ; 1″ régional : Normand.

Classement général. — 1″ Barthélemy, en 17 h. 29'26'' ; 1″ régional, Normand.

1922

Première étape. — 1″ Vermandel, en 7 h. 49' ; 2° Rossius à 1/4 de roue ; 3° Beckmann, à 1/2 roue ; 4° Godard ; 5° Alavoine ; 6° Degy ; 7° Lambo ; 8° Hector Heusghem ; 9° Tiberghien, tous ensemble ; 10° Lacolle, en 7 h. 50'; 11° José Pelletier, en 7 h. 50'20'' ; 12° Leenaers ;

13 Sellier ; 14° Bellenger ; 15 Barthélemy ; 16° Jacquinot, ces 5 coureurs en 7 heures 58' ; 17° Alancourt ; 18° Coomens ; 19° Hilarion, ces 3 coureurs en 8 h. ; 20° Loew ; 21° Mathon ; 22° Garby ; 23° Christophe ; 24 Scieur ; 25° Mantelet ; 26° Mosselmans ; 27° Marronier ; 28° Suter Henri ; 29° Mottiat ; 30° Gerbaud ; 31° Arnoux ; 32° Normand ; 33° Bonsoir ; 34°Despontins ; 35° Moulet ; 36 Parref ; 37° Brunie ; 38° Grassin ; 39° Goethals ; 40° Robert ; 41° Muller ; 42° Deman ; 43° Reluy ; 44° Deniot ; 45° Leveillé ; 46 Desbordes ; 47° Veau ; 48° Guillon ; 49° Broddes ; 50 Tufeny ; 51° Berger ; 52° Tournus ; 53° Guichon ; 54° Michelon ; 55 Liège ; 56° Dognin ; 57° Gibernon.

Deuxième étape. — 1er Suter, en 9 h. 35' ; 2° Rossius, à 4 longueurs ; 3 Leenaers, à une roue ; 4° Jacquinot, à 1/2 roue ; 5° Sellier, à 1/4 de roue ; 6° ex æquo : Bellenger, Tiberghien, Degy, Alavoine, Godart, Beckmann, Pelletier, Normand ; 14° Lambot ; 15° Heusghem ; 16° Maronnier ; 17° Vermandel ; 18° Loew ; 19° Robert, de Dunières ; 20° Coomans ; 21° Goethals ; 22° Despontins ; 23° Tufeny ; 24° Parel ; 25 Mathon ; 26° Léveillé ; 27° Arnoux ; 28° Broddes ; 29° Faillu ; 30° Michalon ; 31° Veau ; 32° Guichon ; 33° Petouille ; 34° Gibernon ; 35° Berger ; 36 Grenner ; 37° Guillon ; 38° Sheck ; 39° Desbordes ; 40° Vernaut.

Classement général. — 1er Rossius 17 h. 26' ; 2° Beckmann, 17 h. 26' ; 3° Godard, 17 h. 26' ; 4° Alavoine, 17 h. 26' ; 5° Degy, 17 h. 26; 6° Tiberghien, 17 h. 26' ; 7 Lambot, 17 h. 26'10'' ; 8° Heusghem, 17 h. 26'30'' ; 9° Pelletier (premier des régionaux), 17 h. 27'30'' ; 10° Vermandel, 17 h. 28' ; 11° Lenaers, 17 h. 35'12'' ; 12° Sellier, 17 h. 35'13'' ; 13° Bellanger et Jacquinot, 17 h. 35'13'' ; 15° Lœw, 17 h. 40'30'' ; 16° Coomans, 17 h. 44' ; 17° Suter, 17 h. 56' ; 18° Maronnier, 17 h. 59'19 ; 19° Robert (de Dunières), 17 h. 59'20'' ; 20° Normand, 18 h. 02' ; 21° Goethals, 18 h. 28' ; 22° Despontins, 18 h. 31'30'' ; 23° Tufeny, 18 h. 32' ; 24° Parel, 18 h. 41'30'' ; 25° Masson ; 26° Léveillé ; 27° Arnoux ; 28° Broddes ; 29 Faillu ; 30° Michalon ; 31° Veau ; 32° Guichon.

Les régionaux. — 1er Pelletier ; 2° Robert, sur cycle « Royal Fabric » ; 3° Normand.

Les Championnats de la Loire

Pascalon triomphe dans les 50 kilomètres

Le temps ne favorisa pas cette épreuve qui se disputait, pour la première fois, le 30 avril, sur un itinéraire nouveau : Saint-Etienne, L'Etrat, Saint-Héand, La Fouillouse, Andrezieux, Saint-Just, le Chasseur, La Fouillouse, Saint-Etienne.

1er Pascalon, en 1 h. 53' ; 2° Cordonnier, à 3/4 de longueur, sur Cycles « Royal Fabric ; 3° Grange, à 2 longueurs, sur Cycles « Royal Fabric » ; 4° Exbrayat, à une roue ; 5° Pitaval, en 1 h. 55' ; 6° Grenner, en 1 h. 57' ; 7° Flouret, en 1 h. 57'1'' ; 8° Faure, en 1 h. 57'30'' ; 9° Murard, en 1 h. 57'35'' ; 10° Goujet, en 1 h. 58' ; 11° Michalon, 12° Bastide, 13° Pontille, 14° Laffay, 15° Heymans, 16° Joyerot, 17° Chanelière, 18° Chamussy, 19° Bond, 20° Grillon, 21° Daldebert, 22° Magnin, 23° Barjon, 24° Fabre, 25° Petrini, 26° Rigaud, 27° David, 28° Chatelard, 29° Girardin, 30° Borde, 31° Ducoin, 32° Berard, 33° Frérot, 34° Peyrache, 35° Saillet.

Normand garde son titre dans les 100 kilomètres

Une fois de plus, le temps favorise organisateurs et coureurs. Et le championnat des 100 kilomètres, disputé le 21 mai, enthousiasme la foule tout au long de l'itinéraire, et surtout à Saint-Etienne, Bourg-Argental, Chavanay, Pélussin, Grand'-Croix, Saint-Chamond, La Talaudière, Ratarieux, Saint-Etienne.

NORMAND.

1er Joseph Normand, sur Cycles « Svelte », du V.C.R., en 3 h. 53'45'' ; 2° Cordero, sur Cycles « Royal Fabric », du V.M.S. ; 3° Cordonnier, sur Cycles « Royal Fabric », du V.M.S. ; 4° José Pelletier, du V.C.R. ; 5° Olivier, du V.M.S. ; 6° Hivert, 1re cat. ; 7° Dumillier, 4° cat. ; 8° Odoir, 4° cat. ; 9° Pascalon, 4° cat. ; 10° Exbrayat, 2° cat. ; 11° Faure, 1re cat. ; 12° Dacher, 4° cat. ; 13° Pipoz, 4° cat. ; 14° Mouseur, 4° cat. ; 15° Eymans, 4° cat. ; 16° Duperroux, 3° cat. ; 17° Vial, 4° cat. ; 18° Michalon, 3° cat. ; 19° Dourouze, début. ; 20° Poyet, début. ; 21° Cortial, 4 cat. ; 22° Duvignot, début. ; 23° Phrobert, 4° cat. ; 24° Gouget, 4° cat. ; 25° Joyerot, 2° cat. ; 26° Rascle, 4° cat. ; 27° Oriol, début. ; 28° Ogier J.-B., début. ; 29° Douce, 4° cat. ; 30° Veillas, V.M.S.R., 4° cat. ; 31° Piegay. V.C.R. ; 32° Peyrache, 4° cat. ; 33° Thomas, début. ; 34° Levitte, début. ; 35° Outin, 4° cat.

Le Vélo Moto enlève le challenge Marandon, avec Cordero, Cordonnier, Olivier et Dumillier.

Les brevets militaires

Cordonnier gagne « les 50 kilomètres »

Disputé, le 2 avril, sur le traditionnel parcours Saint-Etienne-Montrond et retour, donna lieu à une jolie course :

CORDONNIER.

1er Cordonnier, du V.M. S., sur Cycles « Royal Fabric », pneus W. Russel, en 1 h. 39' : 2° Pascalon, du V. C.F. sur Cycles « Audouard », pneus Higgin, à 10 longueurs : 3° Hivert, de l'U.S. S., à 2 longueurs, Cycles « Wonnodett » ; 4° Pipos (C. A.S.S.), en 1 h. 39'15'': 5° Poméon, 6° Reymond, 7° Grenner (C.S.A.F.); 8° Carrot, 9° Vray, 10° Olivier, 11° Frérot, 12° Cortial, 13° Schwoob, 14° Cordero. 15° Cancade, 16° Pitaval, 17° Chanelière, 18° Daldebert, 19° Laffay, 20° Lévitte, 21° Montchulin, 22° Pascalon, 23° Ravachol, 24° David, 25° Bourrin, 26° Meige, 27° Chatelard, 28° Richaud, 29° Charentus, 30° Bonner, 31° Monseur, 32° Limousin, 33° Lyotard, 34° Richard, 35° Montchamp, 36° Bonhomme, 37° Bailly 38° Outin, 39° Soubeyrand, 40° Poyet, 41° Just, 42° Duplot, 43° Massard 44° Vacheron, 45° Mallard, 46° Borde, 47° Gabe, 48° Combe, 49° Grenier, 50° Gaudier, 51° Sauvignac, 52° Colomban, 53° Riffo, 54° Fleuret, 55° Laurendon, 56° Battandier, 57° Seigne, 58° Girard, 59° Vincent, 60° Vernay, 61° Guichard, 62° Berliet.

Grange enlève « les 100 kilomètres »

M. Denuzière, président du V.M.S., donne, le 7 mai, le départ à 95 coureurs qui se livrent, sur l'itinéraire St-Etienne-Balbigny et retour, une lutte sévère dont voici les résultats :

1er F. Grange, en 3 h. 14', sur Cycle « Royal Fabric », pneus Russel, moyeux Exeltoo ; 2° Pascalon, à une demi-longueur, sur Cycle « Audouard », pneus Higgins : 3° Odoir, 3 h. 14'30'' : 4° Duverger, 3 h. 15' ; 5° Pitaval, 3 h. 15'2'' : 6° Carrot, 3 h. 15'4'' ; 7° Richaud, 3 h. 15'9'' ; 8° Buer, 3 h. 15'10'' ; 9° Grenner, 3 h. 15'13'' ; 10° Heymans, 3 h. 15'14'' ; 11° Chanelière, 3 h. 16' ; 12° Barjon, 3 h. 17' : 13° Dumillier, 3 h. 19' ; 14° Rigaud, 3 h. 19'4'' ; 15° Gibernon, 3 h. 19'6'' ; 16° Joyerot, 3 h. 19'30'' ; 17° Pascalon Jean, 3 h. 23'10'' : 18° Gidon, 3 h. 23'14'' ; 19° Monseur, 3 h. 24' ; 20° Frérot, 3 h. 25' : 21° Guillon, 3 h. 26' ; 22° Bouchellyoën, 3 h. 27' ; 23° Fabre, 3 h. 28' : 24° Flouret, 3 h. 29'30'' ; 25° Colomban, 3 h. 29'35'' ; 26° Laffay, 3 h. 30' ; 27° Raymond, 3 h. 30'4'' ; 28° Frécon, 3 h. 30'6'' ; 29° Malzieu, 3 h. 31' ; 30° Poyet, 3 h. 32' ; 31° Duperroux, 3 h. 33' ; 32° Cortial, 3 h. 34' ; 33° Paret, 3 h. 39' ; 34° Bourrin, 3 h. 42' ; 35° Battandier, 3 h. 47' ; 39° Saigne, 3 h. 48 ; 40° Montmeterme, 3 h. 49' ; 41° Levitte, 3 h. 50' ; 42° Soubeyrand, 3 h. 52' ; 43° Boucher, 3 h. 54 ; 44° Mathon, 3 h. 57 ; 45° Montchamp, 3 h. 58' ; 46° Outin, 4 h. ; 47° Thévenon, 4 h. 0'30'' ; 48° Combe, 4 h. 0'35'' ; 49° Seigne, 4 h. 1' : 50° Bousse, 4 h. 2' ; 51° Vacheron, 4 h. 3' ; 52° Bonhomme, 4 h. 6' ; 53° Gay, 4 h. 6'52'' ; 54° Fauritte, 4 h. 6'55'' ; 55° Dumas, 4 h. 7' ; 56° Pichon, 4 h. 7'4'' ; 57° Vidalenc, 4 h. 8' ; 58° Thomas, 4 h. 9' ; 59° Murgue, 4 h. 10' ; 60° Jacquemond, 4 h. 11' ; 61° Girard, 4 h. 16' ; 62° Giraud,

4 h. 19' ; 63° Joubert, 4 h. 19'10'' ; 64° Soulier, 4 h. 19'20'' ; 65° Grange
Antoine, 4 h. 19'25'' ; 66° Pelletier, 4 h. 33' ; 67° Lardon, 4 h. 34' ;
68° Rivolier, 4 h. 36' ; 69° Chazal, 4 h. 37 ; 70° Robillard, 4 h. 40' ;
71° Morlon, 4 h. 41'.

...et « les 150 kilomètres »

GRANGE.

La concurrence d'autres épreuves régionales importantes enlève
un peu de son relief à cette course
disputée, le 18 juin, sur l'itinéraire
classique Saint-Etienne-Le Coteau
et retour.

Cependant tous les as sont là,
mais la lutte n'est pas intéressante et se termine ainsi :

1er Grange Fernand (V.M.S.), sur
Cycle « Royal Fabric » ; 2° Exbrayat
Camille (V.M.S.), sur Cycle « Hunter »;
3° Pascalon Antoine (V.C.F.), sur Cycle
« Audouard », en 5 h. 36 ; 4° Latour
(P.G.), 5° Monnet (V.C.R.), 6° Chamussy
(V.C.R.), 7 Barrel, 8° Gibernon, 9° Ber-
nicot, 10° Heymans, 11° Rasele, 12° Ho-
meyer, 13° Bordes, 14° Dubost, 15° Petit.

LE CHAMPIONNAT CYCLO-PEDESTRE DE LA LOIRE

26 février : Trente et un coureurs sur quarante-quatre
inscrits prennent le départ. Et Normand, qui enlèvera le
titre, restera presque constamment en tête :

1er Normand, sur Cycle « Svelte », en 57'30'' ; 2° Cordonnier, sur
Cycle « Royal Fabric » ; 3° Cordero, sur « Royal Fabric » ; 4° Exbrayat, sur Cycle « Hunter » ; 5° Pontille, 6° Petrini, 7° Richaud,
8° Pascalon, 9° Peyrache J., 10° Chatelard, 11° Dumoulin, 12° Chanelière, 13° Heymans, 14° Colomban, 15° Liotard, 16 Royet, 17 Robillard,
18° Gaudier, 19° Perrière.

La Course WONODETT-SPRINTA

Disputée, le 16 avril, sur l'itinéraire Roanne, Crémeaux,
Saint-Germain-Laval, Boën, Feurs, Montbrison Saint-Etienne,
l'épreuve organisée par M. Mure, fabricant des cycles « Wono-
det et Sprinta », 63, rue Neyron, à Saint-Etienne, fut une
des plus passionnantes batailles entre jeunes de la saison :

1er Ogier J.-B., en 4 h. 53', sur Cycle « Sprinta » ; 2° Hivert, à
2 longueurs, sur Cycle « Wonodett » ; 3° Vray, à 3 longueurs ; 4° Cas-
cade, 5° Richaud 6° Heymans, 7° Phrobert, 8° Lechelle, 9° Fabre,
10° Grange, 11° Richard, 12° Faure, 13° Vialle, 14° Gounon, 15° Laurendon, 16° Oriol, 17° Buer, 18° Clair, 19° Charliot, 20° Ogier M., 21° Poyet,
22° Montchanin, 23° Poyet, 24° Font, 25° Guidon, 26° Beraud, 27°
Aguayo, 28° Lachaud, 29° Arnaud, 30° Valéry, 31° Brialon, 32° Robillard.

Une course de Tout-Petits, sur le parcours Feurs-Saint-
Etienne, revint à Vignon, de Roanne, âgé de 14 ans, devant
David, Grange, Tinard, Favier, Cadier, Jeanpierre et Ferrière.

Le Prix SAILLET

L'effort du sympathique constructeur dont les magasins sont installés 19, rue de la République, au Chambon-Feugerolles, fut récompensé, le 14 mai, par un gros succès.

Le classement du Prix Saillet s'établit comme suit :

1er Exbrayat, du V.M.S., en 3 h. 10' ; 2e Grange, du V.M.S., sur Cycle « Royal Fabric », roulements « Exceltoo » ; 3 Pascalon, du V.C.F. : 4e Cordero, du V.M.S., sur Cycle « Royal Fabric » ; 5e Cordonnier, du V.M.S., sur Cycle « Royal Fabric ; 6e Faure, du V.M.S. ; 7e Barrel, 8e Carrot, 9e Buer, 10e Bouchelloeyen, 11e Pascalon Jean, 12 Rigaud, 13e Richaud, 14e Barjon, 15e Olivier, 16e Homeyer, 17e Odoir, 18e Hivert, 19e Grenner, 20e Bonny, 21e Saillet A., 22e Monseur, 23e Romagny, 24e Just, 25e Guillon, 26e Goubier, 27e Bérard, 28e Vernay, 29e Bonnefonds M., 30e Borde, 31e Say, 32e Girard, 33e Vidalin, 34e Pascanet.

Le Grand Prix MARTHOUREY

Ce fut une belle manifestation sportive que M. Marthourey, le constructeur de Firminy, offrit, le 28 mai, à ses compatriotes.

Christophe et Lacolle firent, devant les régionaux, une superbe exhibition. Puis ce fut, entre tous nos cracks, une lutte sévère qui se termina comme suit :

1er Robert, sur Cycle « Royal Fabric », en 3 h. 21' ; 2e Grange, sur Cycle « Royal Fabric », à une longueur : 3e Cordero, sur « Royal Fabric », à une longueur : 4e Grenner, 5e Homeye , 6e Barrel, 7e Exbrayat, 8e Olivier, 9e Michalon, 10e Faure, 11e Dourouze, 12e Duverger, 13e Ogier, 14e Pascalon, 15e Flouret, 16e Cordonnier, 17e Rascle, 18e David, 19e Latour, 20e Just, 21e J. Ogier, 22e Cortial, 23e Poyet, 24e Limouzin, 25e Vray, 26e Goubier, z Gouget, 28e Oriol, 29e Bordes, 30e Girardini, 31 Romagny, 32e Vassy.

La Journée Vélocio

Organisée par le « Forez Sportif », le 11 juin, en l'honneur du vétéran cycliste M. de Vivie, que tous les sportsmen connaissent et vénèrent, cette manifestation comprenait la montée de la côte de Planfoy en tenue de touriste et avec des machines poly-multipliées.

Le règlement avait sagement établi des catégories par âge.

Résultats :

Ire catégorie. Jusqu'à 17 ans : 1er Boulet André, 42'36'' ; 2e Demor, 43'15'' ; 3e Chomeil, 43'30' ; 4e Hesse, 43'52'' ; 5e Audouard, 43'55 ; 6e Estrat, 45'22'' ; 7e Celoron, 47' ; 8e Fay, 47'5'' ; 9e Delinière, 47'10'' ; 10e Lavergne fils, 47'12'' ; - Vallet 47'57'' ; 12 Vinet, 48'15'' ; 13e Pichon, 48'30'' ; 14e Lutendu, 48'40'' ; 15e Hormuth, 50'45'' : 16e Passeron, 52'34'' ; 17e Jomain, 54'45'' ; 18e Pourret, 58'25'' : 19e Roche, 58'38'' ; 20e Régny, 58'35'' ; 21e Langénieux, 1 h. 1'45'' ; 22e Moulin, 1 h. 5' ; 23 Sauzet, 1 h. 12'.

2e catégorie. De 17 à 20 ans : 1er ex æquo, Gravier, 40'18'' et Meunier, 40'18'' ; 2e Chomeil, 41' ; 3e Rugraff, 41'20'' ; 4e Dumont fils, 41'37'' ; 5e Vincent, 41'47'' ; 6e Dumas G., 42'15'' : 7e Dumas E., 43'30'' ; 8e Renaudier, 44'30'' ; 9e Conductier 45'30'' ; 10e Odin, 45'50'' ; 11e Cornil Pierre, 56'10'' : 12e Borne, 46'20'' : 13e Roux, 46'50'' : 14e Simyan, 48'20'' : 15e Gardin, 50'5'' : 16e Cornil Raymond, 50'50'' : 17e Peroud, 51'50'' : 18e Bidon, 52'40'' : 19e Varnier, 58'50''.

3e catégorie. De 20 à 25 ans : 1er Guittay, 38'25'', meilleur temps de la course, sur Cycle « Le Chemineau » : 2e Combe, 39'41'' : 3e Dorel, 39'45'' ; 4e Fleuret, 43'12' ; 5e Boulot, 46' : Gazy, 46' ; 6e Durand, 46'15'' : 7e David 46'40'' : 8 Roche, 47'30'' : 9e Lagnier, 49'35'' : 10e Servy 51'40'' ; 11e Clavel, 51'45'' : 12e Guillaumon, 52' : 13e Saveret, 54'43'' : 14e Décellier, 56'35'' : 15e Moulager J., 57'55'' ; 16e Giron, 58'35'' : 17e Moulager M., 59'35'' : 1.. Lefèvre, 1 h. 01.

4e catégorie. De 25 à 30 ans : 1er Janicaud, 42'40'' : 2e Clermontel, 42'45'' ; 3e Masse, 42'40'' ; 4e Ramousse, 42'25'' : 5e Mathevon, 49'34'' ; 6e Mollon, 51'56'' : 7e Boiron, 56'15'' : 8e Gonon, 56'50'' ; 9 Chambera, 1 h. 6'25'' : 10e Vermal, 1 h. 14'10''.

5e catégorie. De 30 à 35 ans : 1er Laurent, 47'52'' ; 2e Régnier, 47'55'' : 3e Vazeille, 50'02'' : 4 Faverjon, 51'50'' : 5 Villars, 51'32'' : 6e Porchère, 51'45'' : 7 Morel, 1 h. 14'30'' : 8e Brouillet, 1 h. 14'50''.

6e catégorie. De 35 à 40 ans : 1er J.-F. Boudet, 42'05'' : 2e Albert Raymond, 44'51'' : 3e Bouillet, 47'02'' : 4e Laurent Denis, 48'52'' : 5e Faure Alfred, 48'53'' : 6e Martimengo, 51'40'' : 7e Lyonnet, 57'25'' ; 8e Chamoud, 57'50'' ; 9e Forie, 58'17'' : 10e Russier, 58'50'' : 11e Roques, 1 h. 12''.

7e catégorie. De 40 à 45 ans : 1er Jean Anthoine, 43'58'' : 2e Moulin, 48'40'' : 3e Magnée, 50'15'' : 4e Lavergne, 51'52'' : 5e Rivet, 56'55'' ; 6e Régny, 1 h. 06'55'' ; 7e Savinel, 1 h. 15'50'' ; 8e Battandier, 1 h. 16'10''.

8e catégorie. De 45 à 50 ans : 1er Dumont père, 50'20'' : 2e Gay, 53'35'' ; 3e Picot, 58'23'' : 4e R. de Leusse, 1 h. 35'' : 5e Mourier, 1 h. 20'.

9e catégorie. De 50 à 60 ans : 1er Sauron, 54'40'' ; 2e Chantelot, 56' ; 3e Boulot père, 1 h. 4'50'' ; 4e Reyre, 1 h. 7'05'' : 5e Oriol, 1 h. 11'15''.

10e catégorie. De 60 à 70 ans : 1er De Vivie, 58,40'' : 2e Raverot, 1 h. 59'' ; 3 Tremoulhiac, 1 h. 7'27''.

11e catégorie. De 70 ans et au-dessus : 1er Jacquet, 57'5 : 2e Ginet, 1 h. 11'58'' ; 3 Bouchardy, 1 h. ..'40''.
2e Mme et M. Joanny, 52'05'' : 3e Mme et M. Bruyère, 54'30''.

13e catégorie. Tandems mixtes : 1er Mme et M. Sarda, 50'55'' ; 2e Mme et M. Joanny, 52'05'' ; 3e Mme et M. Bruyère, 54'30''.

14e catégorie. Cycles-cabs : 1er Barrelon, 1 h. 9'15'', avec 2 enfants ; 2e Sauzet, 1 h. 16'10'', avec 1 enfant.

15e catégorie. Dames : 1er Mme Blanc, 1 h. 10'56'' : 2e Mme Chaboud, 1 h. 11'05'' ; 3e Mme Romier, 1 h. 21'05'' : 4e Mme Laroche, 1 h. 26'10''.

Championnat de France des Juniors

Une éliminatoire groupant les coureurs de onze départements se dispute, le 25 juin, sur l'itinéraire Saint-Etienne-Boën et retour :

1er Camille Exbrayat, du V.M.S., sur Cycle « Hunter » : 2e Olivier, du V.M.S., sur Cycle « Hunter » ; 3e Noiton, de Chambéry, à 10 h. 42' ; 4e Flutet, de Bourg, à 10 h. 42'3'' : 5e Evangelista, de Lyon, à 10 h. 42'4'', Vélo Griffon ; 6e Pascalon, du V.C.F. ; 7e Aymard Marius, de Lyon, Vélo Griffon ; 8e Virard Raymond, de Lyon : 9e Chanussy V.C.R. ; 10e Rigaud Antoine, V.C.F. ; 11e Frécon François, V.M.S. ; 12e Odoir, U.S.St-Ch. ; 13e Daldebert Henri, C.A.S.S. ; 14e Chomel Henri, d'Annonay : 15e Escot Jean, de Boën, E.S.B. ; 16e Pipoz Roger, C.A.S.S. ; 17e Poyet Ant., C.A.S.S.

Le challenge offert par les Cycles Hunter, réservé aux Clubs de la Loire, est enlevé par le V.M.S.

Classement :

1er Vélo Moto Stéphanois : 1, 2, 11. Total : 14 points (Exbrayat, Olivier, Frécon). — 2e C.A.S.S., 46 points ; 3e V.C.F., 47 points.

Le Grand Prix de la Ville de Saint-Etienne

Précédé d'un défilé de voitures et de bicyclettes fleuries, l'annuel Grand Prix de la ville de Saint-Etienne obtint, le 14 juillet, un énorme succès.

Les épreuves préliminaires donnèrent les résultats suivants :

Amateurs : 1er Battandier, 2e Barrel, 3e Rolando, 4e Peyrache, 5e Limondou, 6e Payet, 7e Bordes, 8e Bonnet.

Débutants : 1er Monchamp, 2e Colomban, 3e Frécon, 4e Rigaud, 5e Stockbonner, 6e Romagny A., 7e Romagny L., 8e Guidon, 9e Margnat, 10e Berlie.

4e catégorie : 1re série : 1er Richaud, 2e Carrot, Douce, 4e David, 5e Daldebert, 6e Poyet, 7e Guichard. — 2e série : 1er Pirel, 2e Pipoz, 3e Heymans, 4e Soubeyrand, 5e Outin, 6e Cancade.

1re, 2e et 3e catégories : 1er Cordonnier, 2e Cordero, 3e Hivert, 4e Lacroix.

Puis ce fut le Grand Prix de la ville de Saint-Etienne où l'équipe « Royal Fabric » enleva les trois premières places :

1er Cordonnier sur Cycle « Royal Fabric » : 2e Hivert, sur Cycle « Royal Fabric » : 3e Cordero, sur « Royal Fabric » : 4e Pipoz, sur « Hunter » : 5e Heymans, sur « Wonodett » : 6e Douce, 7e Rigaud, 8e Battandier.

Championnat de France Amateurs

Onze départements pouvaient être représentés dans l'éliminatoire du Championnat de France amateurs (seniors et juniors) que le Comité de la Loire de l'U.V.F organisait, le 16 juillet. Six concurrents seulement se présentèrent et luttèrent courageusement sur l'itinéraire Saint-Etienne-Boën et retour, soit 100 kilomètres :

1er Rochard (Lyon), en 3 h. 48' : 2e Oriol, Cycle « Wonodett », en 3 h. 50' ; 3e Picard (Lyon), 4e David, 5e Peyrache.

Le critérium Trousnel

Une des plus belles courses de l'année, organisée, le 23 juillet, par M. Troussel, le sportif directeur du Vélodrome du Coin, sur le parcours un peu dur : Saint-Chamond, La Croix-de-Chaubouret, Graix, Bourg-Argental, Saint-Pierre-de-Bœuf, Condrieu, Givors, Rive-de-Gier, Saint-Chamond :

1er Grange (V.M.S.), sur Cycle « Royal Fabric », en 4 h. 12'30'' ; 2e Cordero, sur « Royal Fabric », (V.M.S.), même temps, une longueur ; 3e Broddes (V.C.R.), 4 h. 19' ; 4e Grenner (U.S.F.A.), en 4 h. 27' ; 5e Odoir (U.C.S.Ch.), en 4 h. 33' ; 6e Chaize, 4 h. 36'30'' ; 7e Heymans, 4 h. 39'13'' ; 8e Guitay, 4 h. 49' ; 9e Barroux, 4 h. 54' ; 10e Angelini, 4 h. 58' ; 11e Rascle, 5 h. 15' ; 12e Dutreix, 5 h. 23'.

Les Challenges d'honneur de l'U. V. F.

L'organisation de l'éliminatoire régionale, confiée par l'U.V.F. au Comité de la Loire, était encore un bel hommage aux qualités et au dévouement des dirigeants de ce Comité.

Cette épreuve, disputée le 30 juillet, était uniquement réservée aux clubs qui devaient engager 5 licenciés nationaux juniors et 5 seniors.

Juniors : L'itinéraire était le suivant : Saint-Etienne, Saint-Héand, La Fouillouse, Bonson, Saint-Just, La Fouillouse, Saint-Etienne.

1er Faure (V.M.S.), en 1 h. 37'' ; 2e Evangelista (V.G.), à 10 longueurs ; 3e Pipoz (C.A.S.S.), en 1 h. 40' ; 4 Gareau (U.S.D.), 5e Debard (V.M.S.), 6 Bott (U.S.C.), 7e Darros (U.S.C.), 8e Charbonnier (U.S.C.), 9e Catty (U.S.D.), 10e Picard (V.G.), 11e Laffay (C.A.S.S.), 12e Exbrayat (V.M.S.), 13 Convert (V.G.), 14e Sabard (U.S.D.), 15e Flouret (U.S.R.), 16e Oriol (U.S.S.), 17e Levitte (C.A.S.S.), 18e Soubeyran (C.A.S.S.), 19e Daldebert (C.A.S.S.), 20e Peyrache (U.S.S., 21e Cruchot (U.S.D.), 22e Josias (C.A.S.S.), 23e Poyet (V.M.S.), 24e Guichard (V.M.S.), 25e Guedon (C.A.S.S.), 26 Frécon (V.M.S.).

Par équipes : 1er Union Sportive Dijonnaise, 34 points ; 2e Vélo Moto Stéphanois, 64 points ; 3e Club Amical Sportif Stéphanois, 68 points ; 4e Vélo Griffon de Lyon ; 5e Union Sportive Stéphanoise.

Seniors : L'itinéraire passe par Saint-Etienne, Saint-Héand, La Fouillouse, Bonson, Saint-Just, le Chasseur, La Fouillouse, Saint-Etienne.

1er Cecherelli (V.G.), en 1 h. 41'20'' ; 2e Cordonnier (V.M.S.), à une longueur et demie, sur « Royal Fabric » ; 3e Grange (V.M.S.), à une demi-longueur, sur « Royal Fabric » ; 4e Cordero (V.M.S.), à une longueur, sur « Royal Fabric » ; 5 Reynaud (V.G.), à une longueur ; 6e Volland (V.G.), en 1 h. 42' ; 7e Gauthier (V.G.), en 1 h. 44'.

Par équipes : 1er Vélo Griffon de Lyon, 30 points ; 2e Vélo Moto Stéphanois, 31 points.

Le Circuit du Forez

La grande épreuve annuelle du Comité départemental de l'U.V.F., couronnement de l'effort des Hugonnard, Lerck, Aulagne, Boudet, Bayet, Astier, Denuzière, etc., obtient toujours le même succès.

A Saint-Etienne, Feurs, Panissières, Tarare, Roanne, Montbrison, Sury-le-Comtal, sur tout l'itinéraire enfin, c'est certainement l'épreuve qui provoque, après Paris-Saint-Etienne, le plus grand déplacement de foule.

Le Circuit du Forez 1922 donna lieu, d'ailleurs, à une belle lutte. Et Normand s'assura au sprint une enviable victoire sur Robert, Bachellerie et Huot, qui étaient restés à ses côtés pendant 200 kilomètres :

1er Joseph Normand, sur Cycle « Svelte », en 7 h. 53' (V.C.R.), arrivée à 4 h. 37 : 2° Robert, sur Cycle « Royal Fabric », à un pneu, même temps : 3° Bachellerie, sur Cycle « Hunter », à une longueur, même temps : 4° Huot, à une longueur, même temps : 5° Deniod, à 4 h. 40'3'' : 6° Reynaud (V. Griffon), 4 h. 42' ; 7° Chamussy (V.M.S.R.), 4 h. 42'30'' : 8° Cordero ((V.M.S.), 4 h. 49' ; 9° Fontaine (V. Griffon), 4 h. 52' : 10° Oriol (U.S.S.), 4 h. 52' : 11° Zabern (M.C. Givors), 4 h. 58' : 12° Michalon (V.M.S.), 4 h. 58' : 13° Fabre (E.S. Boën), 4 h. 58' 3/5 : 14° Rigaud (V.C. Forézien), 4 h. 58' 3/5 : 15° Chataignon (V. Griffon), 5 h. 15 : 16° Pascalon (V.C.F.), 5 h. 18'30'' : 17° Dachet (V.C.R.), 5 h. 49' : 18° Faure (V.C. Forézien), 5 h. 49' : 19° Crétin (V. Griffon), 5 h. 23' : 20° Catez (V.C.R.), 5 h. 29' : 21° Daval (M.C. Givors), 5 h 29 : 22° Daldebert (C.A.S.S.), 6 h. 7' : 23° Joyerot (V.M.S.R.), 6 h. 7' : 24° Odoir (U.C.S.Ch.), 6 h. 7' : 25° Cortial (V.C.F.), 6 h. 7' : 26° Vernay (U.C.S.Ch.), 6 h. 7' : 27° Guitay (M.C.S.) 6 h. 35' : 28° Fond (V.C.R.), 6 h. 49' : 29° Gibernon (V.M.S.), 16 h. 49' : 30° Meunier (M.C. Givors), 6 h. 58 ; 31° Romagny (ind.), 7 h. 23' : 32° Renard (V.C.R.), 7 h. 43' : 33° Peyrache (U.S.S.), 7 h. 55.

Le classement pour le challenge Louis Guillaud, établi à la mémoire du regretté secrétaire du Comité départemental de l'U.V.F. donne la victoire au Vélo Griffon de Lyon :

1er Vélo Griffon : 2 (Reynaud), 4 (Fontaine), 7 (Chataignon) : 13 points : 2° Vélo Club Roannais : 1 (Normand), 9 (Dachet), 12 (Catez) : 22 points : 3° Vélo Moto Stéphanois : 3 (Cordero), 5 (Michalon), 15 (Gibernon) : 23 points : 4° Vélo Club Forézien : 6 (Rigaud), 8 (Pascalon), 10 (Faure) : 24 points.

Le Grand Prix du Vélo-Club Roannais

Le Grand Prix du Vélo-Club Roannais est devenu une épreuve classique. Et, le 27 août dernier, M. Chambéron, président du V.C.R., eut le plaisir de donner le signal du départ à un imposant groupe de concurrents comprenant véritablement les meilleurs régionaux.

Longtemps, on crut à la victoire de Broddes, échappé entre Boën et Thiers. Mais, après Vichy, le crack de « Svelte » faiblissait et se laissait dépasser par Normand, Robert et Deniod qui finirent dans l'ordre.

1er J. Normand, sur Cycle « Svelte », 215 kilomètres en 7 h. 58'20'' : 2° Robert, sur Cycle « Royal Fabric », à deux longueurs : 3° Deniod, à une roue : 4° Fabre, de Boën, sur Cycle « Royal Fabric » ; 5° Cecherelli, 6° Bachellerie, 7° Pelletier, 8° Cordero, 9° Chamussy, 10° Broddes, 11° Dachet, 12° Grenner, 13° Catez, 14° Magnin, 15° Murard, 16° Bourbon, 17° Renard, 18° Bernard.

Le meilleur temps sur les trois tours de piste fut fait par Murard, en 1'17'' 4/5.

En attendant l'arrivée des routiers, une réunion sur piste avait été organisée :

Combes s'adjugea la locale, devant Girard et Pommet. La Nationale vitesse revint à Jacquet, devant Pontille, Deneville, de Tours, et Carle.

La revanche du championnat de la Loire vit triompher Pontille, finissant deux fois 1er, une fois 2°, devant Carle et Jacquet.

Le handicap revint à Carle, devant Jacquet, Pontille et Deneville.

La consolation à Richard, Theveniaud, Feugère, Jacquet jeune.

Le Circuit des Monts du Roannais

Aux cracks de la région, le Vélo Moto Sportif Roannais, organisateur du Circuit, avait eu l'honneur de voir s'ajouter quelques as parisiens en renom du Vélo Club Levallois.

Les coureurs du département, tout au long des 100 kilomètres, luttèrent avec avantage contre les Parisiens et ne furent battus qu'à l'enlevage :

1er Marcel Huot, en 3 h. 3' : 2e Cordero (V.M.S.), à 20 centimètres : 3e Ghiste (Paris), à une longueur : 4e Faure (Saint-Etienne), à 2 longueurs. Viennent ensuite, à 3 minutes : 5e Hivert (Saint-Etienne), 6e Manne (Genève), 7e Oriol (Saint-Etienne, 8e Ville (Paris), 9e Longoni, 10e Pascalon, 11e Kléber, 12e Souchard, 13e Peltier, 14e Travaden, 15e Fignet, 16e Michalon, 17e Bourron, 18e Chanussy, etc.

Le challenge « Le Serment » revient au Vélo Moto Stéphanois.

Le Circuit de la Plaine du Forez

L'épreuve organisée, le 17 septembre, par la Pédale Forézienne, sur le circuit Feurs, Boën, Saint-Germain-Laval, Nervieux, Balbigny, Feurs, avait réuni 52 concurrents :

1er Monseur, 2e Pascalon, à une roue : 3e Goujet, 4e Pipoz, 5e Richaud, 6e Duverger, 7e Monnet H., 8e Ducreux, 9e Heymans, 10e Grenner, 11e Monnet Alfred, 12e Grenier. 13e Joyerot, 14e Péronnet, 15e Oriol, 16e Chantois.

Le Trophée des Provinces WONDER

Ce fut une des plus belles manifestations sportives de l'année. Rarement, cette phrase-cliché ne fut mieux appliquée, car, véritablement, c'est à une finale de grande épreuve nationale que les populations de Saint-Etienne, Sury-le-Comtal, Montbrison, Boën, Saint-Germain-Laval, Roanne, Saint-Symphorien-de-Lay, Neulise, Balbigny, Feurs et Montrond, eurent le plaisir d'assister.

Toutes les provinces de France étaient représentées par leurs meilleurs champions ou aspirants champions. Le règlement du Trophée des provinces Wonder n'éliminait, en effet, que les coureurs ayant gagné des étapes du Tour de France ou l'une des épreuves classiques.

Mécène du sport aussi généreux que discret, M. Ravat avait voulu encourager les jeunes, sans savoir quelles étaient leurs marques préférées. Le succès qui couronna son effort fut pour lui la meilleure récompense. Mais les sportifs gardent le souvenir de ce geste dont l'ampleur n'a d'égale que le désintéressement.

Le cadre trop étroit de l' « Année Sportive » ne permet pas de s'étendre sur la physionomie de la course. A plusieurs mois d'intervalle, cet aperçu perdrait d'ailleurs de son intérêt.

Nous dirons seulement que le sort, souvent aveugle, se montra juste pour une fois. Il donna la victoire à Rérolle, d'Angers, — qui avait pédalé de toutes ses forces tout au long des 180 kilomètres du parcours —, et, par le même coup, aux Cycles « Chimère », fabriqués dans les usines Ravat.

N'était-ce pas justice !

Voici d'ailleurs le classement détaillé :

1er Gabriel Rérolle, d'Angers, en 6 h. 19'10'', sur Cycle « Chimère », origine Wonder ; 2º Walraevens, de Lille, sur Cycle Wonder, à deux longueurs : 3º J. Normand, de Roanne, sur Cycle « Svelte », à une longueur : 4º Leduc, de Paris, à deux longueurs ; 5º Fontan, de Bordeaux, à un quart de roue ; 6º Robert, de Dunières, sur Cycle « Royal Fabric », à 1 roue : 7 ex æquo, Amenc, Tequi, Ameduri, Corini, Ravelli, Taillen, Vermeulen, Deniod, Arnoult, Gobillot ; 17º Micot, 18º Rière, 19º Boutin, 20º Garby, 21 Houpline, 22º X..., 23º Bertrand, 24º Mirancourt, 25º Denis, 26º De Bruyne, 27º Gardette, 28º Grelleau.

La Course des Tout petits et des Débutants

C'est, chaque année, la dernière épreuve de la saison cycliste. Elle remporte toujours le même succès et donne lieu, entre les aspirants champions, à une lutte ardente et sans merci. La course de 1922, disputée le 5 novembre, ne fut pas, hélas ! favorisée par le temps, et les débutants qui y prirent part possédaient réellement du courage :

Débutants : 1er Faure, sur Cycle « Saillet » : 2º Montchant, 3º Bérard, 4º Demore, 5º Ogier J.-B., - Guitay, 7º Vernay, 8º Ogier M., 9º Vadalin, 10º Delaigue, 11º Flouret, 12º Besson, 13º Gaucher, 14º Margna, 15º Fay.

4º catégorie : 1er Pipoz, sur Cycle « Hunter » ; 2º Heymans, 3º Richaud Jean, 4º Di Manno, 5º Outin, 6 Guichard, 7º Rascle, 8º Vialle.

Tout petits : 1er Vocanson Louis, 2º Pascal J.-B., 3º Lasalle André, 4º Richaud Charles, 5º Pagnon Auguste, 6º Forissier André, 7º Fenel Clément, 8º Matton Aug., 9º Bossu Louis, 10º Pradon Eug., 11º Poméon Henri, 12º Passeron Charles, 13º Bufferne Jean, 14º Richaud Paul, 15º Avenas Anselme.

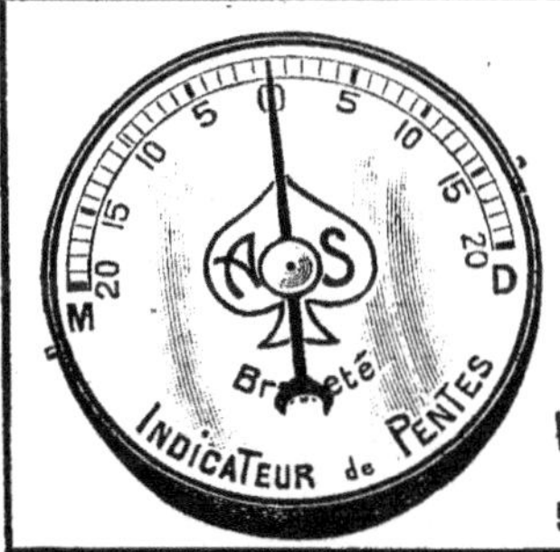

Les Courses sur Piste

A ROANNE

23 avril : Réunion d'ouverture du Vélodrome des Cerisiers:

Locale : 1re série : 1er Jacquet. — 2e série : 1er Carle. — 3e série : 1er Déchelette I. — Repêchage : Déchelette II. — Finale : 1er Carle, 2e Jacquet, 3e Déchelette II.

Régionale : 1re série : 1er Cerclier. — 2e série : 1er Seydoux. — 3e série : Jacquet. — 4e série : Fournet. — 5e série : Gineys. — 1er repêchage : Exbrayat. — 2e repêchage : Hivert. — 1re demi-finale : Cerclier. — 2e demi-finale : Seydoux. — 3e demi-finale : Gineys. — Finale : 1er Cerclier, 2e Gineys.

Américaine : 1er Gineys-Fournet, 2e Cerclier-Seydoux, 3e Carle-Jacquet, 4e Vincent-Volland, 5e Cordonnier-Cordero, 6e Exbrayat-Faure et Joyerot-Bourbon.

Primes : 1er Exbrayat, 2e Faure, 3e Joyerot.

2 juillet : La « Roue d'Or », sur 100 kilomètres, met aux prises les champions les plus réputés :

Championnat de vitesse du V.M.S. : 1er Carle, 2e Barberet, 3e Déchelette.

Régionale : 1er Carle, 2e Jacquet, 3e Gineys.

100 kilomètres Américaine : 1er Georget-Reboul, 33 points ; 2e Marcillac-Ali Neffati, 31 points ; 3e Prunier-Lacquehay, 18 points ; 4e Henri et Francis Pélissier, 9 points 1/5 ; 5e Fournet-Gineys, 6 points ; 6e à un tour, Normand-Pontille, 13 points.

6 août : Réunion organisée par le Vélo-Club Roannais :

Championnat du V.C.R. : 1er Jacquet, 2e Combes, 3e Pontille.

Nationale (vitesse) : 1er Jacquet, 2e Carle, 3e Chardon, 4e Pontille.

Match-poursuite : 1er Brocco-Normand, 2e Beyl-Billard, 3e Vande-velde-Jaeger, 4e Dupré-Meurger.

Américaine (60 kilomètres) : 1er Beyl-Billard, 26 p. ; 2e Brocco-Normand, 12 p. ; 3e Vandevelde-Jaeger, 7 p. ; 4e Carle-Combe, à un tour ; 5e Dupré-Meurger à 2 tours ; 6e Chardon-Germain-le-Nègre ; 7e Jacquet-Pontille.

Consolation : 1er Pommet, 2e Vignon, 3e Bernard.

Au cours de la réunion, un objet d'art fut remis, par M. Albert Sérol, maire de Roanne, à José Pelletier, vainqueur du Tour de France 2e catégorie, qui dut faire un tour d'honneur sous les applaudissements du public.

A SAINT-CHAMOND

7 mai : L'ouverture du Vélodrome, que dirige l'actif Troussel, se termine par les résultats suivants :

Grand prix d'ouverture, vitesse : 1re série : 1er Pélissier, 2e Jacquet, 3e Exbrayat ; 2e série : 1er Knibiely, 2e Dinat, 3e Combe ; 3e série : 1er Carle, 2e Dutorn, 3e Cordero ; 4e série : 1er Cordonnier, 2e Guilhot, 3e Monoger ; 5e série : 1er Pontille, 2e Moiriat, 3 Hivert. — Repêchage des troisièmes : 1er Exbrayat, 2e Cordero, classés pour les demi-finales.

1re demi-finale : Knibiely ; 2e demi-finale : Pélissier ; 3e demi-finale : Moiriat. — Finale : 1er Knibiely, 2 Pélissier, 3e Moiriat, tous trois de Lyon.

Match poursuite, 5 kilomètres : Billard-Beyl, 3 des Six jours de Paris, contre Cordero, Cordonnier et Exbrayat. Billard-Beyl passe Cordero, Cordonnier, Exbrayat, après dix tours de piste et 100 mètres.

Course individuelle, 10 kilomètres, ouverte à tous les coureurs. 17 coureurs prennent le départ : 1er Knibiely, Lyon ; 2e Moiriat, Lyon ; 3e Duton, Lyon ; 4e Guilhot, Lyon ; 5e Exbrayat, Saint-Etienne.

Course à l'américaine, 50 kilomètres : 11 équipes sont au départ : 1er Beyl-Billard, deux tours d'avance ; 2e Knibiely-Moiriat, Lyon ; 3e Cordonnier-Cordero, Saint-Etienne ; 4e Exbrayat-Faure, St-Etienne ; 5e Dutan-Guilhot, Lyon.

25 mai : Résultats des épreuves organisées pour les fêtes de l'Ascension :

Grand prix de l'Ascension : Les séries sont gagnées par Knibiely, Cerclier, Jacquet ; le repêchage par Carle. — Finale : 1er Cerclier (Lyon) ; 2e Knibiely (Lyon), à cinq longueurs ; 3e Rebour (Paris), à deux longueurs.

Handicap vitesse, 1.000 mètres : 1re demi-finale : 1er Ciocca, 2e Cercle ; 2e demi-finale : 1er Jacquet, 2 Ponteille ; finale : 1er Jacquet, 2e Ponteille, 3e Ciocca, 4e Carle.

Course de motos, 10 kilomètres : 1er Serra, 2e Thévenon. Au 12e tour, Thévenon fait une embardée et vient tomber sur la pelouse, chute sans gravité.

Individuelle 30 kilomètres : 1er Jacquet (Roanne), 12 points ; 2 Boyer (Lyon), 21 points ; 3e Dinat (Lyon), 25 points ; 4 Combe.

9 juillet : Championnat de la Loire, gagné par le Roannais Carle, sur cycle « Royal Fabric » :

Course des Tout Petits (5 kilomètres) : 1er Léger, 2e Courbon, 3e Chave, 4e Marcel, 5e Carrot.

Championnat de la Loire : 1re série : 1er Carle, 2e Bouchellyoën, 3e Daldebert.

2e série : 1er Cordonnier, 2e Lacroix, 3e Girard.

3e série : 1er Cordero, 2e Décousus, 3e Goimon.

4e série : 1er Pontille, 2e Fray, 3e Gonnet.

5e série : 1er Jacquet, 2e Comte, 3e Monéger.

Les deux premiers qualifiés pour les demi-finales.

Repêchage des troisièmes : 1er Girard, 2e Gonnet.

Première demi-finale : 1er Jacquet, 2e Cordero : 2e demi-finale : 1er Carle, 2e Lacroix ; 3 demi-finale : 1er Pontille, 2e Cordonnier.

Finale : 1er Carle, sur « Royal Fabric » ; 2e Jacquet, 3e Pontille.

Course à l'américaine (50 kilomètres), 9 équipes sont au départ : 1er Cordonnier-Cordero, sur « Royal Fabric » : 2e Jacquet-Carle, 3e Pontille-Combe, 4e Fray-Bouchellyoen : 5e Décousus-Moneger.

23 juillet : Réunion donnée à l'occasion du critérium Troussel :

Grand Prix Boulic, vitesse (1.000 mètres) : 1re série : 1er Figuet, 2e Detour, 3e Vray : 2e série : 1er Carle, 2e Mallet, 3e Décousus: 3e série : 1er Rousseau, 2e André, 3e Guilhot ; 2e finale : 1er Rousseau, 2e Chabas, 3e Mallet : 3e demi-finale : 1er Carle, 2e André, 3e Dutine.

Finale : 1er Rousseau (Paris): 2e Jacquet (Roanne), à une longueur; 3e Carle (Roanne), à une longueur.

Course par éliminatoires : A chaque tour, un coureur est éliminé. 12 coureurs sont en piste. Sont successivement éliminés : Perret, Mège, Chatras, Guillot, Vray, Dutan, Mallet, Carle, Combe, André, Figuet. Jacquet reste vainqueur.

Motos : 1re manche, 10 kilomètres : 1er Rougier, 2e Géo, 3e Serra ; 2e manche, 10 kilomètres : 1er Rougier, 2e Géo, 3e Serra ; 3e manche, 15 kilomètres : 1er Serra, 2e Géo, 3 Rougier. — Classement : 1er Rougier, 1, 1, 3 : 5 points ; 2e Géo, 2, 2, 2 : 6 points ; 3e Serra, 3, 3, 1 : 7 points.

6 août : Match de vitesse .

1er Latriche, 7 points : 2e Secq, 10 points : 3e Cordero et Cordonnier, 13 points ; 5e Grange, 14 points : 6e Hivert, 15 points.

Motos : Rougier et Serra font match nul, gagnant chacun une manche et ne pouvant continuer par suite de panne.

Américaine (50 kilomètres) : 1er Dutan-André, 2e Grange-Cordonnier, 3e Vray-Guilhot, 4e Cordero-Hivert, 5e Decousus-Monéger, 6e Lecq-Latriche, 7e Mallet-Chassaing.

BICYCLETTE CHRISTOPHE
Aspirants champions, songez que quinze années
d'expérience ont permis à CHRISTOPHE de concevoir
et de faire exécuter par la Société de Constructions
Mécaniques de la Loire « la meilleure machine de
course actuellement sur le marché ».

Dans les Clubs

VELO CLUB ROANNAIS

5 mars : Championnat de cross-cyclo-pédestre :

1er Murard, 2° Bourbon, 3° Pontille, 4° Ducoin, 5° Bernay, 6° Combe, 7° Gaume, 9° Bernicaud, 10° Vial, 11° Bisuel, 12° Chambonnière, 13° Grosdenis, 14° Terier, 15° Vignon, 16° Arbite.

2 avril : Roanne-Croix du Lac et retour :

1er Murard, en 1 h. 21'39'', sur Cycle Aquila ; 2° Pontille, en 1 h. 22'15'', sur Cycle Svelte ; 3° Petrini, en 1 h. 25'10'', sur Cycle Aquila ; 4° Brodes, en 1 h. 25'32'' ; 5° Mounet, 6° Devignaud, 7° Cattez, 8° Grosdenis, 9° Dachet, 10° Gaume.

7 mai : Course handicap Roanne-Saint-Martin-d'Estréaux (60 kilomètres) :

1er Vignon, en 2 h. 04' ; 2° Chambonnière, 3° Sauve, 4° Sautet, 5° Vial J., 6° Bourbon, 7° Renard, 8° Mounet, 9° Murard (scratch), 10° Broddes ; puis viennent dans l'ordre : Gaume, Bernard, Phrobert, Dachet, Mounet H., Berthier, Bernicot, Vivière J., Arbite, Pétrini, Philippon, Bernay C., Desnoyel, Gontard, Etaix, Cattez.

28 mai : Prix Raffat, sur Roanne-Marcigny et retour :

1er Murard, en 1 h. 48' ; 2° Dachet, 3° Grosdenis, 4° Perret, 5° Pétrini, 6° Bernicot, 7° Sauves, 8° Broddes, 9 Leschel, 10° Bernay, 11° Terrier, 12° Bernard, 13° Phrobert, 14° Vial, 15° Vivière, 16° Berthier, 17° Appercil, 18 Gontard, 19° Monnet, 20° Philippon, 21° Royat.

15 juillet : Roanne-Tarare et retour :

1er Broddes, sur Cycle « Svelte », en 2 h. 56 ; 2° Murard, sur Cycle « Aquila », en 3 h. 01' ; 3° Grosdenis, 4° Vial, 5° Leschel, 6° Pétrini, 7° Phrobert, 8° Sauve, 9° Bernay, 10° Vivière, 11° Monnet, 12° Noël, 13° Sautet, 14° Créti F.

VELO-MOTO SPORTIF DE ROANNE

26 mars : Roanne-Crémeaux et retour :

1er Chamussy, en 1 h. 47'3'' ; 2° Magnin, en 1 h. 48'4'' ; 3° Joyerot, en 1 h. 48'25'' ; 4° Durantet, 5° Carle, 6° Girod, 7° Gonga, 8° Bernay, 9° Bruyas, 10° Fay, 11° Labrosse, 12° Roux, 13° Plantard, 14° Gerbe, 15° Lamothe, 16° Tourey, 17 Taboulet, 18 Vernay, 19° Barret.

28 mai : Championnat des 100 kilomètres :

1er Palabost, sur Cycle Tourey (fabrication Ravat), en 3 h. 19'50'' ; 2° Duperroux, en 3 h. 22' ; 3° Chamussy, 4° Joyerot, 5° Durantet, 6° Magnin ; puis, dans l'ordre : Tourey, Veillas, Lorton, Pommier, Petit, Poyet, Roux.

A BOEN-SUR-LIGNON

19 mars : Quatorze concurrents prennent part à l'épreuve organisée, sur 43 kilomètres, par M. Eugène Belzy. Résultats:

1er Escot Jean, en 1 h. 35', sur vélo Wonder ; 2 Laurent Paul, à une longueur et demie, sur vélo Wonder ; 3° Pelletier Antoine, à une longueur, sur vélo Wonder ; 4° Fabre, à une longueur, sur vélo « Royal Fabric ».

16 avril : Deuxième course organisée par M. Belzy, sur le parcours Boën-L'Hôpital-sous-Rochefort et retour, soit 28 kilomètres :

1er Fabre, en 50 minutes, sur vélo Wonodett ; 2e Laurendon, à 10 secondes, sur vélo Wonodett ; 3e Grange Gabriel, à 20 secondes, sur vélo Wonodett ; 4e Escot Jean, à 2 longueurs, sur vélo Wonder.

25 mai : Course de 30 kilomètres :

1er Fabre Blaise, en 55 minutes, sur vélo « Royal Fabric » ; 2e Laurent Paul, à une roue, sur vélo Wonder ; 3e Reynaud, à une roue ; 4e Grange Gabriel, à une roue.

13 août : L'Etoile Sportive avait organisé des épreuves cyclistes et pédestres.

Voici les résultats des premières :

50 kilomètres : 1er Fabre, sur « Royal Fabric », en 1 h. 29' ; 2e Grange Antoine, à une longueur ; 3e Grange Gabriel, sur « Wonder » ; 4e Gidon, 5e Escot Jean.

Vitesse (par éliminatoires) : 1er Laurent Paul, 2e Escot, à une longueur ; 3e Fabre, 4e Grange G., 5e Grange J.

19 novembre : Course de 55 kilomètres, comprenant les deux côtes de Saint-Bonnet-le-Courreau et de Chalmazelles :

1er Fabre Blaise (E.S.B.), sur vélo « Royal Fabric », en 2 h. 6' ; 2e Oriol, sur cycle « Le Chemineau », en 2 h. 13' ; 3e Gouttefarde, sur cycle « Le Chemineau », en 2 h. 15' ; 4e Gidon (E.S.B.), à 50 mètres ; 5e Cordero, sur cycle « Royal Fabric », en 2 h. 20' ; 6e Grange Gabriel, en 2 h. 23'.

CLUB AMICAL SPORTIF STEPHANOIS

Le championnat de fond, disputé le 8 octobre, réunit plus de cinquante coureurs et, après une lutte ardente, donne le classement suivant :

1er Pipox, 2e Bastide, 3e Lévitte, 4e Demore, 5e Besson, 6e Poyet, 7e Daldebert, 8e Perrin, 9e Vidalenc, 10e Jacquet, 11e Gallet, 12e Lacroix, 13e Vidal, 14e Laffay, 15e Charentus, 16e Joubert, 17e Gaucher, 18e Béal, 19e Escoffier, 20e Estrat, 21e Magnat, 22e Carrot, 23e Mounier, 24e Romagny, 25e Ponge, 26 Serpoix, 27e Terrat, 28e Fay.

15 octobre : Championnat de vitesse :

Première demi-finale : 1er Perrin, 2e Soubeyran, 3e Daldebert.
Deuxième demi-finale : 1er Carrot, 2e Lacroix, 3e Poyet.
Finale : 1er Lacroix, 2e Carrot, 3e Perrin, 4e Soubeyrand.

MOTOCYCLE CLUB STEPHANOIS

22 janvier : Course Berthéas-Monteillet, organisée par le Motocycle Club Stéphanois, sur 30 kilomètres environ :

1er Cordero, cycle « Royal Fabric », pneus Russel ; 2e Richard, 3e Claudius Faure, 4e Floinet, 5e Riou, 6e Heymans, 7e Exbrayat, 8e Vaille, 9e Suque, 10e Bertrand, 11e Levine, 12e Ollivier.

19 mars : Championnat de demi-fond sur le parcours de la Terrasse, L'Etrat, La Talaudière, Fontanès, Chevrières, Saint-Galmier, Veauche, Bouthéon, La Fouillouse, la Terrasse.

Voici les résultats :

1er Vray, qui a couvert le parcours en 2 h. 12', sur cycle Sprinta ; 2e Beraud, à 5 longueurs ; 3e Richaud, 2 h. 13' ; 4e Richard, 5e Heymans, 6e Liotard, 7e Souvenir, 8e Cancade, 9e Roger, 10e Malzieu, 11e Marsalex, 12e Jallat, 13e Seigne, 14e Vialle, 15e Gounon.

2 juillet : Championnat de fond sur le parcours L'Etrat, Saint-Héand, Saint-Galmier, Chazelles, Bellegarde, Montrond, Sury, La Fouillouse, la Terrasse :

1er Richaud, 2e Heymans, à 3 longueurs : 3e Malzieu, à 20 mètres : 4e Vialle, en 3 h. 24' : 5e Richard, 6e Pommier (tous sur cycles Wonodett ou Sprinta), 7e Lyotard, 8e Cancade, 9e Jallat, 10e Almanzor, 11e Robillard et Seigne.

VELO MOTO STEPHANOIS

19 mars : Ce dimanche, le Vélo Moto Stéphanois faisait disputer sa première course annuelle sur l'itinéraire suivant: la Terrasse, L'Etrat, Saint-Héand, La Fouillouse, la Terrasse, la Terrasse, L'Etrat, Ratarieux, La Fouillouse, la Terrasse.

Les résultats furent les suivants :

1er Cordonnier, 2e Cordero, 3e Exbrayat, 4e Bouchellyoen, 5e Faure, 6e Duverger, 7e Olivier, 8 Douce, 9e Michalon, 10e Stoboker, 11e Chatelard, 12e Raymond, 13e Paret, 14e Bonon, 15e Schopp, 16e Dubost, 17e Guichard, 18e Sauzet.

1er octobre : Championnat de fond :

1er Exbrayat, en 3 h. 36' : 2e Faure, 3 h. 36'20'' ; 3e Cordero, 3 h. 36'55'' : 4e Duverger, 3 h. 43' : 5e Outin, 6e Paret, 7e Pagnon, 8e Colomban, 9e Frécon, 10e Dubost, 11e Guichard, 12e Stocboker, 13e Romagny, 14e Bonnon, 15e Berlie.

15 octobre :

Championnat des Jeunes : 1er Colomban, en 58' : 2e Frécon, à une demi-longueur : 3e Garnier, à une longueur : 4e Romagny, à un quart de roue : 5e Stocboker, en 59' : 6e Montchamp, 7e Guichard, 8e Outtin, 9e Delègue, 10e Berlie, 11e Redon.

Championnat de vitesse : Demi-finale : 1re série : Exbrayat, Douce, Bonon ; 2e série : Outtin, Stocboker, Guichard : 3e série : Colomban, Garnier Duplot. — Finale : 1er Exbrayat, 2e Outtin, 3e Colomban.

VELO-CLUB FOREZIEN

16 avril : Championnat de fond sur l'itinéraire suivant : Veauche, Saint-Galmier, Chazelles-sur-Lyon, Sainte-Foy-les-Halles, Saint-Martin, Saint-Barthélemy, Feurs, Boën, Marcilly, Champdieu, Montbrison, Sury, Bonson, Andrézieux, Veauche :

1er Pascalon Antoine, sur cycles Audouard, en 4 h. 13' ; 2e Pascalon Jean, 3e Chanelière, 4e Poméon, 5e Mallard, 6e Cortial, 7e Massard, 8e Boyer, 9e Dumoulin, 10e Rigaud.

1er octobre : Championnat de vitesse :

1er Pascalon A., sur cycle Hunter ; 2e Pascalon J., 3e Cortial, 4e Rivollier, 5e Massard.

A FIRMINY

26 mars : Course disputée à l'occasion de la fête organisée par l'U.S.A. de Firminy :

1er Ogier, sur cycle « Sprinta » : 2e Grange, sur cycle « Royal Fabric » : 3e Grenier, 4e Hivert, 5e Michalon, 6e Pascalon, 7e Exbrayat, 8e Cordonnier, 9e Carrot, 10e Olivier, 11 Vray, 12e Buer, 13e Faure, 14e Cancade, 15e Frérot, 16e Barrel, 17e Peyrache, 18e Bonnaud, 19e David, 20e Saillet, 21e Chatelard, 22e Cordero, 23e Guillon, 24e Courtial, 25e Daldebert, 26e Bordes, 27e Lafay, 28e Ogier, 29e Durbize, 30e Ourtin, 31e Bernicot, 32e Rigot, 33e Stockbonner, 34e Bonhomme, 35e Girard, 36e Diebold.

UNION SPORTIVE DE LA SEAUVE

Championnat de la société, couru sur 25 kilomètres :

1er Meyer, 2e Chantegraille, 3e Granger, 4e Prébet, 5e Rispail Louis.

PEDALE SAINT-CHAMONNAISE

Championnat de vitesse sur piste, disputé le 3 septembre, au vélodrome du Coin :

1re série : 1er Revoux, 2e Bonnier, 3e Corompt.
2e série : 1er Décousus, 2e Dumas, 3e Barroux.
3e série : 1er Courbon, 2e Dumas Georges, 3e Chambonnet.
4e série : 1er Thevenet, 2e Ravachol, 3e Odouard.
Repêchage : 1er Odouard.
1re demi-finale : 1er Courbon, 2e Ravachol, 3e Dumas A.
2e demi-finale : 1er Décousus, 2e Revoux, 3e Odouard.
3e demi-finale : 1er Dumas G., 2e Thevenet, 3e Bonnier.
Finale : 1er Décousus, 2e Dumas G., 3e Courbon.

UNION CYCLISTE SAINT-CHAMONNAISE

Championnat de fond couru, le 1er octobre, sur un parcours de 96 kilomètres :

1er Courbon, en 3 h. 17' ; 2e Odoir, à une longueur ; 3e Dorel, 4 Vernet, 5 Ravachol, tous en peloton ; 6 Gonnet, 7 Barroux, 8 Chambonnet.

UNION SPORTIVE STEPHANOISE

Championnat des 50 kilomètres couru le 13 août :

1er Hivert, en 1 h. 25', sur cycle « Royal Fabric » : 2e David, 3e Passemard, 4e Payet, 5e Rolandon, 6e Crépy. 7e Battandier, 8e Jardini, 9e Terrasse, 10 Gouilloud, 11e Bonnefond.

AU CHAMBON-FEUGEROLLES

Une course de 20 kilomètres se dispute, le 5 juin, à l'occasion de la fête locale :

1er Barel, sur cycle « Royal Fabric » : 2e Romeyer, sur « Royal Fabric » : 3e Grenner, sur « Royal Fabric » ; 4e Just, sur « Royal Fabric » ; 5e Saillet A., 6e Bordes, 7e Pascanet.

A BALBIGNY

Fêtes sportives de l'Assomption :

Locale : 1er Delorme ; 2° Pagnon, à 2 longueurs ; 3° Romagny, à une roue ; 4° Sallien.

Internationale : 1er Fernand Grange, en 2 h. 6' ; 2° Cordero, à 1 longueur ; 3° Faure, à une longueur ; 4° Fabre, 5° Pipoz, 6° Pascalon A.

Clubs affiliés à l'U. V. F.

Union Sportive Stéphanoise. — Café Fragny, place Marengo, Saint-Etienne. Secrétaire, M. BOURBON, rue de la Loire, Saint-Etienne.

Vélo Moto Stéphanois. — Place Jean Jaurès, 14, Saint-Etienne. M. DURASTEL, rue de la Bourse, 9, Saint-Etienne.

Moto Cycle Stéphanois. — Café Bouvier, place du Peuple, 18, Saint-Etienne. M. FARRE Marius, rue Eugène-Muller, 2, Saint-Etienne.

Pédale Gagasse. — Café Royet, place Blanqui, 2, Saint-Etienne, M. ROYER, route de Villars, Saint-Priest.

Vélo Club Roannais. — Café Déchavanne, place du Palais-de-Justice, Roanne. M. BITTON Joseph, rue Despierre, 17.

Vélo Moto Sportif Roannais. — Rue de Cadore, Ecole Professionnelle, Roanne. M. DEGOULANGE, rue du Lycée, 21, Roanne.

Vélo Club Forézien. — Café de l'Aviation, Bouthéon. M. MONTARD Joannès, à Veauche.

Club Amical Sportif Stéphanois. — Café des Arts, rue Blanqui, 15, Saint-Etienne. M. BURIANNE, rue Brossard, 11, Saint-Etienne.

Etoile Sportive de Boën. — Café Belzy, à Corbine, près Boën. M. ROUSSET Simon, rue de la Grenette, Boën.

Union Sportive des Aciéries de Firminy. — Avenue de la Gare, 14, Firminy. M. REYNAULT Hôtel du P.-L.-M., avenue de la Gare, Firminy.

Union Cycliste Saint-Chamonnaise. — Hôtel de Ville, salle 84, Saint-Chamond. M. DUMAS, rue Alsace-Lorraine, 15, Saint-Chamond.

Union des Cyclistes Roannais. — Café du Bosquet, 1, place Jean-Jaurès, Roanne. M. PATET Léon, rue des Minimes, 37, Roanne.

Le Chemineau Touriste. — Café Chatard, rue Présdent-Wilson, 5, St-Etienne. M. SAVERET, rue Robert, 11, Saint-Etienne.

Joyeuse Pédale de Bussières. — Café Bonhomme, à Bussières, M. POULARD L. à Bussières.

Union Cycliste Ripagérienne. — Café Joly, Grande Rue Féloin, Rive-de-Gier. M. AULANIER, rue Emile-Zola, 12, Rive-de-Gier.

Pédale Forézienne. — Rue de Saint-Etienne, 32, **Feurs**, **M. MOLLE**, rue du Marché, 1, Feurs.

Etoile Sportive Rouchonne. — Café Perret, rue Gambetta, Roche-la-Molière. M. MATTON, cité Bouchelière, 4, Roche-la-Molière.

Pédales de grand Luxe
"DEA"

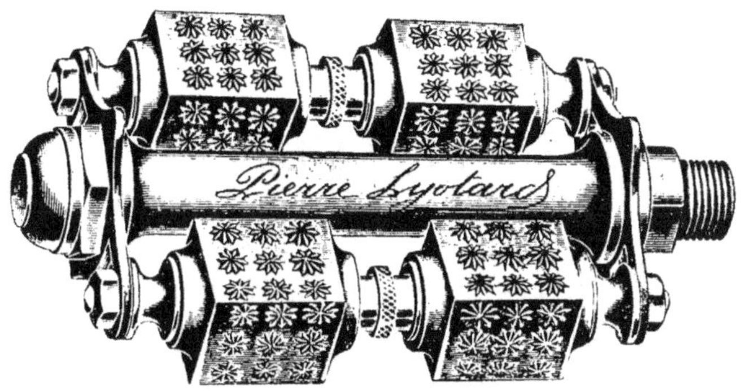

Déposé

Pierre LYOTARD
SURY-LE-COMTAL (Loire)

Vente exclusive aux Commissionnaires et Gros Constructeurs

Réglage par corps

*La première Marque et la plus importante
Production de France*

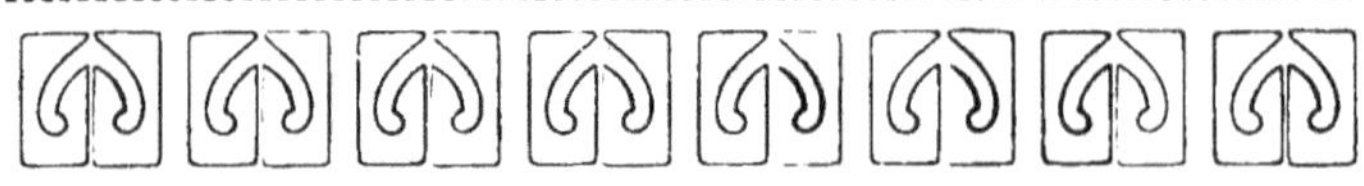

ESCRIME

Le gros reproche qu'on peut faire à l'escrime est celui de se pratiquer dans des salles insuffisamment aérées. Il n'est pas le seul. L'escrime, en effet, entraîne une exagération de dyssymétrie habituelle entre les côtés droit et gauche du corps. Sur un sujet prix au hasard, il existe presque toujours une différence dans les dimensions des deux membres supérieurs droit et gauche comme dans celle des deux membres inférieurs. Cette différence n'est, en général, pas inférieure à un centimètre dans la circonférence des membres. Chez l'escrimeur, elle est excessive. Il existe aussi à un degré plus ou moins accentué une courbure latérale de la colonne vertébrale. Les tireurs droitiers tendent à la scoliose à concavité droite et les gauchers à la scoliose à concavité gauche. Cette scoliose est produite par la déviation de la ligne des apophyses épineuses des vertèbres du dos et par l'abaissement de l'épaule qui travaille. Il existe aussi un aplatissement de l'un des côtés de la poitrine auquel correspond une voussure de la partie similaire du côté opposé. Chez les droitiers l'aplatissement siège à la partie externe gauche. Chez les gauchers, c'est l'inverse. La voussure est due à une plus grande saillie de l'arc des côtes, repoussées en dehors par la convexité qui s'est produite de ce côté du rachis. Elle s'accompagne le plus souvent de l'élargissement des espaces intercostaux. Du côté de la dépression, au contraire, les côtes ont subi un retrait, attirées qu'elles sont en dehors par la concavité de la colonne vertébrale. Il existe de ce côté une diminution des espaces intercostaux. Dans les cas très accentués on a des creux au lieu d'un aplatissement du côté correspondant à la main qui tient l'épée. Dans les cas légers la différence est assez sensible, c'est un détail bien connu des tailleurs, pour qu'on soit obligé de garnir d'ouate le côté droit des vêtements des amateurs d'escrime.

Donc, hypertrophie musculaire du bras qui tire, hypertrophie musculaire de la jambe du même côté qui seule porte le plus souvent le poids du corps, scoliose de la colonne vertébrale, tels sont les résultats de l'escrime. Ces déformations existent toujours. Même chez les tireurs qui tirent alternativement des deux mains, il y a toujours un côté qui prédomine.

Mais l'escrime tendant à devenir moins conventionnelle et à se rapprocher plus du combat réel, les déformations musculaires seraient moins nettes dans l'école nouvelle, par suite du travail à peu près égal des deux membres inférieurs, et d'un travail plus effectif des muscles du dos et de l'abdomen.

Dr J. Michot.

Club Sportif de La Chaléassière

25 NOVEMBRE. — Le Club Sportif des Ateliers de la Chaléassière reçoit l'équipe d'escrime de la Société de Gymnastique et de Préparation militaire, la « Saint-Joseph ». Dans la salle d'escrime du Stade du boulevard Thiers eurent lieu plusieurs assauts entre les visiteurs et les représentants du Club Sportif des Ateliers de la Chaléassière : la rencontre Chervin-Thelliére fut la meilleure.

16 DÉCEMBRE. — Rencontre-revanche entre les équipes de la Saint-Joseph et du Club Sportif de la Chaléassière. La victoire, chaudement disputée en une poule au fleuret, resta en fin de compte au Club Sportif de la Chaléassière par 138 touches données contre 112 reçues. Le tireur Chinchon, de la Saint-Joseph, n'eut que des victoires à son actif.

Le Football-Association
dans la Loire

Les sportifs, gens d'action, vivent avec les vivants et non avec les morts. Après avoir évoqué le souvenir de l'Amical Football Club, l'Amicale Sportive de l'Ecole Supérieure, de La Fraternelle, qui furent à l'origine de l'association dans la Loire et moururent de la guerre, il convient de rendre un juste hommage aux C.O. de Saint-Chamond, à l'A.C. de Rive-de-Gier et aux jeunes sociétés dont le persévérant effort fit du football tout court le sport le plus populaire.

Leur tâche fut d'ailleurs facilitée par la création, le 7 avril 1919, de la Fédération Française de Football Association. Alors que le Comité du Lyonnais de l'ancienne U.S.F.S.A. s'était toujours refusé à reconnaître l'importance du mouvement sportif dans notre département, la Ligue Lyonnaise accordait officiellement, le 29 mars 1920, la plus large autonomie au Sous-Comité de la Loire.

Le résultat ne se fit pas attendre. Aux dix clubs régulièrement affiliés, s'ajoutèrent bientôt de nombreuses sociétés qui font du Sous-Comité l'une des plus florissantes organisations sportives de la Loire. Grâces en soient rendues à tous ses dirigeants.

A. LARFEUIL.

Le Bureau du Sous-Comité

Voici quelle est la composition du bureau du Sous-Comité de la Loire :

PRÉSIDENT : M. POURTIER, 13, rue de la Loire, Saint-Etienne.

VICE-PRÉSIDENTS : MM. MILLIET, 1, place Dorian, St-Etienne ; MOULIN, maison Moulin, à Monthieux, Saint-Etienne.

SECRÉTAIRE : M. PUILLET, rédacteur à la « Loire Républicaine », Saint-Etienne.

TRÉSORIER : M. FONTANAY, 7, place Paul-Bert, St-Etienne.

SECRÉTAIRE-ADJOINT : M. GUICHARD, 13, rue Claude-Delaroa, Saint-Etienne.

TRÉSORIER-ADJOINT : M. PITAVAL, 1, rue Caron, St-Etienne.

MEMBRES : MM. COMBIER, 53, rue Horace-Vernet, à Saint-Etienne ; PATAY, 34, rue Jacquard, Saint-Etienne, et BRUYAS, 38, rue de Lyon, Saint-Etienne.

Les terrains homologués

Les footballers savent quelles dimensions minima et maxima doit avoir un terrain pour être régulier et permettre de disputer des rencontres officielles.

Voici la liste des terrains homologués par le Sous-Comité de la Loire :

A.S.F. — Route de Saint-Etienne à Feurs.
A.S.L. — A Malinfêtre, Boën-sur-Lignon.
A.C.S. — A Ratarieux, Saint-Etienne.
       A Champirol, Saint-Etienne.
S.C.F. — Rue Tournefort, Saint-Etienne.
S.F.U. — Hippodrome de Villars, Saint-Etienne.
       La Rivière (équipes 3 et juniors).
U.S.S. — Champ-de-Mars, Saint-Etienne.
A.S.Ch. — Stade Guynemer, Chazelles-sur-Lyon.
C.A.U. — Au Pont-d'Unieux, Unieux.
A.C.R. — Aux Etaings, Châteauneuf.
A.L.L. — Rue Michallet, Lorette.
U.S.C. — Stade, Couzan.
G.S.E.S. — Au Rez, Saint-Etienne.
A.S.V. — Au Platon, Villars.
A.C.C. — Rue Octave-Feuillet, Saint-Etienne.
A.S.R. — Route de Briennon, Roanne.
U.S.S.R. — Source Parot, Saint-Romain-le-Puy.
A.G.S.S. — A Montplaisir, Saint-Etienne.
U.S.A.F. — Parc Latour, Firminy.
C.O.S.C. — Vélodrome du Coin, Saint-Chamond.
A.S.U. — Usson-en-Forez.
C.D.S. — A Grangeneuve, Saint-Etienne.
A.S.C. — A Pont-de-l'Ane, Saint-Etienne.
A.L.T. — Champ-de-Mars, Saint-Etienne.
A.L.M. — Stade de Savigneux, Montbrison.
U.S.C. — A Trablaine, au Chambon-Feugerolles.
E.S.M. — Usines Chavanne, à Montbrison.
F.S.S.R. — Aux Untchats, à Saint-Rambert-sur-Loire.
E.S.S. — Quartier de la Gare, Sury-le-Comtal.
R.S.R. — 49, rue des Grands-Marais, Roanne.
U.S.F.C. — 73, rue de la Loire, Roanne.
A.S.I. — A Pachoa, Izieux.

La Coupe de France

Quatre clubs de la Loire étaient engagés dans la Coupe de France, compétition 1922-1923 : l'Athlétic Club Stéphanois, le Sporting Club Forézien, le Club Sportif de la Chaléassière et le Club Olympique Saint-Chamonnais.

Les premiers matches officiels eurent lieu le 17 septembre.

L'Eveil de Lyon battit l'Athlétic Club Stéphanois, par 3 buts à 0.

Le Sporting Club Forézien battit le Lyon Athlétic Club.

Enfin, le Club Sportif de la Chaléassière déclara forfait.

Le 1er octobre voit l'élimination définitive de la Loire.

Au vélodrome du Coin, le Club Olympique Saint-Chamonnais est battu, par 4 buts à 3, par l'Association Sportive Lyonnaise.

Le Sporting Club Forézien fut, de son côté, battu par l'Eveil Lyonnais, par 3 buts à 1.

Les Championnats de la Loire

PREMIÈRE SÉRIE

15 janvier : Athlétic Club Stéphanois (1) bat Stade Forézien Universitaire (1), par 2 buts à 1. — Abeille Sportive Stéphanoise (1) et Association Sportive d'Izieux (1) match nul, 2 à 2. — A.C.S. (2) et S.F.U. (2) match nul, 1 à 1. — A.S.I. (2) bat A.S.S. (2), par 11 à 0.

29 janvier : Athlétic Club Stéphanois (1) bat Association Sportive d'Izieux (1), par 3 à 2. — Stade Forézien Universitaire (1) bat Abeille Sportive Stéphanoise (1), par 3 à 2. — S.F.U. (2) bat A.S.S. (2) par 9 à 1. — A.S.I. (2) bat A.C.S. (2), par 6 à 2.

26 février : Abeille Sportive Stéphanoise (1) bat Stade Forézien Universitaire (1), par 3 à 2.

L'A.C.S. EST CHAMPION DE PREMIÈRE SÉRIE

L'Athlétic Club Stéphanois est donc champion de première série en équipes premières, et l'Association Sportive d'Izieux en équipes deuxièmes.

L'ÉQUIPE DE L'ATHLETIC CLUB STÉPHANOIS,
Champion de la Loire 1921-22, gagnante de la Coupe de la Loire 1922.

De gauche à droite : Debout : M. DESCHAMPS, président : PERRET, BRESSELLE (Cap.) ; DUPIN, PEYRAT, MARTIN, VERNAY.
A genoux : JAILLARDON, HAUTEVILLE, MATHON, CHARLES, GUILLAUMODN.

Voici le classement détaillé :

EQUIPES PREMIERES

	G.	N.	P.	F.	Points
A.C.R.	6	5	0	1	0	16
A.S.I.	6	3	2	1	0	14
A.S.S.	6	1	3	3	0	12
S.F.U.	6	1	1	5	0	10

EQUIPES DEUXIEMES

	J.	G.	N.	P.	F.	Points
A.S.I.	6	6	0	0	0	18
A.C.S.	6	3	1	2	0	13
S.F.U.	6	1	1	4	0	9
A.S.S.	6	1	0	5	0	8

Le match de barrage joué, le 12 mars, par le Stade Forézien Universitaire et l'Amical Club Ripagérien se termine par la victoire du S.F.U., avec 1 but à 0.

Le S.F.U. reste donc en première série.

LA SAISON 1922-23

10 septembre : Sporting Club Forézien (1) bat Stade Forézien Universitaire (1), par 4 à 2. — S.C.F. (3) bat S.F.U. (3), par 4 buts à 0. — Association Sportive d'Izieux (1) bat Amical Club Ripagérien (1), par 2 buts à 1.

A la suite d'incidents, le match Athlétic Club Stéphanois-Abeille Sportive Stéphanoise ne se termina pas. Le Sous-Comité donna match perdu par forfait aux deux équipes.

15 octobre : Amical Club Ripagérien (1) bat Sporting Club Forézien (1), par 2 à 1. — A.C.R. (2) bat S.C.F. (2), par 2 à 1. — Athlétic Club Stéphanois (1) et Stade Forézien (1) match nul, 2 à 2.

12 novembre : Amical Club Ripagérien (1) bat Stade Forézien (1), par 1 à 0. — A.C.R. (2) et S.F.U. (2) match nul, 1 à 1. — Athlétic Club Stéphanois (1) bat Association Sportive d'Izieux (1), par 1 à 0. — A.C.S. (2) bat A.S.I. (2), par 2 à 0.

19 novembre : Association Sportive d'Izieux (1) bat Sporting Club Forézien (1), par 3 à 1. — Athlétic Club Stéphanois (1) bat Amical Club Ripagérien (1), par 6 à 0. — A.C.S. (2) bat A.C.R. (2), par 4 à 1.

10 décembre : Stade Forézien bat Association Sportive d'Izieux, par 4 à 3. — Athlétic Club Stéphanois (1) bat Sporting Club Forézien (1), par 3 à 2. — A.C.S. (2) bat S.C.F. (2), par 8 à 1.

17 décembre : Stade Forézien Universitaire bat Sporting Club Forézien, par 3 à 1. — Association Sportive d'Izieux bat Amical Club Ripagérien, par 1 à 0.

DEUXIÈME SÉRIE

15 janvier : Sporting Club Forézien (1) bat Etoile Sportive Montbrisonnaise (1), par 2 buts à 0. — Cercle des Sports (1) bat Union Sportive Athlétique de Firminy (1), par 4 buts à 0. — Association Sportive Roannaise (1) bat Amical Sporting Club (1), par 5 buts à 1. — Amical Club Ripagérien (1) bat Red Star Roannais (1), par 1 but à 0. — E.S.M. (2) et S.C.F. (2) match nul, 2 à 2. — A.C.R. (2) bat R.S.R. (2), forfait. — U.S.A.F. (2) bat C.D.S. (2), forfait.

22 janvier : Amical Club Ripagérien (1) bat Sporting Club Forézien (1), par 1 but à 0. — Association Sportive Roannaise (1) bat Etoile Sportive Montbrisonnaise (1), par 3 buts à 1. — Cercle des Sports (1) bat Amical Sporting Club (1), par 9 buts à 2. — Club Olympqiue Saint-Chamonnais (1) bat Red Star Roannais (1), par 3 buts à 0. — S.C.F. (2) bat A. C. R. (2), par 3 à 1 — E.S.M. (2) bat A.S.R. (2), par 3 à 2. — C.O.S.C. (2) bat R.S.R. (2), par 6 à 1.

29 janvier : Club Olympique Saint-Chamonnais (1) bat Sporting Club Forézien (1), par 4 à 3. — Association Sportive Roannaise (1) bat Cercle des Sports (1), par 8 à 2. — U.S.A. de Firminy (1) bat Amical Sporting Club (1), par 1 à 0. — Red Star Roannais (1) bat Etoile Sportive Montbrisonnaise (1), par forfait. — S.C.F. (2) bat C.O.S.C. (2), par 3 à 1. — A.S.R. (2) bat C.D.S. (2), par 3 à 0. — R.S.R. (2) bat E.S.M. (2), par forfait.

5 février : Club Olympique Saint-Chamonnais (1) bat Amical Sporting Club (1), par 18 à 0. — A.S.R. (2) bat R.S.R. (2), par 1 à 0.

12 mars : En match de classement, le Sporting Club Forézien (1) bat l'Association Sportive Roannaise (1), par 3 buts à 1.

L'A.C.R. EST CHAMPION DE DEUXIEME SERIE

L'Amical Club Ripagérien est donc champion de deuxième série en équipes premières, le Sporting Club Forézien en équipes deuxièmes, et l'Etoile Sportive Montbrisonnaise en équipes troisièmes.

Classement détaillé :

EQUIPES PREMIERES

		J.	G.	N.	P.	F.	Points
1.	A.C.R.	8	6	2	0	0	22
2.	S.C.F.	8	6	0	2	0	20+1
3.	A.S.R.	8	5	2	1	0	20
4.	C.O.S.C.	8	5	0	3	0	18
5.	E.S.M.	8	4	1	2	1	16
6.	C.D.S.	8	3	0	5	0	14
7.	U.S.A.F.	8	2	0	6	0	12
8.	R.S.R.	8	1	1	6	0	11
9.	A.S.C.	8	1	0	7	0	10

EQUIPES DEUXIEMES

		J.	G.	N.	P.	F.	Points
1.	S.C.F.	7	6	1	0	0	20
2.	A.C.R.	7	4	2	1	0	17
2.	C.O.S.C.	7	4	2	1	0	17
4.	U.S.A.F.	7	3	1	3	0	14
4.	A.S.R.	7	3	1	3	0	14
6.	E.S.M.	7	2	1	3	1	11
7.	C.D.S.	7	1	0	5	1	8
8.	R.S.R.	6	1	0	4	2	7
9.	A.S.C.	forfait général.					

Le match de barrage joué, le 12 mars, entre l'Union Sportive de Saint-Romain-le-Puy et l'Union Sportive Stéphanoise donne, par 8 buts à 0, la victoire à l'U.S.S.R.P. qui passe ainsi en 2e série.

Un second match de barrage entre l'Etoile Sportive Stéphanoise et l'Amical Sporting Club se termine, par 2 buts à 0, à l'avantage de l'E.S.S. qui passe également en 2e série.

LA SAISON 1922-23

10 septembre : ssociation Sportive Chazelloise (1) et U.S. de Saint-Romain-le-Puy (1) font match nul, 2 à 2. — Cercle des Sports (1) bat Avant Garde Sportive Stéphanoise (1), par 5 à 3.

26 septembre : Etoile Sportive Montbrisonnaise (1) bat Association Sportive Chazelloise (1), par 3 à 0. — Etoile Sportive Suryquoise bat Amicale Laïque de Lorette, forfait. — E.S.M. (2) bat A.S.C. (2), par 5 à 1.

8 octobre : Club Sportif de la Chaléassière (1) bat Amical Sporting Club (1), par 7 à 0. — U.S. Faubourg Clermont (1) bat Groupe Sportif de l'Ecole Supérieure (1), par 3 à 1. — U.S.A. de Firminy (1) bat Red Star Roannais (1), par 3 à 1. — Cercle des Sports (1) bat Amicale Laïque de Lorette (1), par 7 à 0. — U.S. de Saint-Romain-le-Puy (1) bat Etoile Sportive Montbrisonnaise (1), par 4 à 1. — A.S.C. (2) et C.S.Ch. (2) match nul, 1 à 1. — C.D.S. (2) bat A.L.L. (2), par 13 à 0.

22 octobre : Cercle des Sports (1) et Association Sportive Chazelloise (1) match nul, 4 à 4. — U.S.A. de Firminy (1) bat U.S. du Faubourg Clermont (1), par 6 à 4. — U.S. de Saint-Romain-le-Puy (1) bat Etoile Sportive Suryquoise (1), par 5 à 2. — Avant Garde Sportive Stéphanoise (1) bat Amicale Laïque de Lorette (1), par 5 à 2. — C.O. Saint-Chamonnais (1) bat Amical Sporting Club (1), par 12 à 0. — C.O.S.C. (2) bat A.S.C. (2), par 4 à 0. — C.D.S (2) bat A.S.Ch. (2), par 3 à 0.

19 novembre : Cercle des Sports (1) bat U.S. Saint-Romain-le-Puy (1), par 3 à 1. — U.S.A. de Firminy (1) et Association Sportive Roannaise (1) match nul, 0 à 0. — Club Olympique Saint-Chamonnais (1) bat Red Star Roannais (1).

24 décembre : U.S.A. de Firminy (1) bat Amical Sporting Club (1), par 2 à 1. — U.s. du Faubourg Clermont (1) bat Red Star Roannais (1), par 1 à 0.

TROISIÈME SÉRIE

15 janvier : Club Sportif de la Chaléassière (1) bat Etoile Sportive Stéphanoise, par 4 à 0. — Association Sportive Chazelloise (1) bat Amicale Sportive de Villars (1), par 2 buts à 0. — Union Sportive du Faubourg Clermont (1) et Club Athlétique du Coquelicot (1) match nul, 2 à 2. — Amicale Laïque de Lorette (1) bat Union Sportive du Chambon (1), forfait. — Union Sportive de Saint-Romain-le-Puy (1) bat Fraternelle Sportive de Saint-Rambert (1), forfait. — E.S.R. (2) et E.S.S. (2) match nul, 2 à 2. — C.S.Ch. (2) bat E.S.S. (2), par 6 à 0. — A.S.C. (2) bat A.S.V. (2), forfait.

22 janvier : Etoile Sportive Stéphanoise (1) bat Amicale Laïque de Lorette, par 8 buts à 0. — Union Sportive de Saint-Romain-le-Puy (1) bat Association Sportive Chazelloise (1) par 3 buts à 2. — A.S.C. (2) bat U.S.S.R. (2), par 4 à 1. — C.S.Ch. (2) bat J.S.E.S. (2), par 3 à 2.

29 janvier : Etoile Sportive Stéphanoise (1) bat Association Sportive Chazelloise (1), par 2 à 1. — Union Sportive de Saint-Romain-le-Puy (1) bat Amicale Laïque de Lorette (1), par 4 à 0. — U.S.R.P. (2) bat C.S.Ch. (2), par 6 à 0.

6 février : U.S. de Saint-Romain-le-Puy (1) bat Etoile Sportive Stéphanoise (1), par 1 à 0. — Amicale Laïque de Lorette (1) bat A.S. Chazelloise (1), par 1 à 0. — A.S.C. (2) bat C.S.Ch. (2), par 3 à 0. — U.S.S.R.P. (2) bat S.S.E.S. (2), par 3 à 0.

SAINT-ROMAIN-LE-PUY EST CHAMPION

Ces dernières rencontres assurent le titre de champion de 3e série à l'Union Sportive de Saint-Romain-le-Puy en équipes premières, et à l'Association Sportive Chazelloise pour les équipes deuxièmes.

Voici le détail du classement général :

ÉQUIPES PREMIÈRES

		J.	G.	N.	P.	F.	Points
1.	U.S.S.R.	3	3	0	0	0	9
2.	E.S.S.	3	2	0	1	0	7
3.	A.L.L.	3	1	0	2	0	5
4.	A.S.C.	3	0	0	3	0	3

ÉQUIPES DEUXIEMES

		J.	G.	N.	P.	F.	Points
1.	A.S.C.	3	2	1	0	0	8
2.	U.S.S.R.	3	2	0	1	0	7
3.	C.S.C.	3	1	0	2	0	5
4.	C.S.E.S.	3	0	1	2	0	4

LA SAISON 1922-23

17 septembre : Amicale Sportive Ussonnaise (1) bat Fraternelle Sportive de Saint-Rambert, par 7 à 0. — Club Athlétique d'Unieux bat Union Sportive du Chambon, par 5 à 2. — Association Sportive du Lignon bat Union Sportive de Couzan, par 5 à 1. — Amicale Laïque de Tardy et Amicale Laïque du Coteau match nul, 1 à 1. — Avenir de Côte-Chaude bat Association Sportive de Feurs (1), par 3 à 1. — A.S.L. (2) bat U.S.C. (2), par 6 à 2. — F.S.S.R. (2) bat A.S.U. (2), par 1 à 0.

1er octobre : Avenir de Côte-Chaude bat Amicale Laïque du Coteau, par 9 à 1. — Amicale Sportive de Villars bat Club Athlétique d'Unieux, par 4 à 0.

15 octobre : Amicale Sportive Ussonnaise (1) bat Amicale Sportive de Villars (1), par 2 à 1. — A. S. du Lignon (1) bat Amicale Laïque de Montbrison (1), par 8 à 0. — A.S. de Feurs (1) bat Amicale Laïque du Coteau (1), par 6 à 1.

5 novembre : Avenir de Côte-Chaude (1) bat Union Sportive de Couzan (1), par 5 à 1. — A.C.C. (2) bat U.S.C. (2), par 10 à 0. — Fraternelle Sportive Rambertoise (1) bat Union Sportive du Chambon (1) par 8 à 3. — F.S.R. (2) bat U.S. (2), par 5 à 0. — Association Sportive de Feurs (1) bat Association Sportive du Lignon (1), par 8 à 1. — A.S.F. (2) bat A.S.L. (2), par 3 à 0.

3 décembre : Avenir de Côte-Chaude (1) bat Association Sportive du Lignon (1), par 6 à 0. — Fraternelle Sportive Rambertoise (1) et Amicale Sportive de Villars (1) match nul, 3 à 3. — Amicale Laïque de Tardy (1) et Association Sportive Forézienne (1) match nul, 0 à 0. — A.C.C. (2) bat A.S.L. (2), par 3 à 1.

24 décembre : Amicale Sportive de Villars bat Union Sportive du Chambon, par 4 à 0 — Avenir de Côte-Chaude bat Amicale Laïque de Montbrison, par 9 à 0.

Les championnats scolaires

Après un premier match à Montbrison, où quatre buts furent marqués de chaque côté par le Lycée Sportif Stéphanois et l'Union Sportive de l'Ecole Normale de Montbrison, les deux équipes se retrouvent en présence, le jeudi 21 décembre, pour décider laquelle se parera du titre de champion.

Le Lycée Sportif Stéphanois l'emporta cette fois, par 4 buts à 1

Championnats du Lyonnais

1re série : L'Athlétic Club Stéphanois, représentant la Loire, est battu, le 19 mars, par 3 buts à 0, par le Club Sportif des Terreaux — Le Club Sportif des Terreaux est battu à son tour, par 3 buts à 1, le 26 mars, par l'Union Sportive d'Annemasse. — L'U.S. d'Annemasse est donc champion du Lyonnais première série.

2e série : L'Amical Club Ripagérien, champion de la Loire, est battu, par 2 buts à 1, le 26 mars, par le Club Sportif de Vienne.

3e série : L'Union Sportive de Saint-Romain-le-Puy, plus heureuse que les deux autres champions de la Loire, bat, le 2 avril, l'Amicale Sportive d'Irigny, par 3 à 0.

Coupe de la Loire

1er janvier : Athlétic Club Stéphanois (1) bat Etoile Sportive Montbrisonnaise (1), par forfait. — Association Sportive Roannaise (1) bat Abeille Sportive Stéphanoise (1) par 4 buts à 1. — Sporting Club Forézien (1) et Club Olympique Saint-Chamonnais (1) match nul, 0 à 0. — Association Sportive d'Izieux (1) bat Cercle des Sports (1), par 2 buts à 1.

5 février : Athlétic Club Stéphanois (1) bat Association Sportive Roannaise (1), par 4 à 3. — Association Sportive d'Izieux (1) bat Sporting Club Forézien (1), par 4 à 1.

5 mars : Athlétic Club Stéphanois (1) bat Association Sportive d'Izieux (1), par 4 à 0. — L'Athlétic Club Stéphanois devient ainsi détenteur de la Coupe de la Loire qui avait été attribuée, en 1921, au Sporting Club Forézien.

LA SAISON 1922-23

29 octobre : Association Sportive d'Izieux bat Association Sportive Chazelloise, par 3 à 2. — Club Olympique Saint-Chamonnais bat U.S.A. de Firminy, par 6 à 0. — Avenir de Côte-Chaude bat Cercle des Sports, par 2 à 1. — Amicale Sportive Ussonnaise bat Etoile Sportive Montbrisonnaise, par 1 à 0. — Association Sportive Roannaise bat Red Star Roannais, par 5 à 1.

26 novembre : Association Sportive Roannaise bat Amical Club Ripagérien, par 4 à 1. — Club Olympique Saint-Chamonnais bat Amicale Sportive Ussonnaise, par 8 à 1. — Athlétic Club Stéphanois bat Amicale de Côte-Chaude, par 7 à 3. — Association Sportive d'Izieux bat Amical Sporting Club, par forfait.

Coupe des Jeunes

22 janvier : Athlétic Club Stéphanois bat Sporting Club Forézien, par 5 buts à 0. — Amical Sporting Club bat Association Sportive d'Izieux, par 1 but à 0.

19 février : Amical Sporting Club bat Club Olympique Saint-Chamonnais, par 1 but à 0.

26 février : Athlétic Club Stéphanois bat Club Olympique Saint-Chamonnais, par 1 à 0. — Sporting Club Forézien bat Amical Sporting Club, par 2 à 0.

5 mars : Athlétic Club Stéphanois et Amical Sporting Club font match nul, 0 à 0.— Ce match assure, comme en 1921, la possession de la Coupe des Jeunes à l'A.C.S. qui précède dans le classement le Sporting Club Forézien et l'Amical Sporting Club.

LA SAISON 1922-23

12 novembre : Amical Sporting Club bat Stade Forézien Universitaire, par forfait. — Club Olympique Saint-Chamonnais bat Sporting Club Forézien, par 4 à 1. — Association Sportive d'Izieux bat Amical Club Ripagérien, par 4 à 0.

26 novembre : Amical Sporting Club bat Cercle des Sports, par 6 à 0. — Association Sportive d'Izieux bat Athlétic Club Stéphanois, par 3 à 0.

10 décembre : Amical Sporting Club et Sporting Club Forézien match nul, 0 à 0. — Association Sportive d'Izieux bat Cercle des Sports, par 8 à 0. — Amical Club Ripagérien bat Athlétic Club Stéphanois, par 3 à 0.

24 décembre : Athlétic Club Stéphanois bat Cercle des Sports, par 3 à 0. — Amical Club Ripagérien bat Sporting Club Forézien, par 3 à 1. — Club Olympique Saint-Chamonnais bat Stade Forézien Universitaire, par 6 à 0.

La Coupe du Casino

12 février : Club Olympique Saint-Chamonnais (1) bat Amical Sporting Club (1), par 11 buts à 0.

19 février : Stade Forézien Universitaire (1) bat Amical Sporting Club (1), par 6 buts à 0.

26 mars : Association Sportive Roannaise (1) bat Amical Sporting Club (1), par 7 à 0.

2 avril : Avenir de Côte-Chaude (1) bat Amical Sporting Club (1, par 5 à 0.

9 avril : Amical Sporting Club bat Club Amical Sportif Thiernois, par forfait.

6 mai : Athlétic Club Stéphanois bat Amical Sporting Club, par 2 à 0. Mais en vertu du règlement qui imposait à l'A.C.S. un handicap de 3 buts, l'A.S.C. gagne par 1 à 0.

La *Coupe du Casino* devient donc, après ce match, la propriété du Club Olympique Saint-Chamonnais qui réussit contre l'Amical Sporting Club le plus haut score : 11 à 0.

La Coupe du Sporting Club Forézien

22 octobre : Association Sportive Montferrandaise (1) bat Sporting Club Forézien (1), par 3 à 1.

Le Challenge " En Souvenir "

19 mars : Tournoi de sixte disputé au Vélodrome du Coin et qui obtint un gros succès. Le Club Sportif des Terreaux, l'Association Sportive d'Izieux et le Club organisateur, le Club Olympique Saint-Chamonnais, se qualifient pour la finale. Le sort favorise l'A.S.I. qui, après la défaite du C.O.S.C., rencontre les Lyonnais. Par 3 buts à 2, après une prolongation, les Terreaux triomphent d'Izieux et gagnent le Challenge « En Souvenir ».

Le Challenge BARBIER

16 avril : Tournoi de sixte organisé par l'Athlétic Club Stéphanois. Au premier tour, le Club Sportif Lyonnais (1) bat le Sporting Club Forézien (2), par 2 à 1 : l'Athlétic Club Stéphanois (3) bat l'Amical Sporting Club (1), par 3 à 2 : l'Association Sportive Lyonnaise (1) bat l'Amicale Sportive de Villars, par forfait : l'Athlétic Club Stéphanois (2) bat Club Sportif Lyonnais (2), par 2 à 0. — Au deuxième tour, le C.S.L. (1) bat l'A.S.L.(2), par 2 à 0 : A.C.S. (1) bat A.C.S. (3), par 2 à 0 ; A.S.L. (1) bat Abeille Sportive Stéphanoise (1), par 4 à 0 : A.C.S. (2) bat S.C.F. (1), par 4 à 3. — En demi-finale, le C.S.L. (1) bat A.S.L. (1), par 2 à 1 : A.C.S. (1) bat A.C.S. (2), par 3 à 0. — Finalement, l'AC.S. (1) enlève le Challenge en battant le C.S.L. (1), par 3 à 0.

Le Challenge du Pont-Neuf

16 avril : Association Sportive Roannaise (1) bat Etoile Sportive Montbrisonnaise (1), par 3 à 1. — Association Sportive Roannaise (1) bat Union Sportive du Faubourg Clermont (1), par 5 à 1.

La Sélection de la Loire bat l'A.S.A. de Paris

23 avril : Sur le terrain de l'A.C.S., l'équipe suivante : *But* : Cerisier (A.C.S.) : *arrières* : Bresselle (A.C.S.), cap., et Vernay (A.C.S.) : *demis* : Jonneck (S.C.F.), Dupin (A.C.S.) et Camou (A.S.I.) : *avants* : Jaillardon (A.C.S.), Mathon (A.C.S.), Hanquet (C.O.S.C.), Gérenton (A.S.I. et Guillaumond (A.C.S.), sélectionnée par le Sous-Comité de la Loire, triomphe, par 3 buts à 1, de l'A.S.A. de Paris. La partie fut constamment à l'avantage des représentants du département.

Les rencontres amicales

1er janvier : Etoile Sportive Montbrisonnaise (3) bat Football Club Montbrisonnais (2), par 9 buts à 0. — Association Sportive de Saint-Bonnet-le-Château (1) bat Amicale Sportive Ussonnaise (2), par 4 buts à 1. — Union Sportive de Saint-Romain-le-Puy (m.) et Football Club Montbrisonnais (1) match nul, 4 à 4.

8 janvier : La neige empêche toutes les rencontres.

15 janvier : Avenir de Côte-Chaude (.) bat Alerte de Saint-Just-sur-Loire (1), par 6 à 0. — A.C.Ch. (2) bat A.S.S.J. (2), par 8 à 1.

22 janvier : Alerte de Saint-Just-sur-Loire (1) bat Cercle des Sports (2), par 3 à 2. — A.S.J. (2) bat Fraternelle Sportive Saint-Rambert (2), par 5 à 1. — Amicale Sportive Ussonnaise (2) bat Association Sportive de Saint-Bonnet-le-Château (1), par 11 buts à 0. — Groupe Sportif Musical de Veauche (1) bat Union Sportive Stéphanoise (1), par 7 buts à 0. — G.S.M.V. (2) bat Sainte-Foy-Largentière (1), par 6 à 1. — Avenir de Côte-Chaude (1) bat Club Athlétique d'Unieux (1), par 5 à 0. — Club Olympique Saint-Chamonnais (3) bat Union Sportive du Chambon (2), par 5 à 3.

29 janvier : C.S.Ch. (1) bat Amicale du Puy (1), par 5 à 1. — Lycée du Parc de Lyon bat Lycée de Saint-Etienne, par 4 à 0. — Groupe Sportif Ecole Supérieure (1) et Association Sportive Chazelloise (2) font match nul, 1 à 1.

5 février : Lycée de Saint-Etienne (1) bat Union Sportive de l'Ecole Normale de Montbrison (1), par 4 à 2. — Stade Forézien Universitaire (1) bat Etoile Sportive Montbrisonnaise (1), par 2 à 0. — Cercle des Sports (1) et Association Sportive de Feurs (1) match nul, 2 à 2. — Alerte de Saint-Just-sur-Loire (2) bat Avenir de Côte-Chaude (2), par 3 à 0. — Amicale Laïque de Lorette (2) bat Association Sportive Chazelloise (3), par 1 à 0. — Amicale Sportive de Villars (2) bat Union Sportive du Chambon (2), par 4 à 3. — Groupe Sportif et Musical de Veauche (1) bat Fraternelle de Saint-Rambert (1), par 3 à 1. — G.S.M.V. (2) bat Sury Sportif (2), par 4 à 0. — Avenir de Côte-Chaude (1) bat Union Sportive Stéphanoise (1), par 4 à 0.

12 février : U.S. de Saint-Romain-le-Puy (1) bat A.S. de Feurs (1), par 1 à 0. — A.S.F. (2) bat U.S.S.R.P. (2), par 3 à 0. — Association Sportive d'Izieux (1) bat A.S. Roannaise (1), par 5 à 0. — A.S.R. (2) bat A.S.I. (2), par 3 à 2. — U.S.A. de Firminy (1) bat U.S. du Faubourg Clermont (1), par 5 à 1. — U.S.A.F. (mixte) bat S.F.U. (mixte), par 4 à 0. — A.S. Chazelloise (1) et A.S. Lyonnaise (réserve) match nul, 2 à 2. — Etoile Sportive Montbrisonnaise (1) et A.S. de Villars (1) match nul, 3 à 3. — Lycée Sportif de Saint-Etienne (mixte) bat A.S. du Lycée du Puy (1), par 2 à 0.

19 février : U.S. de Saint-Romain-le-Puy (1) bat U.S.A. de Firminy (1), par 3 à 0. — U.S.A.F. (2) bat U.S.S.R.P. (2), par 4 à 1. — Avenir de Côte-Chaude (1) bat Touristes Lyonnais (1), par 1 à 0. — E.S. de Sury-le-Comtal (1) bat A. de Côte-Chaude (mixte), par 6 à 1. — Groupe Sportif de l'Ecole Supérieure (1) bat Cercle des Sports (1), par 3 à 2. — A.S. de Chazelles (1) bat Sporting Vélo Club de Lyon (1), par 3 à 0. — A.S.C. (2) bat S.V.C.L. (2), par 4 à 0. — A.S. Roanne (1) bat A.S.R. (2), par 8 à 1.

26 février : Amical Club Ripagérien (1) bat Club Sportif de Vienne (1),
par 3 à 0. — A.L. de Lorette (mixte) bat A.C.R. (2), par 2 à 1. —
Lycée Sportif Stéphanois (1) bat A.S. du Lycée du Puy (1), par
6 à 1. — Athlétic Club Stéphanois (1) bat Club Sportif de la
Chaléassière (1), par 4 à 2. — Etoile Sportive Stéphanoise (1)
bat Cercle des Sports (1), par 2 à 1. — E.S.S. (2) bat C.D.S. (2),
par 3 à 0. — Club Sportif des Terreaux (réserves) bat Club Olympique Saint-Chamonnais, par 8 à 3. — Association Sportive
d'Izieux (1) et Club Sportif Lyonnais (1) font match nul, 1 à 1.
Union Sportive de Noirétable (1) bat Association Sportive du
Lignon (1), par 3 à 0. — U.S.N. (2) et A.S.L. (2) match nul, 0 à 0.
— U.S. de Saint-Romain-le-Puy (1) bat A.S. d'Usson-en-Forez (1),
par 3 à 0. — Sporting Club Forézien (1) bat Amicale Saint-Michel du Puy (1), par 5 à 0.

5 mars : Club Sportif de la Chaléassière (1) bat U.S. de Saint-Romain-
le-Puy (1), par 1 à 0. — Stade Forézien Universitaire (1) bat
Club Olympique Saint-Chamonnais (1), par 4 à 3. — S.F.U. (2)
bat C.O.S.C. (2), par 4 à 2. — Sury Sportif (1) bat U.S. de Saint-
Romain-le-Puy (3), par 3 à 0. — E.S. Suryquoise (mixte) bat
A.S. Stéphanoise (2), par 11 à 0. — A.S. des E.R. de Vienne (1)
bat Etoile Sportive Ricamandoise (1), par 5 à 1. — A.S. du
Lignon (1) bat E.S. de Boën (1), par 9 à 0. — A.S.L. (2) bat E.S.B.
(2), par 4 à 0. — U.S. Saint-Romain (2) bat U.S.A. Firminy (2),
par 3 à 0.

12 mars : U.S.A. de Firminy (m.) bat C.S. de la Chaléassière (m.),
par 2 à 0. — Avenir de Côte-Chaude (1) bat Rich'land Football
Club (1), par 6 à 0. — Amicale Laïque de Lorette (2) bat Club
Sportif Sardonnais (1), par 5 à 0. — Association Sportive d'Izieux
bat Union Sportive Annecienne (1), par 4 à 0. — Club Sportif
Bergusien (1) bat Groupe Sportif de l'Ecole Supérieure (1), par
5 à 1. — Union Sportive du Chambon (m.) bat Amicale Laïque
de Tardy (1), par 2 à 0.

26 mars : Sélection des juniors de la Loire bat Equipe des arbitres officiels, par 5 à 2. — Union Sportive Athlétique de Firminy et C.O. Saint-Chamonnais font match nul, 2 à 2. — Lycée Sportif Stéphanois (m.) bat Sporting Club Forézien (m.), par 7 à 0. — A.S. du Lignon (1) bat E.S. Suryquoise (1), par 3 à 2. — C.S. de Saint-Didier-sous-Rochefort (1) bat E.S. de Boën, par 2 à 1. — Red Star Roannais (m.) bat U.S. de l'Arbresle (1), par 4 à 1. — R.S.R. (2) bat A.S. de Renaison (1), par 6 à 2. — A.S. Roannaise (1) bat Stade Forézien (m.), par 7 à 2. — Fraternelle Sportive de Saint-Rambert (1) bat Sury Sportif (1), par 1 à 0. — A.S. de Craponne-sur-Arzon (1) bat A.S. de Saint-Bonnet-le-Château (1), par 1 à 0. — U.S. de Saint-Romain-le-Puy (1) bat Rich'land Football Club (1), par 2 à 0. — F.C. de Feurs (2) bat U.S. de Saïl-sous-Couzan (2), par 5 à 0. — C.S. Chaléassière (1) et Association Sportive d'Izieux (1) font match nul, 3 à 3. — C.S.Ch. (2) bat A.S.I. (2), par 2 à 1. — C.O. Saint-Chamonnais (2) bat Amicale Saint-Michel du Puy (1), par 4 à 1. — U.S. Saint-Romain-le-Puy (1) bat A.L. de Lorette (1), par 8 à 0. — U.S.S.R.P. (2) bat A.L.L. (2), par 1 à 0. — A.S. de Feurs (1) bat A.S. du Lignon (1), par 2 à 1.

2 avril : Lycée Sportif Stéphanois (m.) bat U.S. Ecole Normale de Montbrison (m.), par 9 à 1. — A.S. d'Izieux (1) bat C.D. Sports (1) par 9 à 0. — A.S.I. (2) bat C.D.S. (2), par 4 à 2. — Lycée Sportif Stéphanois (m.) bat A.S. Saint-Bonnet (1), par 6 à 1. — C.O. Saint-Chamond (1) bat A.C. Ripagérien (1), par 3 à 2. — E.S. Montbrison (1) bat F.C. Lyon (réserves), par 8 à 1.

9 avril : G.S. Ecole Supérieure et C.S. Bourgoin font match nul, 0 à 0. — F.S. Saint-Rambert (2) bat A.S. Villars (mixte), par 4 à 0. — A.S. Saint-Bonnet (1) bat Stade Forézien (mixte), par 6 à 3. — E.S. Montbrison (1) bat F.C. Montbrison (1), par 12 à 0. — Dans le Tournoi du Sporting Club Forézien, le S.C.F. bat le Club Général d'Entraînement de Lyon, par 3 à 0 ; l'Association Sportive d'Izieux bat l'Athlétic Club Stéphanois, par 3 à 2 ; enfin, dans la finale, l'A.S.I. l'emporte, par 2 à 1, sur le S.C.F.

16 avril : A.S. Saint-Bonnet-le-Château (1) bat Sury Sportif (1), par 4 à 0. — Club Sportif Lyonnais (m.) bat Athlétic Club Stéphanois (juniors), par 5 à 2. — C.S. Chaléassière (1) bat A. Saint-Michel du Puy (1), par 3 à 0.

23 avril : A.S. Roannaise (1) bat R.S. Roannais (1), par 4 à 0.

30 avril : C.O. Saint-Chamond (1) bat Lyon Athlétic Club (1), par 6 à 1. — Sélection Roannaise bat Amicale des Charpennes (1), par 3 à 2.

7 mai : Amicale Sportive Ussonnaise (1) bat Association Sportive Craponnaise (1), par 1 à 0. — Amical Club Ripagérien (vétérans) et A.C.R. (1) font match nul, 3 à 3.

14 mai : Club Olympique Saint-Chamonnais (1) bat Cercle des Nageurs (1), par 7 à 3.

4 juin : Etoile Sportive Montbrisonnaise (1) bat A.S. d'Usson-en-Forez (1), par 2 à 0.

3 septembre : Association Sportive de Feurs (1) bat Stade Forézien Universitaire (m), par 5 à 0.

10 septembre : Association Sportive Lyonnaise (1) bat Club Olympique Saint-Chamonnais (1), par 3 à 1. — Athlétic Club Stéphanois bat Abeille Sportive Stéphanoise.

17 septembre : U.S.A. de Firminy (1) bat Stade Forézien Universitaire (1), par 6 à 1. — A.S. d'Izieux (1) bat Cercle des Sports (1), par 8 à 3. — U.S. de Saint-Romain-le-Puy (1) bat Amical Sporting Club (1), par 6 à 0. — Association Sportive Roannaise (1) bat Stade Amplepuisien (1), par 7 à 1. — Club Sportif Lyonnais (1) bat Red Star Roannais (1), par 3 à 1. — U.S. Faubourg Clermont (1) bat Association Sportive Chazelloise (1), par 4 à 3.

24 septembre : Association Sportive de Craponne (1) bat Union Sportive de La Chaise-Dieu (1), par 2 buts à 1. — A.S.C. (2) bat U.S.C.D. (2), par 3 à 0. — Athlétic Club Stéphanois (juniors) bat Cercle des Sports (juniors), par 4 à 0. — C.O.S.C. (2) bat S.F.U. (2), par 3 buts à 0. — U.S. du Faubourg Clermont (1) bat A.S. de Pouilly-sous-Charlieu, par 1 à 0. — A.S. Pouilly (2) bat U.S.F.C. (2), par 1 à 0. — Etoile Sportive Suryquoise (1) bat Amicale Laïque de Lorette, par 1 but à 0.

1er octobre : E. S. Montbrisonnaise (m.) bat A.S. du Lignon (1), par 2 à 0. — A.S. Ussonnaise (2) et U.S. Saint-Romain-le-Puy (2) match nul, 2 à 2. — A.S. Chazelloise (1 bat A.C. Ripagérien (1), par 2 à 0. — A.C.R. (2) bat A.S.Ch. (2), par 4 à 0.

8 octobre : A.S. Chazelloise (1) bat Sporting Club Forézien (1), par 3 à 1. — A.C. Stéphanois (j.) bat A.C. Ripagérien (j.), par 2 à 1. — C.D.S. (3) bat S.C.F. (3), par 12 à 0. — F.S. Rambertoise (1) et A.C. Ripagérien (2) match nul, 0 à 0. — F.S.R. (2) et A.C.R. (3) match nul, 1 à 1. — A.S. Pouilly (2) bat U.S. de Marcigny (2), par 3 à 0. — A.S. Pouilly (1) bat F.C. de Chauffailles (1), par 3 à 2.

15 octobre : U.S.A. de Firminy (1) et C.S. Chaléassière (1) match nul, 2 à 2. — Sporting Club de Nîmes (1) bat C.O. Saint-Chamonnais (1), par 4 à 2. — U.S. Faubourg Clermont (1) bat Association Sportive Roannaise (1), par 4 à 3. — U.S. Ecole Normale de Montbrison bat A.L. de Montbrison, par 2 à 0. — A.C.C. (2) bat C.O.S.C. (3), par 8 à 0. — C.S.Ch. (2) bat U.S.A.F. (2), par 2 à 1. — C.D.S. (3) bat A.G.S.S. (2), par 6 à 3. — C.D.S. (j.) bat U.S. Chambon (3), par 6 à 1. — A.S. Feurs (2) bat S.C.F. (j.), par 5 à 1.

22 octobre : F.S. Rambertoise (2) bat C.O. Saint-Chamond (4), par 11 à 0. — Association Sportive d'Izieux (1) bat Lyon Athlétic Club, par 10 à 0.

29 octobre : A.S. d'Izieux (2) bat A.S. Chazelloise (2), par 4 à 0. — S.C.F. (j.) bat C.D.S. (j.), par 10 à 0.

5 novembre : Athlétic Club Stéphanois (1) bat U.S.A. de Firminy (1), par 8 à 0. — A.C.S. (2) bat A.C. Lorette (1), par 4 à 1. — Stade Forézien Universitaire (1) bat Lyon Athlétic Club (1), par 6 à 0. — S.F.U. (2) et L.A.C. (2) match nul, 1 à 1. — Sporting Club de Grenoble (1) bat Club Olympique Saint-Chamonnais (1), par 3 à 1.

12 novembre : Abeille Sportive Stéphanoise (1) et Sporting Club Forézien (1) match nul, 1 à 1. — U.S. du Faubourg Clermont (1) bat Red Star Roannais (1), par 4 à 2. — R.S.R. (2) bat U.S.F.C. (2), par 3 à 1. — F.S.R. (2) et A.S.C. (2) match nul, 0 à 0. — F.S. Rambertoise (1) et Amical Sporting Club (1) match nul, 2 à 2. — A.S. Craponnaise (1) et A.S. Saint-Bonnet-le-Château (1) match nul, 0 à 0. — C.O. Saint-Chamonnais (1) et Evians-les-Bains match nul, 4 à 4. — Annemasse (1) bat C.O. Saint-Chamonnais, par 4 à 1.

19 novembre : Athlétic Club Stéphanois (j.) bat Amical Sporting Club (1), par 5 à 4. — E.S. Montbrisonnaise (1) bat A.S. Feurs (1), par 8 à 1. — E.S.M. (2) et A.S.F. (2) match nul, 0 à 0.

26 novembre : Stade Forézien (2) bat Groupe Sportif de l'Ecole Supérieure (1), par 5 à 0. — Etoile Sportive Montbrison (1) bat U.S.F.C. Roanne (1), par 3 à 2. — E.S.M. (2) bat U.S.F.C.R. (2), par 5 à 1. — Amicale Laïque Montbrison (1) bat A.S. Chazelles (2), par 2 à 0. — C.O.S.C. (2) et Excursionnistes Lyonnais (2) match nul, 3 à 3. — A.S. Roannaise (1) bat Eveil de Lyon (1), par 9 à 1. — A.S.R. (2) bat E.L. (2), par 6 à 1.

3 décembre : S.F.U. (2) bat U.S.F.C.R. (2), par 3 à 1. — Olympique Saint-Joseph (1) bat Stade d'Amplepuis (2), par 2 à 1. — A.C.S. (j.) bat S.F.U. (j.), par 7 à 0. — 38ᵉ R.I. bat 16ᵉ R.I., par 4 à 1. — C.O.S.C. (j.) bat A.C.R. (j.), par 1 à 0. — Club Olympique Saint-Chamonnais (1) bat Union Athlétique du 1ᵉʳ arrondissement (1), par 4 à 1. — Etoile Sportive Suryquoise (1) bat C.O.S.C. (4), par 2 à 1. — Amical Sporting Club (1) bat Association Sportive d'Izieux (1), par 3 à 1. — U.S. du Chambon (1) bat E.S. Ricamarie (1), par 5 à 1. — A.S. Chazelloise (1) bat Vaillante Etoile Sportive Chazelloise (1), par 3 à 2.

10 décembre : Red Star Roannais (m.) bat Anciens Elèves Ecole Pratique (1), par 3 à 2. — Olympique Saint-Joseph bat Football Club Forézien, par 4 à 1. — Amicale Sportive Ussonnaise (m.) bat A.L. Saint-Bonnet-le-Château (1), par 2 à 0. — Avenir de Côte-Chaude (1) bat Amical Sporting Club (1), par 3 à 2. — A.C.C. (2) bat A.S.C. (2), par 2 à 1. — Union Sportive Sail-sous-Couzan (1) et Etoile Sportive de Boën match nul, 2 à 2. — U.S. Saint-Romain (m.) bat A.S. du Lignon (m.), par 2 à 1.

17 décembre : Fraternelle Sportive Rambertoise (m.) bat Groupe Sportif de l'Ecole Supérieure, par 4 à 1.

24 décembre : Association Sportive Chazelloise (1) bat Amical Club Ripagérien (1), par 2 à 0.

Dans la Haute-Loire

Jusqu'à ces dernières années, le département de la Haute-Loire ne figurait que pour mémoire sur la carte géographique de la Ligue Lyonnaise, attendu qu'aucun club de Football Association n'y avait encore vu le jour.

Par suite de sa position isolée, des mauvaises communications tant à l'intérieur qu'avec les départements voisins, la Haute-Loire est restée longtemps à l'écart du mouvement sportif. Ajoutons à cela l'absence de tout organe de sport spécialisé, l'influence tout à fait insuffisante des quotidiens régionaux et nous comprendrons facilement que le public soit venu si tard aux sports athlétiques.

Le rugby, bénéficiant de l'avantage du premier arrivant, est parvenu à créer un certain enthousiasme qui, pour manquer encore d'expérience et de profondeur, n'en est pas moins encourageant.

Toutefois, l'influence du rugby ne dépasse guère les environs immédiats de la ville du Puy et quelques localités industrielles de la région de Brioude.

Ce n'est qu'en 1921 que le premier ballon rond a fait son apparition officielle dans la haute vallée de la Loire, chose qui semble incroyable à notre époque où le Football Association est le plus répandu des sports athlétiques.

Grâce au dévouement et à la volonté tenace de quelques sportifs, les premiers clubs affiliés à la F. F. F. A. furent constitués, et la Ligue Lyonnaise put enfin songer à les grouper sous la direction d'un Comité de District.

Fondé le 29 août 1922, au Puy, Café de France, boulevard Carnot, sous la présidence de M. J. Prévost, président de la Ligue Lyonnaise, le District de la Haute-Loire a été le premier organisme sportif autonome ayant son siège dans le département.

Le Comité, auquel incombe la lourde tâche de propager et de faire prospérer le football association dans la Haute-Loire, est ainsi constitué pour la saison 1922-23 :

Président : M. C. CHAUVIN, 45, boulevard Saint-Louis.
Vice-Président : M. BRIOUDE, 2, rue Saint-Gilles.
Secrétaire et correspondant : M. C. MARTHOUD, 7, rue de de la Ronzade.
Trésorier : M. RIX, rue Vibert.

Grâce à l'appui efficace de la Ligue Lyonnaise, le nouveau Comité s'est résolument mis au travail pour organiser, dès la première année, une éliminatoire départementale du Championnat Lyonnais 3e série de Football Association dans la Haute-Loire.

A l'heure actuelle, neuf clubs régulièrement affiliés à la Fédération Française y prennent part, répartis en deux groupes pour tenir compte des communications difficiles.

GROUPE I

Pédale Vellavienne, Le Puy.
Association Sportive Craponnaise, Craponne.
Union Sportive Casadéenne, La Chaise-Dieu.
Association Sportive Coubonnaise, Coubon-Volhac.
Union Sportive Voreyzienne, Vorey.

GROUPE II

Pédale Duniéroise, Dunières.
Union Sport. Montfauconnaise, Montfaucon-du-Velay.
Union Sport. La Séauve, La Séauve.
Club Sportif Saint-Didier, Saint-Didier.

En outre, les deux clubs suivants participent au Championnat scolaire : *Alerte Craponnaise*, Craponne ; *Amicale Sport. Lycée*, Le Puy.

A l'heure actuelle, le Championnat n'est pas terminé, mais dans le Groupe I, la Pédale Vellavienne et l'Association Sportive Craponnaise sont définitivement en tête du classement. Dans le Groupe II, Dunières paraît avoir les meilleures chances.

Dans un but de propagande et afin de contribuer puissamment à l'amélioration du football association, au point de vue qualité, de nombreux matches d'entraînement ont été conclus entre les clubs du District et ceux des départements voisins.

La Pédale Vellavienne du Puy, entre autres, a pu, grâce à l'importance de son organisation, conclure des rencontres amicales avec les meilleurs clubs du Lyonnais de 1re série, tels que le F. C. Lyon, l'Athlétic Club Stéphanois, l'Abeille Sportive Stéphanoise, l'A. S. Izieux, Club Sportif Lyonnais, etc...

A signaler comme événement de premier ordre dans le calendrier sportif du District, un match international, le premier qui ait été disputé dans la région : F. C. de Genève-Eaux-Vives (Suisse) contre la Pédale Vellavienne, au Puy, le 24 décembre 1922, qui avait attiré, au Stade Lafayette, une foule considérable.

Le jeune district de la Haute-Loire est plein d'espoir en son futur développement et tous les sportifs seront de cœur avec nous pour souhaiter une pleine réussite à tant de méritoires efforts.

LES CLUBS AFFILIÉS

Voici, avec les renseignements les plus complets, la liste des clubs régulièrement affiliés, fin 1922, à la 3 F. A. :

LOIRE

PREMIÈRE SÉRIE

ABEILLE SPORTIVE STÉPHANOISE

Date de fondation : 23 août 1919.
Siège social : Café Fouilloux, 26, rue d'Annonay, Saint-Etienne.
Couleurs : Bleu ciel, parements blancs.
Adresse du terrain : Néant.

Composition du Bureau

Président : M. Etienne Desgeorges.
Vice-Président : M. Emile Lambert.
Secrétaire : M. Joubert, rue Roche-du-Geai, Saint-Etienne.
Trésorier : M. Paul Josserand.
Délégué au Sous-Comité : M. Ottavy, Cité-Jardins, St-Etienne.

AMICAL CLUB RIPAGÉRIEN

Date de fondation : septembre 1918.
Siège social : Café Bouchardin, 51, rue Carnot, Rive-de-Gier.
Couleurs : Blanc, ceinturé vert.
Adresse du terrain : Aux Etaings, par Châteauneuf.

Composition du Bureau

Président : M. J. Cadier.
Vice-Président : M. J. Fleuret.
Secrétaire : M. F. Joly, rue du Mouillon, Rive-de-Gier.
Trésorier : M. Jean Léry, grande rue Féloin.
Délégué au Sous-Comité : M. Bruyas, 38, rue de Lyon, Saint-Etienne.

ASSOCIATION SPORTIVE D'IZIEUX

Date de fondation : 4 juillet 1917.
Siège social : 16, place Nationale, Izieux.
Couleurs : Mi-bleu ciel, mi-blanc (verticalement).
Adresse des terrains : A Pachoa, au bourg d'Izieux, et à la Véronnière, près Saint-Chamond.

Composition du Bureau

Président : M. Jos. Vincent, Société Soie Artificielle d'Izieux.
Vice-Présidents : MM. Joannès Entresangle et Pierre Coizet.
Secrétaire : M. Joseph Magdinier, rue de la République, Saint-Chamond.
Trésorier : M. Charles Fulchiron.
Délégué au Sous-Comité : M. Jos. Vincent, Soie Artificielle, à Izieux.

ATHLÉTIC CLUB STÉPHANOIS

Date de fondation : 25 novembre 1915.
Siège social : Café Berger, place du Peuple, 6, Saint-Etienne.
Couleurs : Blanc rayé verticalement bleu.
Adresse des terrains : 1° Ratarieux (arrêt du tramway Saint-Etienne-La Fouillouse) ; 2° Champirol (arrêt du tramway Saint-Etienne-La Fouillouse).

Composition du Bureau

Président : M. Bressolle.
Vice-Présidents : MM. M. Jaillardon et Dupin.
Secrétaire : M. J. Guichard, 13, rue Claude-Delaroa, St-Etienne.
Trésorier : M. Devilaire.
Délégué au Sous-Comité : M. Guillaumond, 33, rue Fontaine-bleau, Saint-Etienne.

SPORTING CLUB FORÉZIEN

Date de fondation : 1919.
Siège social : 70, rue du Musée, Saint-Etienne.
Couleurs : Rouge, avec écusson blanc.
Adresse du terrain : Rue Tournefort, au Marais, Saint-Etienne.

Composition du Bureau

Président : M. Bridier.
Vice-Présidents : MM. Melin et Jourgeon.
Secrétaire : M. Auguste Padel, 42, rue St-Jacques, St-Etienne.
Trésorier : M. Granger, 33, rue Basse-des-Rives.
Délégué au Sous-Comité : M. Perron, rue Ferdinand prolongée, maison Descos, Saint-Etienne.

STADE FORÉZIEN UNIVERSITAIRE

Date de fondation : 1905.
Siège social : Café Besset, 35, place du Peuple, Saint-Etienne.
Couleurs : Bleu, cerclé blanc.
Adresse des terrains : Hippodrome de Villars et terrain du Rez.

Composition du Bureau

Président : M. William-Henry Hunt.
Vice-Présidents : MM. Michot et Brossy.
Secrétaire : M. C. Fontanay, 7, place Paul-Bert, Saint-Etienne.
Trésorier : M. Milliet .
Délégué au Sous-Comité : M. C. Fontanay, 7, place Paul-Bert, Saint-Etienne.

DEUXIÈME SÉRIE

AMICALE LAIQUE DE LORETTE

Date de fondation : 1911 pour la Société ; 1920 pour le Groupe de Football.
Siège social : Rue Saint-Joseph, Lorette (Loire).
Couleurs : Violet, rayé verticalement blanc.
Adresse du terrain : Rue Michallet, Lorette.

Composition du Bureau

Président : M. Louis Fontanay.
Vice-Président : M. Ernest Chantemesse.
Secrétaire (adresse) : M. Marcel Lambert, rue Impasse-Magnand, Lorette.
Trésorier : M. Claude Doz.
Délégué au Sous-Comité : M. Charreyron, 15, boulevard Jules-Janin, Saint-Etienne.

AMICAL SPORTING CLUB

Date de fondation : 25 juillet 1919.
Siège social : 24, rue de la Montat, Saint-Etienne.
Couleurs : Vert, parements blancs.
Adresse du terrain : Stade de Pont-de-l'Ane, Saint-Etienne.

Composition du Bureau

Président : M. Louis Godot.
Vice-Président : M. Jean Moulin.
Secrétaire : M. Braye, 54, rue de la Montat, Saint-Etienne.
Trésorier : M. Claudius Lannit.
Délégué au Sous-Comité : M. Touron, 18, rue Grange-de-l'Œuvre, Saint-Etienne.

ASSOCIATION SPORTIVE CHAZELLOISE

Date de fondation : 22 octobre 1919.
Siège social : Café J. Néel, Grande-Rue, Chazelles-sur-Lyon.
Couleurs : Rouge, parements blancs.
Adresse du terrain : Stade Guynemer, à Bras-de-Fer, Chazelles.

Composition du Bureau

Président : M. J.-B. Depaillat.
Secrétaire : M. Claudius Chevron, 22, rue de la Gare, Chazelles.
Trésorier : M. Benoît Orard.
Délégué au Sous-Comité : M. Jean Guichard, 13, rue Claude-Delaroa, Saint-Etienne.

ASSOCIATION SPORTIVE ROANNAISE

Date de fondation : 1er janvier 1920.
Siège social : 42, rue Jean-Jacques-Rousseau, Roanne.
Couleurs : Marine, parements rouges.
Adresse du terrain : Route de Briennon, Roanne.

Composition du Bureau

Président : M. Camille Demeyer.
Vice-Présidents : MM. Félix Dieudonné et Noël Gautheron.
Secrétaire : M. François Delaye, 35, rue Poisson, Roanne.
Trésorier : M. Pierre Perbet.
Délégué au Sous-Comité : M. Floriet, 97, rue Marengo, Saint-Etienne.

AVANT-GARDE SPORTIVE STÉPHANOISE

Date de fondation : 15 octobre 1919.
Siège social : 7, rue Seguin, Saint-Etienne.
Couleurs : Damier bleu et blanc.
Adresse du terrain : A Montplaisir, Saint-Etienne.

Composition du Bureau

Président : M. Preynat.
Vice-Président : M. Moulin.
Secrétaire : M. Joseph Haon, 23, rue Bernard-Palissy, Saint-Etienne.
Trésorier : M. L. Laurent.
Délégué au Sous-Comité : M. Joseph Haon, 23, rue Bernard-Palissy, Saint-Etienne.

CERCLE DES SPORTS

Date de fondation : 1912.
Siège social : 3, rue Bourgneuf, Saint-Etienne.
Couleurs : Violet, parements blancs. — Insigne : porc-épic.
Adresse du terrain : A Grangeneuve, près de Pont-de-l'Ane.

Composition du Bureau

Président : M. Gabriel Court.
Vice-Président : M. Jean Coissy.
Secrétaire : M. Aimé Hourtané, 17, rue du Soleil, St-Etienne.
Trésorier : M. Michel Court.
Délégué au Sous-Comité : M. Aimé Hourtané, 17, rue du Soleil, Saint-Etienne.

CLUB OLYMPIQUE SAINT-CHAMONAIS

Date de fondation : 16 juin 1916.
Siège social : 2, place de la Liberté, Saint-Chamond.
Couleurs : Rouge, rayé verticalement blanc.
Adresse du terrain : Vélodrome du Coin, Saint-Chamond.

Composition du Bureau

Président : M. Robin.
Vice-Président : M. Camille Damian.
Secrétaire : M. Paul Cochet, 2, place de la Liberté, St-Chamond.
Trésorier : M. Paul Cochet.
Délégué au Sous-Comité : M. André Vial, 70, rue d'Annonay, Saint-Etienne.

ÉTOILE SPORTIVE MONTBRISONNAISE

Date de fondation : 1917.
Siège social : Café Faure, rue de la Caserne, Montbrison.
Couleurs : Blanc, rayé horizontalement bleu.
Adresse du terrain : Usines Chavanne, route de Feurs, Montbrison.

Composition du Bureau

Président : M. le Docteur Maisonneuve, rue des Legouvé, Montbrison.
Vice-Président : M. Poisson, receveur buraliste.
Secrétaire : M. Gabriel Favard, 88, rue Tupinerie, Montbrison.
Trésorier : M. Jouhet, 4, quai de l'Hôpital, Montbrison.
Délégué au Sous-Comité : M. Louis Milliet, 1, place Dorian, Saint-Etienne.

ÉTOILE SPORTIVE RICAMANDOISE

Date de fondation : août 1920.
Siège social : Café Lachaume, Montrambert, La Ricamarie.
Couleurs : Vert, rayé verticalement rouge.
Adresse du terrain : Montrambert.

Composition du Bureau

Président : M. Oddou.
Secrétaire : M. Emile Defour, 136, rue Gambetta, La Ricamarie.
Trésorier : M. Henri Defour, Montrambert, La Ricamarie.
Délégué au Sous-Comité : M. Chalancon, 27, rue de la Préfecture, Saint-Etienne.

ÉTOILE SPORTIVE SURYQUOISE

Date de fondation : 20 décembre 1920.
Siège social : Amicale laïque, route de Saint-Etienne.
Couleurs : Bleu, rayé verticalement vert.
Adresse des terrains : Au Petit-Mont, Sury ; à la gare de Sury.

Composition du Bureau

Président : M. Benoît Vial.
Secrétaire : M. Blanchard, rue de la République, Sury.
Trésorier : M. Benoît Fréry.
Délégué au Sous-Comité : M. Christophe Clavier, restaurant Perrin, 1, rue de Balzac, Saint-Etienne.

GROUPE SPORTIF DE L'ÉCOLE SUPÉRIEURE

Date de fondation : mars 1921.
Siège social : 24, rue Rouget-de-Lisle, Saint-Etienne.
Couleurs : Mi-noir mi-rouge vertical.
Adresse du terrain : Au Rez, La Rivière, Saint-Etienne

Composition du Bureau

Président : M. Claudius Duivon, 38, avenue de Rochetaillée
Secrétaire : M. Martourey, 130, rue du Onze-Novembre, Saint-Etienne.
Trésorier : M. Favier André.
Délégué au Sous-Comité : M. Martourey Fleury, 130, rue du Onze-Novembre, Saint-Etienne.

RED STAR ROANNAIS

Date de fondation : 7 août 1917.
Siège social : Café de l'Etoile, place du Marché, Roanne.
Couleurs : Blanc, étoile rouge.
Adresse du terrain : 49, rue du Grand-Marais, Roanne.

Composition du Bureau

Président : M. Chuzeville.
Vice-Président : M. Gallo.
Secrétaire : M. Donnadieu, 29, rue Cuvier, Roanne.
Trésorier : M. Barthollet.
Délégué au Sous-Comité : M. Jacquemond, 29, rue Neyron, Saint-Etienne.

UNION SPORTIVE ATHLÉTIQUE DE FIRMINY

Date de fondation : mars 1916.
Siège social : 14, avenue de la Gare, Firminy.
Couleurs : vert, rayé verticalement blanc.
Adresse du terrain : Parc Latour, rue de l'Ondaine, Firminy.

Composition du Bureau

Président : M. Perret.
Vice-Présidents : MM. Jean Berthéas et Camille François.
Secrétaire-Trésorier : M. Jean Carrot, 7, rue de l'Hôpital, Firminy.
Délégué au Sous-Comité : M. Constant Mercier, 38, avenue de Rochetaillée, Saint-Etienne.

UNION SPORTIVE DE SAINT-ROMAIN-LE-PUY

Date de fondation : 1920.
Siège social : Mairie Saint-Romain-le-Puy.
Couleurs : Noir, ceinturé rouge.
Adresse du terrain : Source Parot, Saint-Romain-le-Puy.

Composition du Bureau

Président : M. Campagne.
Vice-Président : M. Émile Pinatel.
Secrétaire : M. Émile Charollois, Saint-Romain-le-Puy.
Trésorier : M. Louis Cadier.
Délégué au Sous-Comité : M. Milliet, 1, place Dorian, Saint-Etienne.

UNION SPORTIVE DU FAUBOURG CLERMONT

Date de fondation : 21 mai 1920.
Siège social : 35, rue de Villemontais, Roanne.
Couleurs : Damier rouge et blanc.
Adresse du terrain : 73, rue de la Loire, Roanne.

Composition du Bureau

Président : M. Amory, débitant (Siège social).
Vice-Président : M. Girod, industriel.
Secrétaire : M. Eugène Griffet, rue Proudhon, Roanne.
Trésorier : M. Amory.
Délégué au Sous-Comité : M. Vernay, 16, rue Victor-de-Laprade, Saint-Etienne.

UNION SPORTIVE STÉPHANOISE

Date de fondation : 1905.
Siège social : 2, rue de Lodi, Saint-Etienne.
Couleurs : Violine, ceinturé blanc.
Adresse du terrain : Champ-de-Mars (Méons).

Composition du Bureau

Président : M. Jean Buer.
Vice-Président : M. Berger.
Secrétaire : M. Oriol, rue Jules-Ledin, 26.
Trésorier : M. Jean Bourbon, rue Mulatière, 46.
Délégué au Sous-Comité : M. Oriol, rue Jules-Ledin, 26, Saint-Etienne.

TROISIÈME SÉRIE

AMICALE LAIQUE DE MONTBRISON

Date de fondation : mars 1910.
Siège social : 1, rue du Paradis.
Couleurs : Blanc, ceinturé rouge.
Adresse du terrain : Stade de Savigneux.

Composition du Bureau

Président : M. Pierre Bonnot.
Secrétaire-Trésorier : M. Combréas, aux Pinelles, Montbrison.
Délégué au Sous-Comité : M. Sivard, rue du Onze-Novembre, n° 25, Saint-Etienne.

AMICALE LAIQUE DE SAINT-BONNET-LE-CHATEAU

Date de fondation : septembre 1904.
Siège social : Cercle de l'Amicale, Saint-Bonnet.
Couleurs : rouge, parements noirs.
Adresse du terrain : Chemin du Cros-Forez.

Composition du Bureau

Président : M. Gignoux.
Vice-Président : M. J. Duport.
Secrétaire : M. Cusonnet, avenue de la Gare, Saint-Bonnet-le-Château.
Trésorier : M. Pegon.
Délégué au Sous-Comité : M. Fougerand, chez M. Maisert, rue Girodet, 5, Saint-Etienne.

AMICALE LAIQUE DE TARDY

Date de fondation : 1907.
Siège social : rue de Tardy, 24-26, Saint-Etienne.
Couleurs : Noir.
Adresse du terrain : A Méons (Champ-de-Mars).

Composition du Bureau

Président : M. Pierre Dubouchet.
Vice-Président : M. Dussol.
Secrétaire : M. Jean Epalle, rue de Tardy, 9.
Trésorier : M. Cransac.
Délégué au Sous-Comité : M. Jean-Baptiste Royer, 92, rue de la Sablière, Saint-Etienne.

AMICALE LAIQUE DU COTEAU

Date de fondation : 5 août 1910 : Groupe sportif : 1921.
Siège social : 9, rue du Vernay, Le Coteau.
Couleurs : Rouge, ceinturé vert.
Adresse du terrain : Au Pont-de-Rhins.

Composition du Bureau

Président : M. Becot.
Vice-Présidents : MM. Petit et Traquelet.
Secrétaire : M. Boutin, instituteur, Le Coteau.
Trésorier : M. Forcolier.
Correspondance . A M. Traquelet, 43, rue Carnot, Roanne.
Délégué au Sous-Comité : M. Riffard, 39, rue du Coin, Saint-Etienne.

AMICALE SPORTIVE DE VILLARS

Date de fondation : 10 mars 1910.
Siège social : Café Sommet, place Gambetta, à Villars
Couleurs : Noir, rayure verticale bleue.
Adresse du terrain : Stade du Platon, à Villars.

Composition du Bureau

Président : M. Pierre Chaudier, au Bois-Montzil, Villars.
Vice-Président : M. Jean Berthaud.
Secrétaire : M. J.-B. Boiron, à Michard, commune de Villars.
Trésorier : M. Pierre Boiron.
Délégué au Sous-Comité : M. Berthaud, 16, rue Grouchy, Saint-Etienne.

AMICALE SPORTIVE USSONNAISE

Date de fondation : 20 mars 1920.
Siège social : Usson-en-Forez (Loire).
Couleurs : Rouge, rayé horizontalement blanc.
Adresse du terrain : Usson-en-Forez.

Composition du Bureau

Président : M. le Docteur Massardier.
Vice-Président : M. Joseph Mantraud.
Secrétaire : M. Jean Va'entin, à Usson-en-Forez.
Trésorier : M. Daniel Col.
Délégué au Sous-Comité : M. A. Puillet, rédacteur à *La Loire Républicaine*, Saint-Etienne.

ASSOCIATION SPORTIVE DE FEURS

Date de fondation : Octobre 1920.
Siège social : Ecole de garçons, Feurs.
Couleurs : Grenat.
Adresse du terrain : Route de Saint-Etienne, à Feurs.

Composition du Bureau

Président : M. Pariel.
Vice-Président : M. Lasnet de Lanty.
Secrétaire : M. Emile Molle, 1, rue du Marché, Feurs.
Trésorier : M. Marius Marcon.
Délégué au Sous-Comité : M. Combier, 53, rue Horace-Vernet, Saint-Etienne.

ASSOCIATION SPORTIVE DE SAINT-BONNET-LE-CHATEAU

Date de fondation : juin 1921.
Siège social : Café veuve Maumey.
Couleurs : Noir, ceinture verte.
Adresse du terrain : Au Fauteuil, Saint-Bonnet-le-Château.

Composition du Bureau

Président : M. Patouillard.
Secrétaire : M. Jean Deville, Banque Privée, Saint-Bonnet-le-Château.
Trésorier : M. Georges Pélardy.
Délégué au Sous-Comité : M. David, Saint-Bonnet-le-Château.

ASSOCIATION SPORTIVE DU LIGNON

Date de fondation : 21 janvier 1922.
Siège social : Café Boucicaud, rue de Clermont, à Boën (Loire).
Couleurs : Rouge, ceinturé blanc.
Adresse du terrain : Malinfêtre, commune de Boën-sur-Lignon.

Composition du Bureau

Président : M. Claudius Gourcy.
Vice-Président : M. le vicomte de Lafond.
Secrétaire : M. Antoine Bouchaud, rue de Clermont, à Boën.
Trésorier : M. Louis Maurel.
Délégué au Sous-Comité : M. Françon fils, 15, rue Chapelon,
    Saint-Etienne.

ANCIENS ELEVES DE L'ECOLE PRATIQUE DE ROANNE

Date de fondation : 8 février 1922.
Siège social : Café de la Poste, rue de la Sous-Préfecture.
Couleurs : Blanc, parements mauves, étoile or.
Adresse du terrain : Champ de tir, Roanne.

Composition du Bureau

Président : M. Lavest.
Vice-Président : M. Mottet.
Secrétaire : M. J. Bassot, 21, rue de la Sous-Préfecture, Roanne.
Trésorier : M. Chambriard.
Délégué au Sous-Comité · M. A. Véran, 57, rue de la Républi-
    que, Saint-Etienne.

AVENIR DE COTE-CHAUDE

Date de fondation : 1905 ; Section de Football : 1920.
Siège social : Ecole de garçons, 11, rue de la Roche-du-Geai,
    Saint-Etienne.
Couleurs : Blanc, sautoir rouge.
Adresse du terrain : rue Octave-Feuillet, Saint-Etienne.

Composition du Bureau

Président : M. Claudius Combier.
Vice-Présidents : MM. Jean et André Boutte.
Secrétaire : M. Louis Haon, 32, rue du Champrond, St-Etienne.
Trésorier : M. Eugène Mège.
Délégué au Sous-Comité : M. Legal, 19, montée de l'Abbé-de-
    l'Epée, Saint-Etienne.

AMICALE SPORTIVE GOURGOISIENNE

Date de fondation : 1922.
Siège social : Saint-Maurice-en-Gourgois.
Couleurs : (Renseignements non parvenus à temps.
Adresse du terrain : (Renseignements non parvenus).

Composition du Bureau

(Renseignements non parvenus).
Adresser correspondance à M. J. Reymondon, Saint-Maurice-
    en-Gourgois.

CLUB ATHLÉTIQUE D'UNIEUX

Date de fondation : 13 juin 1921.
Siège social : Avenue de la Gare, Unieux.
Couleurs : Blanc, rayé verticalement noir.
Adresse du terrain : Au Pont-d'Unieux.

Composition du Bureau

Président : M. Gaston Robeyns.
Vice-Président : M. Jean-Baptiste Achard.
Secrétaire : M. André Teyssier, employé aux Etablissements
     Jacob Holtzer, à Unieux.
Trésorier : M. Jean-Baptiste Granjon.
Délégué au Sous-Comité : M. Pitaval, 1, rue Caron, St-Etienne.

CLUB SPORTIF DE RIORGES

Date de fondation : 7 février 1922.
Siège social : Café Cartalas, aux Etangs, Riorges.
Couleurs : Blanc, parements jaunes.
Adresse du terrain : à la Villette, Riorges.

Composition du Bureau

Président : M. Paul Segrest, 6, rue Villerest, Roanne.
Vice-Président : M. H. Kreder.
Secrétaire : M. G. Fillon, aux Noix, Riorges.
Trésorier : M. René Fayol.
Délégué au Sous-Comité : M. X...

CLUB SPORTIF RENAISONAIS

Date de fondation : 14 février 1922.
Siège social : Hôtel du Commerce, Renaison (Loire).
Couleurs : Vert, ceinturé jaune.
Adresse du terrain : Lieu Boisy, Renaison.

Composition du Bureau

Président : M. Duvignaud.
Vice-Présidents : MM. Lanoix et Barret.
Secrétaire : M. Claudius Remontet, Renaison.
Trésorier : M. Jean-Pierre Tachon.
Délégué au Sous-Comité : M. Hippolyte Chambonnière.

ETOILE SPORTIVE DE LA PACAUDIERE

Date de fondation : En fait, décembre 1920; en droit, 10 août 1922.
Siège social : Mairie, salle des réunions.
Couleurs : Bleu nattier .
Adresse du terrain : Pré Bonin, Croix-Bardon, La Pacaudière.

Composition du Bureau

Président : M. Joseph Dupuis.
Vice-Président : M. Marius Taillardat.
Secrétaire : M. Alfred Dury, viticulteur, La Pacaudière.
Trésorier : M. Claudius Bernachon.
Délégué au Sous-Comité : M. Eugène Burellier, 9, place Jean-
     Jaurès, Saint-Etienne.

FRATERNELLE SPORTIVE RAMBERTOISE

Date de fondation : 11 décembre 1920.
Siège social : Salle de la Justice de Paix, rue Gonyn, Saint-Rambert-sur-Loire.
Couleurs : Tango.
Adresse du terrain : Aux Untchats, Saint-Rambert.

Composition du Bureau

Président : M. Fournel Jérôme, huissier.
Secrétaire : M. Marius Perrin, Les Barques, Saint-Rambert.
Trésorier : M. Claudius Gay, Saint-Rambert.
Délégué au Sous-Comité : M. Fernand Patay, 34, rue Jacquard, Saint-Etienne.

UNION SPORTIVE APCHONNAISE

Date de fondation : 1er octobre 1921.
Siège social : Mairie de Saint-André-d'Apchon.
Couleurs : Violet, cerclé blanc.
Adresse du terrain : Au Creux-de-l'An.

Composition du Bureau

Président : M. Jules Catez.
Vice-Président : M. Marius Dussud.
Secrétaire : M. Francisque Tachon, Saint-André-d'Apchon.
Trésorier : M. Pierre Roux.
Délégué au Sous-Comité : M. Francisque Tachon.

UNION SPORTIVE DE COUZAN

Adresse du terrain : Tuileries de Mably, ferme Perotton.
Date de fondation : 30 juin 1921.
Siège social ; Sail-sous-Couzan (Loire).
Couleurs : Noir, ceinturé vert.
Adresse du terrain : Stade de Couzan.

Composition du Bureau

Président : M. Michel Bourgeat.
Vice-Président : M. Laurent Atger.
Secrétaire : M. Georges Luzine, à Sail-sous-Couzan.
Trésorier : M. Jean Dutey.
Délégué au Sous-Comité : M. Valansant, 36, rue de la Préfecture, Saint-Etienne.

UNION SPORTIVE DES TUILERIES DE MABLY

Date de fondation : 22 novembre 1921.
Siège social : Tuileries de Mably, café Renou.
Couleurs : Blanc, écusson noir et blanc.

Composition du Bureau

Président : M. Claudius Tacher, boulanger, aux Tuileries de
    Mably.
Vice-Président : M. André Drizard, Tuileries de Mably.
Secrétaire : M. Antonin Gatelier, Tuileries de Mably.
Trésorier : M. Léon Vernay, aux Buttes de Mably.
Délégué au Sous-Comité : M. Terrat, à Bonson.

UNION SPORTIVE DU CHAMBON

Date de fondation : 1er août 1921.
Siège social : Café Lapierre, rue Gambetta, Le Chambon.
Couleurs : Vert, ceinturé rouge.
Adresse du terrain : Rue des Côtes-de-Poix, Le Chambon.

Composition du Bureau

Président : M. François Messonnet.
Vice-Président : M. Charles Chal.
Secrétaire : M. Talin d'Eyzac, rue Gambetta, Le Chambon.
Trésorier : M. Tyrode.
Délégué au Sous-Comité : M. Tourneur, 37, rue Mulatière,
    Saint-Etienne.

CLUB CORPORATIF

CLUB SPORTIF DES FORGES ET ATELIERS
DE LA CHALÉASSIÈRE

Date de fondation : 5 juillet 1921.
Siège social . Rue de Roanne, 97, à Saint-Etienne.
Couleurs : Jeune, parements verts.
Adresse du terrain : Boulevard Thiers, à Saint-Etienne.

Composition du Bureau

Président : M. Joseph Bernard, 97, rue de Roanne.
Directeur : M. F. Giraudet, 97, rue de Roanne.

CLUBS SCOLAIRES

LYCÉE SPORTIF STÉPHANOIS

Date d'affiliation : Janvier 1922.
Couleurs : Bleu, rayé jaune.
Correspondant : M. Enjolras, au Lycée de Sait-Etienne.

UNION SPORTIVE ÉCOLE NORMALE DE MONTBRISON

Date d'affiliation : Novembre 1922.
Couleurs : Noir, parements rouges.
Correspondant : M. Gillet, Ecole Normale, Montbrison.

Clubs ayant appartenu au Sous-Comité

Alerte Saint-Just-sur-Loire, démissionnaire.
Association Sportive de Pouilly-sous-Charlieu, classé Rhône.
Association Sportive de Saint-Michel, Le Puy, classé Haute-Loire.
Club Athlétique du Coquelicot, démissionnaire.
Club Horme Olympique, radié.
Club Sportif Sardonais, démissionnaire.
Football Club Montbrisonnais, démissionnaire.
Groupe Sportif Musical de Veauche, radié.
Joyeuse de Régny, classé Rhône.
Patriote de Charlieu, classé Rhône.
Pédale Duniéroise, classé Haute-Loire.
Pédale Vellavienne, classé Haute-Loire.
Rich'land Football Club, démissionnaire.
Sports Réunis du Charollais, classé Rhône.
Sury Sportif, fusionné avec E. S. S.
Union Sportive Casadéenne, classé Haute-Loire.
Union Sportive Charollaise, classé Rhône.

HAUTE-LOIRE

TROISIÈME SÉRIE

ASSOCIATION SPORTIVE CRAPONNAISE

Date de fondation : Février 1909. Affiliation : 1922.
Siège social : Ancienne mairie, Craponne-sur-Arzon.
Couleurs : Blanc, écusson vert.
Adresse du terrain : Stade des Vernets.

Composition du Bureau

Président : M. Jean Berger.
Vice-Président : MM. Charles Vimal et Paul Marsanne.
Secrétaire et Correspondance : M. Jan Dodel.
Trésorier : M. Théodore Roure.

ASSOCIATION SPORTIVE COUBONNAISE

Date de fondation : Août 1922.
Couleurs : Rayé verticalement blanc et noir.
Adresse du terrain : Filatures du Velay, à Coubon.
Correspondance et Secrétaire : M. Badiou à Volhac-Coubon.

CLUB SPORTIF SAINT-DIDIER

Date de fondation : Novembre 1922.
Couleurs : Noir, col et parements verts.
Adresse du terrain : Saint-Roch, par Saint-Didier.
Correspondance et Président : M. Méasson, Faubourg de Lyon,
   à Saint-Didier.

PÉDALE DUNIÉROISE

Date de fondation : Novembre 1920.
Couleurs : Rayé verticalement rouge et noir.
Adresse du terrain : Scierie Forestière, à Dunières.

Composition du Bureau

Président : M. Louis Mousset.
Vice-Président : M. Louis Lemoyne de Vernon.
Secrétaire et Correspondance : M. Bruel.
Trésorier : M. Jacques Pochon.

PÉDALE VELLAVIENNE

Date de fondation : 1910. Affiliation : Juillet 1922.
Couleurs : Blanc, col et parements rouges, écusson noir t
 rouge.
Siège social : Café de France, boulevard Carnot. Le Puy.
Adresse du terrain : Stade Lafayette, Le Puy.

Composition du Bureau

Président général : M. Laurent.
Secrétaire : M. Abadie.
Correspondance (Football association) : M. Marthoud, 7, rue
 de la Ronzade.
Trésorier : M. Alvergnas.

UNION SPORTIVE CASADÉENNE

Date de fondation : Novembre 1920.
Couleur : Rouge uni.
Adresse du terrain : Saint-Jean, à La Chaise-Dieu.

Composition du Bureau

Président : M. Chantelauze.
Secrétaire et Correspondance : M. Laurent.
Trésorier : M. Molessard.

UNION SPORTIVE MONTFAUCONNAISE

Date de fondation : Décembre 1921.
Couleurs : Noir et or.
Adresse du terrain : Rion, près Montfaucon.

Composition du Bureau

Président : M. Lerissel.
Vice-Président : M. Gouy.
Correspondance : M. Combette.
Trésorier : M. Bonnefoy.

UNION SPORTIVE LA SÉAUVE

Date de fondation : Avril 1922.
Couleurs : Blanc, parements rouges.
Adresse du terrain : Montbrison, par Saint-Didier-la-Séauve.

Composition du Bureau

Président : M. Montabrun.
Vice-Président : M. Allaud.
Secrétaire et Correspondance : M. Martin (instituteur).
Trésorier : M. de Beyle.

UNION SPORTIVE VOREYZIENNE

Date de fondation : Juillet 1922.
Couleurs : Vert, parements rouges.
Adresse du terrain : Vorey, route du Puy.

Composition du Bureau

Président : M. Fouilloux.
Vice-Président : M. Mamet.
Secrétaire et Correspondance : M. Léon Léger.

CLUBS SCOLAIRES

AMICALE SPORTIVE LYCÉE DU PUY

Fondation :
Couleurs : Ceinturé noir et blanc.
Correspondance : M. Pic, élève du Lycée.

ALERTE CRAPONNAISE

Fondation :
Couleurs :
Correspondance : M. F. Berger, instituteur, Craponne-sur-Arzon.

UNION RÉGIONALE

DE LA

Fédération Gymnique et Sportive des Patronages de France

(F. G. S. P. F.)

Nous donnons ci-dessous la liste des Sociétés appartenant à l'Union Régionale de la Fédération Gymnique et Sportive des Patronages de France.

En vertu d'un traité d'entente passé entre la 3 F. A. et la F. G. S. P. F., les Clubs du Sous-Comité de la Loire peuvent conclure des matches amicaux avec les Sociétés dont les noms suivent :

Avant-Garde de Saint-Etienne.
Alerte de Valbenoite.
Vigilante de Saint-Etienne.
Saint-Joseph de Saint-Etienne.
Sainte-Barbe du Soleil.
Jeune Garde de Sainte-Marie de Saint-Etienne.
Jeanne d'Arc de Saint-Ennemond de Saint-Etienne.
Etoile de Montaud de Saint-Etienne.
Amicale Notre-Dame de Saint-Chamond.
Sentinelle de la Grand'Grange de Saint-Chamond.
Avant-Garde du Jarez de Saint-Julien-en-Jarez.
Etoile de la Valette.
Espérance de Saint-Paul-en-Jarez.
Avenir de Firminy.
Audacieuse Notre-Dame-du-Mas de Firminy.
Jeanne d'Arc d'Izieux.
Espérance de Saint-Rambert-sur-Loire.
Vaillante de Chazelles-sur-Lyon.
Espérance de Roanne.
Espérance de Saint-Symphorien-de-Lay.
Jeune Garde de Saint-Just-la-Pendue.
Avant-Garde de Bussières.
Enfants du Forez de Feurs.
Jeanne d'Arc de Terrenoire.
Elan de La Fouillouse.
Petits Fifres Montbrisonnais.
Suryquoise de Sury-le-Comtal.
Espérance de Saint-Jean-Bonnefonds.
Espérance Baldomérienne de Saint-Galmier.
Arc-en-Ciel d'Unieux.
Réveil Chambonnaire du Chambon.
Etoile de Charlieu.
Espérance Notre-Dame de Rive-de-Gier.
Jeanne d'Arc de Montagny.
Avenir Sportif de Roanne.

Fraternelle de Saint-André-d'Apchon.
Etendard de La Talaudière.
Espérance de Mably.
Union Gymnique de Néronde.
Avenir de Belmont.
Jeanne d'Arc du Coteau.
Jeanne d'Arc de Violay.
Saint-Andéolaise de la Valla-en-Gier.
Saint-Joseph de Monthieux.
Espérance de La Ricamarie.
Jeune Garde de L'Horme.
Lorétane de Lorette.
Vaillante de Saint-Denis-de-Cabanne.
Jeune France de Grand-Croix.
Etoile Saint-Laurent de Veauche.

FOOTBALL RUGBY

Le rugby fut pratiqué dans la Loire bien avant l'association. Mais ce sport agréable — qui en connaîtra jamais les raisons — n'a pas encore réussi à s'implanter, en dépit des efforts des Champromis à Roanne, Brossy, Lassablière, Milliet et autres à Saint-Etienne.

En 1922, la Loire eut pourtant l'honneur passager de compter un club dans la première série du Lyonnais : le Club Nautique Roannais. Le vieux Stade Forézien restait en deuxième série, Saint-Chamond en 4ᵉ et Montbrison en 5ᵉ.

Pour occuper dans le Lyonnais une place modeste, la Pédale Vellavienne, représentant la Haute-Loire, n'en est pas moins le club qui alla le plus loin dans les compétitions nationales. La Pédale Vellavienne ajouta, en effet, à ses autres titres, celui de champion de France 4ᵉ série.

A. LARFEUIL.

CHAMPIONNATS DU LYONNAIS

8 janvier : La neige empêche toutes les rencontres de 2ᵉ série.

15 janvier : Club Sportif de Vienne (1) bat Stade Forézien Universitaire (1), par 43 points à 0.

26 février : Club Nautique de Roanne (1) bat Lyon Olympique Universitaire (1), par 5 à 0. Ce match classe définitivement le C.N.R. en 1ʳᵉ série.

Le classement des clubs pour la saison 1922-1923 s'établit comme suit :

1ʳᵉ série : F.C. Sanclaudien, C.S. Oyonnax, A. Charpennes, F.C.L. A.S.L.U.S. Bourg, C.S. Vienne, C.N. Roanne.

2ᵉ série : L.O.U., S.O. Givors, U.S. Bellegarde, C.S. Bourgoin, A.S. Mâcon, S.F.U., C.S. Annonay, A.S. Beaurepaire.

3ᵉ série : C.S. Villefranche, S.O. Tarare, F.C. Ozon, F.C. Turripinois, Pédale Velavienne, U.S. Tenay, Sporting Vélo Club, C.O. Saint-Chamond.

4ᵉ série : C.O. Saint-Fons, S.C. Belley, A.S.P.T.T., N.A.C. Roanne, Racing Club Demi-Lunois, Vaillante du Nord, S.C. Villeurbanne, R.C. Rambertois.

5ᵉ série : E.B. Jujurieux, A.S.L. Beaujeu, C.S. Jassans, U.S., F.C
Roanne, E.S. Montbrison, A.S. Stéphanoise, E.S. Annonay, U.S.G.
Pont-de-Chéruy, U.S. Vénissieux, Union Mâconnaise, Etoile du
Bugey.

DEUXIÈME SÉRIE

22 octobre : Stade Olympique de Givors (1) bat Stade Forézien Universitaire (1), par 15 points à 0. — S.O.G. (2) bat S.F.U. (2), par
20 points à 0.

29 octobre : Club Sportif Annonéen (1) bat Stade Forézien Universitaire (1), par 5 à 0.

12 novembre : Association Sportive Beaurepairoise (1) **bat Stade**
Forézien Universitaire (1), par 9 à 0. — S.F.U. (2) **bat A.S.B.** (2),
par forfait.

26 novembre : Club Sportif Annonéen (1) bat Stade Forézien Universitaire (1), par 14 points à 0. — C.S.A. (2) bat S.F.U. (2), par
21 à 0.

3 décembre : Stade Olympique de Givors (1) bat Stade Forézien
Universitaire (1), par 3 à 0. — S.O.G. (2) bat S.F.U. (2), par 15 à 3.

17 décembre : Stade Forézien Universitaire (1) et Association Sportive
Beaurepairoise (1) match nul, 0 à 0.

TROISIÈME SÉRIE

19 novembre : Pédale vellavienne (1) et Club Olympique Saint-Chamonnais (1) match nul, 3 à 3.

26 novembre : Club Olympique Saint-Chamonnais (1) bat Sporting
Vélo Club de Lyon (1), par 10 à 0.

CINQUIEME SÉRIE

3 décembre : Abeille Sportive Stéphanoise (1) bat Etoile Sportive
Montbrisonnaise (1), par 8 à 0.

17 décembre : Brives Sport Club (1) bat Etoile Sportive Montbrisonnaise (1), par 12 à 0.

LES PARTIES AMICALES

15 janvier : A ROANNE : Navarre Athlétic Club (1) bat Anciens Elèves de l'Ecole Pratique de Roanne (1), points non comptés.

5 février : A MONTBRISON : Navarre Athlétic Club de Roanne (1) bat Etoile Sportive Montbrisonnaise (1), par 11 points à 3. — A VIENNE : Club Sportif de Vienne (2) bat Club Olympique Saint-Chamonnais (1), par 6 à 3. — A LYON : Lycée de Roanne bat Lycée de Tournon, par 9 à 3.

12 février : Stade Forézien Universitaire (1) et Club Olympique Saint-Chamonnais (1) match nul, 0 à 0.

19 février : Stade Forézien Universitaire (1) bat Etoile Sportive Montbrisonnaise (1), par 10 à 0.

5 mars : Club Nautique Roannais (mixte) bat Cluny Gad'zarts Sports (1), par 5 à 3. — Pédale Vellavienne (1) bat Stade Forézien Universitaire (1), par 17 points à 0.

12 mars : Club Nautique de Roanne (2) bat Club Olympique Saint-Chamonnais (1), par 18 à 0.

19 mars : Stade Forézien Universitaire (1) bat Stade Olympique de Givors (1), par 8 à 5.

2 avril : Club Nautique de Roanne (1) bat Football Club de Grenoble (réserves), par 8 à 5.

9 avril : Navarre Athlétic Club et Stade Forézien Universitaire font match nul, 0 à 0.

LA SAISON 1922-23

24 septembre : Club Olympique Saint-Chamonnais (1) bat Montbrison (1), par 21 points à 3. — Club Olympique Saint-Chamonnais et Club Sportif de Vienne (réserves) match nul, 3 à 3.

29 octobre : Abeille Sportive Stéphanoise bat Etoile Sportive Montbrisonnaise, par 14 points à 0.

8 décembre : 38e d'Infanterie bat 16e d'Infanterie, par 3 points à 0.

10 décembre : Pédale Vellavienne bat Stade Forézien Universitaire, par 6 à 3.

17 décembre : Stade Forézien Universitaire (2) bat Retournac (1), par 3 à 0.

24 décembre : Club Olympique Saint-Chamonnais bat Stade Forézien Universitaire, par 8 à 0.

BEAUTÉ-SOLIDITÉ
Fabrication irréprochable
AUTOMOTO
St Etienne - Loire.

GYMNASTIQUE

Des biceps et des pectoraux puissants sur des cuisses et
des jambes débiles, tels paraissent être nos gymnastes, et
souvent chez eux, l'opulence de la musculature, de la cage
thoracique, cache la misère physiologique des poumons. Les
épaules sont relevées en « porte-manteaux » énormes ; les
hanches sont étroites, les jambes grêles ; les bras, par contre, ont un volume considérable hors de toute proportion. Si
on regarde de profil un homme qui pratique assidûment le
nuque pour rejoindre la chute des reins dessine une
convexité fortement prononcée. Aux épaules, l'omoplate
est attirée en avant par sa partie articulaire, elle subit
un mouvement de bascule qui en relève et en fait saillir
en arrière l'extrémité inférieure. On constate une saillie
comparable à celle de l'omoplate ailée des phtisiques amai-
gris, avec cette différence que cette saillie s'accompagne
chez le gymnaste de volumineux reliefs musculaires.

Du côté antérieur, la poitrine semble rentrée. Une saillie
prononcée au niveau du mamelon est due au développement exagéré des pectoraux, plutôt qu'à la voussure des
côtes ; la poitrine n'est rentrée, mais elle semble l'être,
par suite de la tendance des épaules à se porter en avant.

Ces déformations sont dues à l'abus des exercices qui
exigent l'appui et la suspension du corps à l'aide des
mains. Le membre thoracique est ainsi considéré comme
soutien habituel du corps. Le gymnaste prend appui sur
le thorax pour mouvoir les jambes, ou sur les épaules pour
mouvoir le reste du corps, ce qui est manifestement contraire à la conformation du bipède humain. Les bras sem-
blent être tout l'objectif de ces exercices ; la plupart des
mouvements qui s'exécutent dans les gymnastes compor-
tent comme préliminaire l'acte de saisir, soit une corde
soit une barre, et c'est ainsi que l'on observe ce développement excessif des muscles du bras, des muscles qui
entourent l'épaule, cette exagération des muscles de la

nuque, développement et exagération aussi anormaux que peu esthétiques.

De plus, si l'on peut observer un développement de la paroi thoracique, il ne se produit pas un développement réel du tissu pulmonaire lui-même qui se laisse dilater, devient emphysémateux. C'est ainsi que nous expliquons la fréquence de la tuberculose chez les professeurs de gymnastique aux cages thoraciques imposantes et aux poumons anémiés et peu résistants. On a greffé chez eux du muscle sur une armature sordide, et, trop souvent, le luxe des pectoraux dissimule une misère physique et physiologique des poumons. Un facteur important dans l'étiologie de la tuberculose des gymnastes est l'inconvénient des gymnases poussiéreux et mal aérés.

Les produits de la gymnastique acrobatique sont plutôt, en général, de petite taille. D'ailleurs, les professeurs de gymnastique et les médecins les plus favorables à cette méthode conviennent de la possibilité d'un arrêt de croissance sous l'influence d'une gymnastique intensive aux appareils.

Dr J. MICHOT.

GROUPEMENT GYMNIQUE
DE L'ARRONDISSEMENT DE ROANNE

Le Groupement gymnique de l'arrondissement de Roanne s'est formé le 26 août 1908, sur l'initiative de M. RENARD, président de la société de gymnastique. La Joyeuse de Régny, après une invitation personnelle lancée par M. RENARD, à toutes les sociétés de l'arrondissement et à laquelle s'étaient rendus plusieurs délégués de chaque société, décidèrent la formation d'un groupement, en confiant la présidence d'études à M. RENARD.

Actuellement les membres composant le bureau du groupement, sont :

Président actif : M. RENARD.
Vice-Président : M. THEVENIN.
Secrétaire : M. MOUCHET.
Trésorier : M. POUTILLE.
Archiviste : M. PANISSIER.
Assesseurs : MM. DEVILLAINE et PERRIN.

LA JOYEUSE DE REGNY

La Joyeuse, société de gymnastique, tir et présentation militaire, fondée en 1888 par M. RENARD Alphonse, président

CONSEIL D'ADMINISTRATION

Président d'honneur : M. FOUGERAT.
Vice-Président : Lieutenant-Colonel VILLEMIN.
Président actif fondateur : M. RENARD Alphonse.
Président actif : M. BOURDON Ernest.
Vice-Président : M. GRAYEL.
Trésorier : M. DENOYEL Francisque.
Secrétaire : M. FELINTZER.
Directeur du tir et de la Section féminine : M. MONTVERNAY Ferdinand.
Moniteurs : MM. CAIRRE BOUGNOL, RAFFIN.

'a Joyeuse est affiliée à : l'Union des Sociétés de Gymnastique de France : l'Union des Sociétés de Tir de France: Fédération du Rhône et du Sud-Est : Groupement Gymnique de l'arrondissement de Roanne.

Siège social, Présidence et Secrétaire, à Régny (Loire).

Adresser les correspondances au président : RENARD, 38, rue du Phénix.

LES ENFANTS DU RHINS

Cette société est née en 1913, d'un noyau sportif, composé de quelques jeunes gens conseillés par deux anciens gymnastes, qui recherchèrent dans le pays les personnes susceptibles de diriger la société. Après des démarches faites avec l'aide de M. RENARD, président du groupement gymnique Roannais, MM. MOUCHET Martial ; MARQUIS et THOLLAIN, et Marius DUPASQUIER, continuaient définitivement le 1er octobre 1913 « Les Enfants du Rhin » société agréée **6963**.

Les Enfants du Rhin sont affiliés à l'Union des sociétés de gymnastique de France, à la Fédération du Rhône et du Sud-Est, au groupement gymnique Roannais.

Et leur bureau composé de :

Président d'honneur : M. PASSOT Jean, industriel, conseiller municipal, Saint-Victor-sur-Rhins.

Président actif : M. MOUCHET Martial, *fondateur*, Saint-Victor-sur-Rhins.

Vice-Présidents : GOUTTENOIRE Martial et BZISCHAS Francisque.

Vice-Présidents : MM. GOUTENOIRE Martial et BZISCHAS Francisque.

Trésorier : M. DUCHAMP Auguste, conseiller municipal

Secrétaire : M. Louis LAGOUTTE, capitaine de l'équipe de foot-ball

Trésorier-adjoint : M. Michel LEEGENIE.

Moniteurs (adultes) : MM. MARQUIS Louis, *fondateur* et DORIEIX.

Moniteurs (pupilles) : M. Marius DUSPAQUIER, *fondateur*.

Porte-drapeau : MM. MUZELLE Martial et BESACIER Jean.

Tir : MM. OVIZE Albert, BRESSON Ernest, COGNET François.

La société comprend actuellement 60 membres actifs.

Le siège social est à la Mairie.

L'ESPERANCE DE ROANNE

Siège : 10, rue du Marais. Fondée en novembre 1908, déclarée le 12 juin 1912, agréée le 19 janvier 1922, sous le n° 10098, par le ministre de la guerre.

Composition du bureau :

Président : M. AUBRET Marius, 5, rue de Sully.

Vice-Président : M. CHARBONNIER Emile, 7, rue de Sully.

Secrétaire-trésorier : M. PETEL Joseph, lieu d'Oudan.

Membres : MM. DUBOUIS Léon, 10, rue Emile-Zola ; QUELIN Marius, 121, rue de Paris.

En 1922. — Un sociétaire reçu au C. P. S. M. ; 1er prix au concours de Saint-Chamond ; Prix d'honneur au concours de Grenoble, en division supérieure.

L'ETOILE ROANNAISE

Société de gymnastique, d'éducation physique et de préparation militaire, fut fondée en 1907, le 24 Octobre.

Son premier Conseil d'administration fut ainsi composé :

Président : M. BEURRIER Joannès.

Vice-Président : M. BRIGUET Georges.

Secrétaire : M. PINAUD.

Trésorier : M. DECHAVANNE.

Adjoints : MM. CAZAL, CHAVANON.

Membres du Conseil : MM. MALATRAY, DUCHENE, LACOMBE, CURTIL.

Puis furent successivement présidents : MM. Jean BEURRIER, Jean VILAINE, Philibert GUILLON.

Après la guerre, le Conseil d'administration est ainsi composé et constamment réélu depuis :

Présidents d'honneur : MM. Jean BEURRIER, Lycée Ampère ; Joannès BEURRIER, Lycée Gay.
Président honoraire : M. Philibert GUILLON.
Vice-président honoraire : M. PALLET.
Président : M. Pierre JAVOGUES.
Vice-président : M. Antoine PERRIN.
Secrétaire : M. CHAZAL.
Trésorier : M. PERCHET.
Adjoints : MM. ESCOFFIER, DEMURE.
Moniteur : M. GUICHARD.
Moniteurs adjoints : MM. LARISSE, MARCHAND.
Moniteur honoraire : M. BALLANDRAS.
Adjoints : MM. DECHAVANNE, REFFET.
Moniteurs : MM. DEMURE, GUICHARD.

La société parfaitement administrée et conduite, prend part avec succès à de nombreux concours : Vichy, Nice, Le Puy, Charlieu, Paray-le-Monial, Marseille.

Grâce à la générosité du très dévoué M. PERRIN, vice-président ; l'Etoie Roannaise est à peu près dans ses meubles, et la « Salle » de la rue du Canal, inaugurée en 1922, fait l'admiration des connaisseurs. C'est là, qu'est le siège social.

L'Etoile Roannaise a fait recevoir au B. A. M. et au C. P. S. M., de nombreux gymnastes.

Elle se prépare activement aux concours de Monaco, Annecy, Digoin, Régny, pour le courant 1923.

L'Etoile Roannaise, est affiliée à l'Union des sociétés de gymnasque, Cazelet : à l'Union du Sud-Est, Jacquier ; au Groupement des gymnastiques de l'arrondissement ; au Groupement des sportives de la région Roannaise.

HIPPISME

Le malheur des temps semble lourdement peser sur le sport hippique dans notre région qui constituait, il n'y a qu'une dizaine d'années encore, un centre d'élevage très florissant.

Depuis 1914, les hippodromes de Roanne et de Montbrison ont fermé leurs portes et désaffecté leurs pistes. Des écuries ont disparu, qui étaient dirigées par des hommes de cheval de grand mérite : Porchère, Alain Desgouttes et Louis de Romanet, dont le centre d'entraînement était installé au château de la Minardière, dans le Roannais.

Ce rude cavalier était presque cinquantenaire qu'il avait encore l'admirable énergie et la suprême coquetterie de monter lui-même le cheval qu'il mettait en ligne dans la course plate réservée, chaque année, aux gentlemen, le mardi, du meeting du Grand-Camp, à Lyon. Et, il la gagnait !

Sa casaque avait triomphé, à plusieurs reprises, dans le Grand Prix de Nice, et, fort souvent, dans des épreuves classiques, tant à Paris qu'en province. Parmi les fervents du sport hippique qui ne se rappelle encore les succès des « Gilette », des « Epine-Vinette », des « Garance », pour ne citer que ceux-là des produits de son élevage ? Car ce grand ami du cheval ne faisait courir sous ses couleurs que des chevaux nés et entraînés à la Minardière.

Comme il est déjà loin ce temps-là !

De toute évidence, jamais l'intérêt du public pour les courses de chevaux ne s'est ralenti. Jamais, en effet, les réunions ne furent peut-être aussi fidèlement suivies. Mais les champs sont, en général, peu fournis et cette pénurie de concurrents a, sur les opérations du « mutuel », une répercussion fatale, trop évidente, je l'imagine, pour qu'il soit utile de la démontrer ici.

La situation n'est, d'ailleurs, pas particulière à notre région. Les cinq sociétés de courses parisiennes accusent, en 1922, une diminution de 87.035.805 francs dans les recettes du Pari Mutuel qui frisent, néanmoins, le milliard puisqu'elles atteignent exactement 994.902.415 francs.

Parmi les détenteurs des fortunes nouvelles, il en est fort peu qui se soient intéressés à l'hippisme, et parmi les anciens propriétaires de chevaux de courses, presque tous ayant perdu l'espoir de récupérer les frais énormes qui leur incombent par les allocations d'une insuffisance le plus souvent ridicule dont sont dotées la plupart des épreuves de province, liquident leur écurie.

Et de cela pourrait-on leur en vouloir quand on songe que le Grand Prix d'une ville de l'importance de Saint-Étienne n'atteint pas cinq mille francs !

Il ne sied pas d'envisager les courses comme une distraction pour les privilégiés de la fortune ou comme une organisation destinée à favoriser le développement du jeu sous prétexte d'améliorer la race chevaline ; il convient, au contraire, de les considérer au point de vue utilitaire et bienfaisant, et pour cela il suffit simplement de rappeler les œuvres d'intérêt général en faveur desquelles ont été institués les divers prélèvements toujours en vigueur opérés sur les recettes du pari mutuel ; ils se montent à 11,50 % et se décomposent ainsi :

2 % en faveur des œuvres de bienfaisance ;

1 % en faveur des œuvres de bienfaisance intéressant spécialement les régions dévastées par la guerre ;

1,50 % en faveur de l'Elevage ;

1 % en faveur des travaux communaux d'adduction d'eau potable ;

1 % en faveur des travaux d'adduction d'eau potable intéressant spécialement les régions dévastées par la guerre.

1 % en faveur de l'Enseignement agricole ;

4 % enfin, au profit des Sociétés de Courses elles-mêmes, pour leur permettre de couvrir leurs frais d'organisation et de se constituer un fonds de réserve ; le surplus devant être affecté en prix.

Faire œuvre pie en s'adonnant à son sport favori, n'est-ce pas la plus heureuse formule du sportsman ?

Par bonheur un mouvement se dessine dans la Loire, pour faire revivre les beaux jours de l'hippisme. De nouvelles écuries se sont créées. Un propriétaire du Roannais, M. Darcon, a acquis quelques excellents chevaux qui ont conduit, maintes fois déjà, ses couleurs à la victoire. Un autre, M. Fauran, est parvenu à réunir, dans son écurie, des trotteurs de classe qui, sous la direction de l'entraîneur Carré, un homme habile et consciencieux entre tous, ont tenu ce que promettaient leurs fastueuses origines. Enfin, M. René Bedel a, cette année, éloquemment administré la preuve qu'une écurie de courses intelligemment exploitée peut ne pas être une entreprise déficitaire.

Louis BERGERON.

L'Ecurie René BEDEL

C'est au lendemain de la guerre que M. René Bedel, le jeune industriel de la Bérardière, qui fit toute la campagne au 8e d'artillerie conçut le projet de fonder une écurie de courses.

Warm Love, gagnante du Grand Prix de Cavaillon (20.000 fr.)

De même qu'on ne s'improvise pas d'un coup entraîneur ou jockey, de même on ne peut créer une écurie de courses viable, donc sérieuse, sans avoir le goût et la connaissance approfondie du cheval. Il faut encore de la patience, beaucoup de patience, et du tact. Sous tous ces rapports, M. René Bedel ne peut rien envier aux propriétaires les mieux doués.

Son écurie, la plus importante de la région, a fait, en 1922, une brillante campagne, et ses couleurs ont triomphé à Villeurbanne, à Lyon, à Rillieux-Sathonay, Saint-Etienne, Feurs, Vichy, Moulins, Bourbon-Lancy, L'Isle-sur-Sorgues, Nîmes. A Cavaillon, enfin, « Warm Love », un des cracks de la maison, enlevait de haute-lutte le Grand Prix de la Ville, qui est doté d'une allocation de vingt mille francs, devant un lot de dix concurrents. En tête des battus finissaient « Serpenteau », « Keniltuzorth » et « Union Sacrée », qui sont trois des meilleurs chevaux du Sud-Est.

Dans l'année, M. René Bedel connut vingt fois les joies de la victoire. Et le total de ses gains dépasse cent vingt mille francs qui se répartissent ainsi : « Warm Love », 45.000 fr. ; « Court-Scandal », 25.000 fr. ; « Halberder », 16.000 fr. ; « Vaine-Chimère », 16.000 fr. ; « Field-Duck », 11.000 fr.; « La Divorcée », 6.000 fr.; « Grand-Fleet », 5.000 fr.

Depuis la disparition de l'écurie de Romanet, il n'est pas, dans la région, de propriétaire qui ait enregistré pareil succès.

M. Bedel a installé son centre d'entraînement à Salt-en-Donzy, dans l'ancien établissement de M. Alain Desgouttes, qu'il a fort judicieusement amélioré.

Vingt boxes aérés et spacieux y abritent les chevaux.

Une piste de dix-neuf cents mètres, qui se termine par une ligne droite de neuf cents mètres, leur permet de faire un travail régulier et de prendre, dans des conditions idéales, leurs galops d'entraînement.

Combien, en effet, d'hippodromes de province en voudraient une semblable !

L'effectif de l'écurie comprend actuellement quinze chevaux.

En voici la liste :

Vaine Chimère, 7 ans, jument grise, par *Hebron* et *Vacuum Cleaner*.
Halberdeer, 6 ans, cheval alezan, par *Badajoz* et *Hallebarde*.
Field-Duck, 5 ans, jument alezane, par *Saint-Just* et *Field-Mouse*.
Court Scandal, 4 ans, cheval alezan, par *Teddy* et *Tout-Paris*.
Warm Love, 4 ans, jument alezane, par *Mon Petiot* et *Sun-Ray*.
Montespan, 4 ans, jument baie, par *Teddy* et *Mistinguett*.
Amarinde, 3 ans, jument baie brune, par *Teddy* et *Clorinde*.
Siticine, 3 ans, jument alezane, par *Picrochole* et *Smolensk*.
Why-Worry, 3 ans, jument alezane, par *Good Luck* et *Blue Girl*.
Henriette d'Orléans, 2 ans, jument baie, par *Teddy* et *Mistress-Henry*.
Maia, 2 ans, jument alezane, par *Good Luck* et *Maymart*.
Orgères, 2 ans, cheval bai, par *Mon Petiot* et *Judic*.
Optimiste II, 2 ans, cheval bai, par *Mon Petiot* et *Impériale*.
Syllis, 11 ans, par *Railleur* et *Syriaque*.
Syrien, 1 an, par *Grill Room* et *Syllis*.

Et cette liste s'allongera bientôt, car il est dans l'intention de M. René Bedel, pour alimenter son écurie en poulains, d'installer un centre d'élevage. Aussi « Halberdeer », qui fut un des vaillants champions de la casaque grise à coutures mauves, et gagna avec brio, en 1922, le prix de la

Société Sportive d'Encouragement, au meeting du Grand-Camp, à Lyon, attend avec impatience l'heure de fonder une famille. Récemment, du reste, il fut approuvé comme étalon par l'administration des Haras.

Halberdeer emmène le peloton dans le prix de la Société Sportive d'Encouragement qu'il gagna à Lyon-Grand-Camp.

Une de ses compagnes de boxe, « Syllis », regarde déjà avec amour gambader autour d'elle son jeune fils, « Syrien », un beau poulain de un an.

Pour diriger cette brillante cavalerie, M. René Bedel a fait appel à l'entraîneur Claudius Cirot.

La silhouette de Cirot est fort connue sur les champs de courses et son expérience en matière d'hippisme ne se discute plus parmi les sportifs où, grâce à ses qualités de droiture et de loyauté, il n'a jamais rencontré que des sympathies.

A 14 ans, Cirot faisait ses débuts dans l'écurie de M. de Romanet, un cavalier émérite, aussi sévère pour les autres que dur pour lui-même, mais dont les avis faisaient autorité pour tout ce qui touche à l'élevage et à l'entraînement. A cette rude école, Cirot apprit admirablement son métier de jockey.

Par la suite, il monta successivement les chevaux de MM. Th. Dugas, Balsan, de Monthel et Pierre Thomas.

L'entraîneur CIROT.

Le public, et même certains propriétaires, ne se doutent point des soucis, des tracas et des ennuis dont est pavée la vie d'un entraîneur.

Il a entre les mains des intérêts d'une énorme importance souvent, et la plus légère négligence, le moindre relâchement dans la surveillance de ses hommes et de ses chevaux peut compromettre le développement normal d'une écurie et la fortune d'un propriétaire.

Aussi l'entraîneur doit-il avoir l'œil sur tout, partout et toujours.

Le premier garçon de l'écurie est Antoine Lassard qui fut, pendant de longues années, jockey chez le marquis de Tracy. Le premier garçon est un peu la cheville ouvrière d'un centre d'entraînement. Il est une manière d'adjudant de semaine dans un quartier de cavalerie. C'est lui qui, dans les déplacements, a, sous sa surveillance, jockeys, lads et chevaux.

Lassard est un bon et brave garçon tout à fait digne de la haute estime où le tient M. Bedel et de la profonde amitié que lui témoigne Cirot.

Trois jockeys sont attachés à l'écurie : R.-E. Haynes, une fine cravache qui, en 1922, ne remporta pas moins de quatorze victoires ; P.-S. Wilmot et l'apprenti Paul Richard.

Sur la piste d'un champ de courses, le regard, même le regard du profane, tombe parfois en arrêt sur un cheval resplendissant de forme et de santé. Sous le poil luisant, le muscle fait saillie ; l'œil brille vif et gai ; la cadence du pas est harmonieuse et légère ; au galop, la foulée impressionne.

Il est à la vérité de dire que peu nombreux sont ceux qui ont une idée, même très approximative, de l'effort qu'il a fallu à l'entraîneur pour amener son pensionnaire à ce parfait état de condition.

Tous les matins, Cirot, ses jockeys et ses lads sont, durant la belle saison, sur pied à trois heures. Une demi-heure plus tard, les chevaux partent au travail. C'est d'abord une promenade de deux heures sur route faite alternativement au pas ou au trot.

Au retour, les chevaux vont sur la piste prendre un galop, pour développer leurs voies respiratoires, et sont conduits au bain de sable.

A onze heures, ils prennent leur premier repas, puis demeurent au repos jusqu'à trois heures.

Court-Scandal qui, en 1922, gagna 25.000 francs.

Ils font, à ce moment, tenus en mains par les lads, une sortie d'une demi-heure pendant laquelle on leur laisse brouter à belles dents quelques touffes d'herbe fraîche.

C'est alors l'heure du pansage que suit immédiatement le repas du soir.

Les chevaux sont constamment en liberté dans leurs boxes dont la porte reste ouverte tout le jour.

Durant les quelques mois d'hiver, le travail se réduit à une longue randonnée de 18 à 20 kilomètres sur route. Quand les chemins sont durcis par la gelée ou disparaissent sous la neige Cirot mène, pour ménager leurs si fragiles tendons, ses pensionnaires à l'exercice sur le « rond de paille », un terrain qu'on recouvre, chaque jour, de paille fraîche.

Le dressage sur les obstacles comporte une piste
spéciale dont une des lignes, la plus grande, est aménagée,
à l'aide de deux haies artificielles, en manière de couloir.
Ainsi le cheval, quand il arrive sur l'obstacle, est obligé
de le franchir ; il n'est plus de dérobade possible.

Field Duck, montée par Haynes, après sa victoire à Rillieux-Sathonay,
en juin 1922.

Au mois de décembre, le travail est, à Salt-en-Donzy,
suspendu. Il ne reprend qu'en janvier pour préparer la
campagne de printemps. Douze sur quinze des chevaux de
l'écurie sont déjà prêts à affronter les concurrents qui se
rangeront en même temps qu'eux sous les ordres du
starter.

Le métier d'entraîneur est, on le voit, parfois dur.
Aussi, à la nuit tombée, Cirot et ses hommes n'aspirent
qu'au sommeil réparateur qui leur permettra de recommencer le lendemain ce qu'ils ont fait la veille.

Mais aussi quelle existence saine, quelle vie large,
toute passée au grand air à humer les mystérieuses sen-
teurs des bois, les enivrants parfums de la nature qui
renaît avec les lilas, dans le calme religieux et la paix
reposante des champs, loin du bruit infernal, de l'obsé-
dante fumée et de l'odieuse poussière des villes !

Louis BERGERON.

COURSES DE VILLARS

Depuis des années, M. Alexandre Colcombet préside aux destinées de la Société Hippique de Saint-Etienne. Il est secondé dans sa tâche par MM. L. Marrel, J.-J. Giron, D. Epitalon, commissaires ; M. Rimoz de la Rochette, commissaire militaire chef d'escadrons au 14ᵉ régiment de dragons, et M. F. Teyssot, trésorier.

Comme chaque année, la Société donna, en 1922, quatre réunions sur son hippodrome de Villars.

LE 11 JUIN

D'épais nuages couraient, le matin, dans le ciel ; leurs menaces n'effrayèrent point les sportsmen qui se portèrent en foule à Villars. Fort heureusement, la journée se passa presque sans pluie. C'est à peine si deux légères averses vinrent, sur la fin de l'après-midi, doucher quelque peu la fièvre des parieurs qui s'écrasaient aux guichets du mutuel.

Le programme était copieux puisqu'il ne comportait pas moins de sept épreuves, mais il ne présenta pas grand intérêt, en raison de l'abstention de la plupart des chevaux engagés.

Quinoffe s'adjugea sans lutte le prix des amateurs du Trotting. *Mapile I*, le seul adversaire qui pût lui opposer quelque résistance, compromit irrémédiablement sa chance par de nombreuses fautes.

L'épreuve de galop, réservée aux demi-sang, s'est réduite à un match entre *Sapeur II* et *Sarcelle III*, dont le premier sortit facilement victorieux.

Le prix de la Société d'Encouragement mit aux prises deux excellents trotteurs, *Tragédie* et *Savière*, dont les concurrents ne furent jamais en course. *Savière*, fortement sollicitée par Carré, ne parvint pas à refaire son rendement.

Dans le prix de la Loire, les représentants de l'Ecurie Bedel se jouèrent de *Bersel* qui finit désemparé à dix longueurs de *Divorcée*.

Le Chaleureux, dans le prix Harsan, ne conserva que d'une courte tête l'avantage sur *Bâle*, qui a fourni une très jolie course. *Vaine Chimère* avait paru en difficultés pour suivre le train.

Durant tout le parcours, *Le Beau*, dont la forme actuelle est splendide, galopa par-dessus le lot, dans le military 2ᵉ série. Un bon retour de *Loustic* ne parvint pas à le mettre à l'ouvrage. *Clipper* finissait troisième, très fort, après une jolie course.

Enfin, le military 3ᵉ série est revenu à *Milan IV*, qui régla le train à sa guise et gagna dans un canter. *Parisien* a très mal couru ; dans la ligne droite, il dut baisser pied devant *Minoru*.

PREMIERE COURSE (Trot). — 1. *Quinoffe*, à M. J. Chaumat ; 2. *Oser*, à M. T. Jourdan ; 3. *Mapile V*, à M. C. Odin. — Non placé : *Jockey*.

Pesage : gagnant, 20,50 ; placés, 13, 26.

DEUXIEME COURSE (Plat, demi-sang). — 1. *Sapeur II*, à M. Chevalier 2. *Sarcelle III*, à M. Juif.

Pesage : gagnant, 12,50.

TROISIEME COURSE (Trot). — 1. *Tragédie*, à M. J. Vial ; 2. *Sarière*, à M. Faurand ; 3° *Salvandy*, à M. Seramy. — Non placés : *Quinoffe* et *Quassine*.

Pesage : gagnant, 55 ; placés, 17, 13.

QUATRIEME COURSE (Plat). — 1. *Field-Duck*, à M. Bedel ; 2. *Divorcée*, à M. Bedel ; 3. *Bersel*, à M. Cl. Barailler.

Pesage : gagnant, 13.

CINQUIEME COURSE (Haies). — 1. *Le Chaleureux*, au baron de Rochefort ; 2. *Bale*, à M. C. Darcon ; 3. *Vaine-Chimère*, à M. Bedel

Pesage : gagnant, 27,50.

SIXIEME COURSE (Military 2° série). — 1. *Le Beau*, au lieutenant Chabrier, du 2° dragons ; 2. *Loustic IX*, au lieutenant Bonnet, du 14° dragons ; 3. *Clipper*, au lieutenant Comte, du 13° chasseurs. — Non placés : *Perthes* et *Ouadaï*.

Pesage : gagnant, 16,50 ; placés, 12, 14.

SEPTIEME COURSE (Military 3° série). — 1. *Milan IV*, au maréchal des logis Berger, du 14° dragons ; 2. *Minoru*, au maréchal des logis Mompeu, du 14° dragons ; 3. *Parisien*, au maréchal des logis Maitrejean, du 9° cuirassiers.

Pesage : gagnant, 29,50.

LE 2 JUILLET

Cette réunion comptera parmi les plus brillantes, au point de vue mondain tout au moins, qu'ait données, sur son hippodrome de Villars, la Société hippique de Saint-Etienne. Rarement on vit, en effet, pareille affluence et aussi somptueuses toilettes. Mais, vers la fin de l'après-midi, un orage vint, pendant une demi-heure, mettre à la torture les élégantes qui les portaient. Fort heureusement, l'averse ne dura pas et l'eau n'eut pas le temps de transformer en de lamentables loques tant de chefs-d'œuvre de bon goût et d'élégance.

Au point de vue sportif, il n'en alla pas de même. Les champs furent peu nombreux et les concurrents de classe modeste

Le prix du Gouvernement de la République réunit quatre trotteurs. Au bout de mille mètres, *Rêveuse* et *Savière* étaient réglées et la course se réduisait à un match entre *Tragédie* et *Sem*. Longtemps, ce dernier parut devoir conserver l'avantage, mais *Tragédie*, bien ménagée, vint le coiffer sur le poteau.

Gracioso enleva le prix de la Ville de Saint-Etienne, après avoir mené la course de bout en bout. *Pasagarde* fut, dès le début, en difficultés pour suivre le train.

Dans le prix de l'Industrie, la victoire de *Kita* n'aurait peut-être pas été aussi facile si *Lœtitia* n'avait, au dernier tour, fait une grosse faute qui l'obligea à se contenter d'un accessit. Les autres chevaux n'ont jamais été en course. *Rêveuse*, qui avait de nombreux partisans, prit un mauvais départ et refusa de s'employer.

Les deux chevaux de l'écurie Bedel ont fait le train dans le prix de la Société d'Encouragement. En face, *Civray* prit le commandement et ne fut plus rejoint.

Trois chevaux se présentèrent sous les ordres du starter pour disputer le prix de la Société de Steeple-Chase de France. Au premier passage de la butte, *Bersel* culbutait ; *Vaine Chimère* s'échappait et *Bâle* ne put jamais refaire le terrain qu'il s'était laissé prendre.

Loustic-IX emmena le peloton à vive allure dans le prix de la Marne ; *Clipper* le suivait à la corde et *La Nonette* à l'extérieur. Au deuxième passage du huit, *Loustic* rétrogradait. *La Nonette* entrait la première dans la ligne droite, mais, sur le plat, elle se faisait battre par *Clipper*.

Il n'y eut jmais, dans le military 3° série, de course pour *Milan-IV*, qui aurait pu gagner d'une haie. *Amateur-III* finit second, à cinquante longueurs du gagnant.

PREMIERE COURSE (trot monté). — 1. *Tragédie*, à M. J. Vial ; 2. *Sem*, à M. C. Edouard ; 3. *Rêveuse*, au haras de Bécheron. — Non placée : *Savière*.
Pesage : gagnant, 35,50 : placés, 19 et 34.

DEUXIEME COURSE (plat handicap). — 1. *Gracioso*, à M. Claudius Badiou : 2. *Grand-Fleet*, à M. Bedel : 3. *Warm-Love*, à M. Bedel. — Non placé : *Pasagarole*.
Pesage : gagnant, 42 : placés, 14 et 13.

TROISIEME COURSE (trot attelé ou monté). — 1. *Kita*, à M. J. Vial : 2. *Lœtitia*, à M. Demorissi : 3. *Quinoffe*, à M. Chaumat. — Non placés : *Rêveuse*, *Oser*, *Sauve-qui-Peut*.
Pesage : gagnant, 27,50 ; placés, 14 et 15.

QUATRIEME COURSE (plat). — 1. *Civray*, à M. Victor Boyer ; 2. *Field-Duck*, à M. Bedel : 3. *Court-Scandal*, à M. Bedel.
Pesage : gagnant, 12,50.

CINQUIEME COURSE (steeple-chase). — 1. *Vaine-Chimère*, à **M.** Bedel ; 2. *Bâle*, à M. Darcon ; 3. *Bersel*, à M. Barailler (tombé).
Pesage : gagnant : 20.

SIXIEME COURSE (military 2° série). — 1. *Clipper*, au lieutenant Rigon, du 13° chasseurs ; 2. *La Nonette*, au lieutenant Bombey, **du** 14° dragons : 3. *Liberté II*, au lieutenant Lignon, du 13° chasseurs. — Non placé : *Loustic IX*.
Pesage : gagnant, 45 ; placés, 19 et 14.

SEPTIEME COURSE (military 3° série). — 1. *Milan IV*, à M. Berger ; 2. *Amateur III*, à **M.** Liberty ; 3. *Nelson*, à M. Chaverland. — Non placés : *Obernay*, *Malemort*.
Pesage : gagnant, 16 ; placés, 13,50 et 26,50.

LE 6 AOUT

Les courses de Villars ne pouvaient bénéficier d'un temps plus agréable. Il fit très beau et la chaleur ne fut pas accablante, grâce à une légère brise qui souffla tout le soir. Les quelques milliers de sportsmen qui se rendirent à l'hippodrome n'eurent point à regretter leur déplacement ; le sport fut, en effet, intéressant.

Riquet, habilement drivé par M. Auguste Beraud, enleva la première épreuve. Au bout de mille mètres, il avait refait son rendement et résistait victorieusement aux attaques de *Savière*, dont l'allure n'est encore pas très régulière. *Rêveuse*, très mal partie, n'a jamais été en course.

Dès le début du Prix du Conseil Général, *Tommy* s'échappa puis vécut sur son avance ; il franchit le poteau au pas. *Quegrana*, que sa première course n'avait pas éprouvée, finit bonne seconde, devant *Sauve-qui-Peut*. *Oranger*, dont c'était hier, la rentrée, fit faute sur faute et ne put ainsi bénéficier de sa très réelle supériorité de classe sur tous les concurrents qui lui étaient opposés.

Longtemps, le départ de course plate fut retardé par les incartades de *Eskuaraz*. Les quatre concurrents firent les premiers mille mètres du parcours en un peloton compact. Les représentants de l'écurie Bedel se détachèrent ensuite, mais ils étaient bientôt débordés par *Eskuaraz*. *Frimousse*, bien revenu sur la fin, leur enlevait même la seconde place.

Dans le steeple-chase, il n'y eut, au début, pas de train. Remorqués par *Vainc-Chimère*, *Chadec*, *Excelsior* et *Citation* firent, en file indienne, quinze cents mètres au moins au galop de chasse. Au deuxième tour, l'allure s'accéléra. L'ordre resta le même jusqu'à la dernière haie où *Excelsior*, bien ménagé, vint, dans un rush impressionnant, enlever la course à *Vainc-Chimère*. *Chadec* saute mal, et *Citation* fut en difficulté pour suivre le train.

Le military 2e série revint à *Milan IV* que *Radès*, qui galope pourtant, n'arriva pas à mettre à l'ouvrage. Le hongre gris du lieutenant Bonnet gagnera, en meilleure société, très prochainement.

Neuf concurrents se présentèrent sous les ordres du starter pour disputer le prix Peragut.

Les neuf chevaux sautèrent ensemble la première haie, puis le peloton s'égrena. Au deuxième tour, trois chevaux restaient en course : *Obernaï*, qui menait à vive allure, suivi de *Parisien* et de *Pastille* ; les six autres étaient déjà réglés. En face, *Obernaï* baissait pied. *Parisien* prenait alors le commandement, mais devait lui-même, à la dernière haie, s'incliner devant *Pastille* qui gagna de deux longueurs.

PREMIERE COURSE (trot monté ou attelé). — 1. *Riquet*, à M. Auguste Bérard ; 2. *Savière*, à M. Faurand ; 3. *Quegrana*, à M. J.-B. Blaiza. — Non placés : *Rêveuse*, *Safran*.

Pesage : gagnant, 28 ; placés, 16, 17,50.

DEUXIEME COURSE (Trot attelé ou monté). — 1. *Tommy*, à M. V. Faurand ; 2. *Quegrana*, à M. J.-B. Blaiza ; 3. *Sauve-qui-peut*, à M. Faurand. — Non placés : *Oranger*, *Quinoffe*.

Pesage : gagnant, écurie Faurand, 14,50 ; placés, 19, 32,50.

TROISIEME COURSE (Plat). — 1. *Eskuaraz*, à M. Thonet ; 2. *Frimousse*, à M. Darcon. — Non placés : *Grand-Fleet, Divorcée*.
Pesage : gagnant, 20 ; placés, 11, 11,50.

QUATRIEME COURSE (Steeple-chase). — 1. *Excelsior*, à M. de Beaupuis ; 2. *Vaine Chimère*, à M. René Bedel ; 3. *Chadec*, à M. Thonet. — Non placée : *Citation*.
Pesage : gagnant, 58,50 ; placés, 25,50, 20,50.

CINQUIEME COURSE (Military 2ᵉ série). — 1. *Milan IV*, au lieutenant Bonnet, du 14ᵉ dragons ; 2. *Radès*, au lieutenant Merlat, du 2ᵉ dragons ; 3. *Liberté*, au lieutenant Kignon, du 13ᵉ chasseurs. — Non placée : *Orgie*.
Pesage : gagnant, 56,50 ; placés, 16,50, 15,50.

SIXIEME COURSE (Military 3ᵉ série). — 1. *Pastille*, au maréchal des logis Dumidot, du 2ᵉ dragons ; 2. *Parisien*, au maréchal des logis Maitrejean, du 2ᵉ dragons ; 3. *Obernaï*, au maréchal des logis Berger, du 14ᵉ dragons.
Pesage : gagnant, 40,50 ; placés, 14, 13,50, 13,50.

LE 1ᵉʳ OCTOBRE

La Société hippique de Saint-Etienne a terminé sa saison par un succès. Favorisée par un temps agréable, cette réunion avait, en effet, attiré sur l'hippodrome de Villars un nombreux public. L'affluence était telle qu'elle provoqua, à chaque course, aux guichets du mutuel, un déplorable encombrement. Le nombre de ceux-ci est notoirement insuffisant. Il est à souhaiter que, l'an prochain, la Société les multiplie et améliore leur aménagement. Le sport ne fut pas sans attrait et les champs assez fournis.

Sauve-qui-Peut triompha sans difficulté de *Quegrana*, le seul concurrent sérieux qui lui était opposé dans le Prix des Amateurs du Trotting. Quant à *Rieuse*, elle avait à peine terminé le parcours quand on afficha la seconde course.

Les quatre chevaux du Prix Albert Aubier partirent à vive allure, emmenés par *Court-Scandal* et *Courcy-II* ; *Conférence-II* était en troisième position. A deux mille mètres, la pouliche du comte de Saint-Phall remonta les leaders. Au tournant, elle avait la course à sa merci et gagna aisément par trois longueurs.

Le Prix Faisan III fut l'occasion d'une seconde victoire pour l'écurie Faurand. Parti en tête, *Tommy* ne put être rejoint. *Tirelire*, que sa récente victoire à Vincennes signalait à l'attention, ne conquit même pas la seconde place, que *Perdreau* vint lui enlever dans la ligne droite. *Semendria* avait perdu dès le début, à la suite de nombreuses fautes, toutes chances de figurer à l'arrivée.

Sur un très mauvais départ, *Halberdeer* et *Frimousse* s'élancèrent en tête du peloton, dans le Prix du Forez, tandis que *Le Permissionnaire*, resté au poteau, perdait une centaine de longueurs. *L'Areuse* et *Proizy* étaient en difficulté pour suivre le train. *Rabat-II*, dont c'était les débuts en haies, demeurait presque tout le parcours en troisième position. En face, le poulain de M. Biétrix-Zanzi revenait sur *Frimousse*, qui avait pris la tête, et entamait avec lui une lutte sévère. A la dernière haie, il prenait un léger avantage qu'il gardait jusqu'au poteau.

Les honneurs de la cote, dans le Prix Lacaze, étaient pour *Le Rageur*, *Nada-Voski* et *Saint-Théodore*. Aucun d'eux ne justifia cette confiance. *Nada-Voski* culbutait à la haie d'en face ; *Le Rageur* et *Saint-Théodore* laissèrent s'échapper *Loustic*, qui conserva suffisamment de ressources pour résister à leurs tardives attaques.

Califourchon, débarrassé de son concurrent le plus redoutable, *Orient*, qui tomba à la butte, remporta, dans le Military 3ᵉ série, une victoire beaucoup plus facile qu'il ne l'a paru. Il a suffi, en effet, à l'adjudant Martin de lever la cravache pour terminer à son avantage la lutte qu'il avait engagée, à la dernière haie, avec *Vignemal*.

PREMIÈRE COURSE (Trot). — 1. *Sauve-qui-peut*, propriétaire ; 2. *Quegrana*, propriétaire ; 3. *Rieuse*, propriétaire.
Pesage : gagnant, 14.

DEUXIÈME COURSE. (Plat). — 1. *Conférence II*, Vottard ; 2. *Divorcée*, Haynes ; 3. *Courcy II*, Goutteraud. — Non placé : *Court-Scandal*, Villemet.
Pesage : gagnant, 20,50 ; placés, 12,50 17.

TROISIÈME COURSE (Trot). — 1. *Tommy*, Carré ; 2. *Perdreau*, Aug. Bérard ; 3. *Tirelire*, Tamberi. — Non placés : *Semendria*, *Quassine*.

QUATRIÈME COURSE (Haies). — 1. *Rabat II*, Lassard ; 2. *Frimousse*, Semblat ; 3. *Halberdeer*, Edwards. — Non placés : *Le Permissionnaire*, *L'Areuse*, *Proizy*.
Pesage : gagnant, 89 ; placés, 40,50, 19,50.

CINQUIÈME COURSE (Military 2ᵉ série). — 1. *Loustic IX*, lieutenant Gindre ; 2. *Saint-Théodore*, capitaine Caubet ; 3. *Le Rageur*, lieutenant Tabouis. — Non placés : *Gold Marigold*, *Paquerette XXI*, *Petrhes*, *Nada-Vashi* (tombée).
Pesage : gagnant, 137 ; placés, 37, 18.

SIXIÈME COURSE (Military 3ᵉ série). — 1. *Califourchon*, adjudant Martin ; 2. *Vignemal*, propriétaire ; 3. *Amateur III*, propriétaire. — Non placés : *Orgie II*, *Espoir XIII*, *Orient* (tombée).

COURSES DE SAINT-GALMIER

Il y a eu 23 ans le 3 septembre 1922 que la Société Hippique de Saint-Galmier donnait sur son hippodrome de la Colombinière sa première réunion de courses. Depuis, le succès ne s'est jamais démenti.

Situé au bas de la colline où s'étage la petite ville de Saint-Galmier, l'hippodrome de la Colombinière est un des mieux aménagés de province. Ses pistes de plat et d'obstacle sont excellentes, ses tribunes confortables et spacieuses, et les sportsmen qui font, chaque année, le pèlerinage de Saint-Galmier savent combien sont succulents les déjeuners qu'on y déguste sur la terrasse construite au-dessus du buffet.

Voici la composition du bureau de la société : Président : M. Desjoyaux Joseph ; Vice-Présidents : MM. le vicomte Ch. de Poncins, Ant. Épitalon ; Trésorier : M. Georges Forissier ; Secrétaires : MM. M. Cherbouquet, G. Dubois ; Administrateurs : MM. Faurand, Vial, Vaganay, Helfre, Brémand, J. Néel, J. Thélisson, Destras.

Les deux traditionnelles réunions se sont, cette année, données en août.

LE 13 AOUT

La réunion fut, il n'est pas exagéré de le dire, la journée des limonadiers. Les tables du buffet ont eu au moins autant de succès que les guichets du pari mutuel. C'est que les sept épreuves que comportait le programme furent courues sous un ciel radieux, incendié par un soleil tropical. Encore que les champs fussent assez peu fournis, le sport fut cependant intéressant.

L'écurie Faurand, dont les pensionnaires tiennent en ce moment une jolie forme, s'adjugea avec *Trac* le prix de la Colombinière ; *Tommy* était second et aurait pu, en cas d'urgence, suppléer son camarade d'écurie. *Tricolore* et *Torino* n'ont jamais été en course.

L'épreuve régionale de la Société Sportive d'Encouragement s'est réduite à un match entre *Vautour* et *Sauley*, dans lequel ce dernier put, à son gré, disposer de son adversaire.

Sur un bon départ, *Sauve-qui-Peut* s'élança dans le prix des Amateurs du Trotting. Au deuxième tour, il était encore en tête, suivi de *Perdreau*, *Quinoffe*, *Jockey* et *Québec* dans cet ordre. Très adroitement ramené par l'homme de cheval émérite qu'est M. Auguste Bérard, *Perdreau* revenait au dernier tour sur le leader. Il le dépassait et remportait une victoire facile. *Quinoffe* finissait troisième. *Québec* avait refusé de s'employer et *Jockey* fit faute sur faute.

Sept chevaux se sont présentés sous les ordres du starter pour disputer la course plate. *Le Bolide*, parti grand favori, emmena le peloton à vive allure. Au bout de mille mètres, trois chevaux restaient en course derrière lui : *Ranaman*, *Cochenille* et *Koukla*. En face, *Koukla* était elle-même réglée et *Cochenille* et *Ranaman* passaient en tête. *Le Bolide* dut baisser pied et, à la distance, *Cochenille* se détachait pour gagner, les mains basses, devant *Ranaman*.

Quinoffe s'est offert le luxe de courir dans la même journée une seconde course et, qui plus est, de la gagner avec une cote d'extrême outsider. Longtemps, *Ratapoil* et *Quégrand* parurent devoir seuls se disputer l'épreuve. *Riquet* trottait sur place et *Quinoffe* ne leur reprenait rien de son handicap ; quant à *Raphaëlla*, elle avait, au tournant des tribunes, irrémédiablement compromis sa chance par une grosse faute.

Dans les derniers cinq cents mètres, *Ratapoil* s'effondrait. *Quégrana* prenait alors le commandement pour le conserver jusqu'au poteau devant *Quinoffe*, qui avait réussi un rapide rapproché, et *Raphaëlla*. Mais les juges, à l'arrivée, durent enlever le bénéfice de la première place au cheval de M. Blaisa, qui avait achevé le parcours au galop.

Le military 2e série fut l'occasion d'une promenade de santé pour *La Nonette*. Durant la première partie du parcours, le lieutenant Dombey la maintint en troisième position. Au sortir du huit, elle passait en tête et gagnait sans être inquiétée.

Pendant mille mètres, les sept concurrents du military 3e série galopèrent en un compact peloton. Puis *Pastille* et *Obernaï* accélérèrent l'allure et finirent dans cet ordre. Les autres n'ont jamais été menaçants.

PREMIERE COURSE (Trot monté ou attelé). — 1. *Trac*, Propriétaire ; 2. *Tommy*, Carré : 3. *Tricolore*, Demorissi. — Non placé : *Torino*.

Pesage : gagnant, écurie Faurand, 11,50 : placés, 19,50 et 12.

DEUXIEME COURSE (Plat demi-sang). — 1. *Sauley*, Théry : 2. *Vautour*, Brun.

Pesage : gagnant, 15.

TROISIEME COURSE (Trot monté ou attelé). — 1. *Perdreau*, Propriétaire: 2. *Sauve-qui-Peut*, Faurand; 3. *Quinoffe*, Rivoire. — Non placés : *Jockey*, *Québec*.

Pesage : gagnant, 14,50 : placés, 11,50 et 13.

QUATRIEME COURSE (Plat). — 1. *Cochenille*, Micholet : 2. *Ranaman*, Vanzini : 3. *Le Bolide*, Quénot. — Non placés : *Koukla*, *Pasagande*, *Rhubarbe*, *Bersel*

Pesage : gagnant, 27,50 : placés 16 et 18.

CINQUIEME COURSE (Trot monté). — 1. *Quinoffe*, Rivoire : 2. *Raphaëlla*, Durey : 3. *Ratapoil*, Poirier. — Non placés : *Riquet* et *Quégrana*, distancé de la première place pour allure irrégulière.

Pesage : gagnant, 384,50 ; placés, 45 et 14,50.

SIXIEME COURSE (Military 2e série). — 1. *La Nonette*, lieutenant Dombrey : 2. *Loustic IX*, Propriétaire ; 3. *Perthes II*, Propriétaire.

Pesage : gagnant, 15 fr.

SEPTIEME COURSE (Military 3e série). — 1. *Pastille*, marechal des logis Martin ; 2. *Obernaï*, Propriétaire. — Non placés : *Contente*, *Vignemal*, *Nelson*, *Patriarche* (tombé).

LE 14 AOUT

L'après-midi fut vraiment charmante, à Saint-Galmier. Il y avait du monde, mais ce n'était plus la cohue du dimanche. Il faisait beau, mais les rayons du soleil étaient moins ardents. La tribune d'honneur avait des airs de salon. Entre deux épreuves, on goûtait par petites tables.

Au point de vue sportif, la réunion ne manqua, d'ailleurs, pas d'attrait.

La première course ne mit aux prises que deux concurrents : *Raphaëlla* a dominé *Perdreau* d'un bout à l'autre du parcours.

La princière allocation dont était doté le prix de la Ville de Saint-Galmier, avait amené, sur l'hippodrome de la Colombinière, *Honolulu*, une vieille jument de 15 ans, qui gagna jadis, en 1910 exactement, le prix du Président de la République, à Saint-Cloud. Se souvenant de sa gloire première, comme chanterait Werther, *Honolulu* a trotté suffisamment vite encore pour enlever sans lutte les deux héats de l'épreuve. *Janville* fit chaque fois de grosses fautes au tournant des tribunes, qui l'empêchèrent de donner sa mesure. Les autres n'ont joué que des rôles de comparses.

Dix chevaux ont pris le départ dans la course plate. Au baisser du drapeau, *Mlle de Montigny* et *Sarment* s'assurèrent plusieurs longueurs d'avance. Derrière eux, le peloton était compact. En face, *Conférence-II* améliorait sa position et ne tardait pas à déborder les leaders. Au tournant, la partie était jouée. *Conférence-II* galopait en tête du lot, suivie de *Mlle de Montigny*, et conservait l'avantage jusqu'au poteau. *Divorcée* était troisième et *Frimousse*, revenue très fort sur la fin, finissait en tête des battus.

Amateur-III ne pouvait pas ne pas gagner le military 3e série. A mi-parcours, en effet, le maréchal des logis Berger, qui montait *Perthes-II*, se désintéressait de la course, et M. Chevalier, bien revenu avec *Espoir-XIII*, a semblé ne pas tenir outre mesure à profiter de l'avantage que lui assurait cette pointe de vitesse. Alors ?... Alors *Amateur-III* a fini par gagner avec une cote de 39 francs ! L'impression fut que la tactique employée par les maréchaux des logis du 14e dragons ne fut pas très heureuse. Et cette impression a été trop générale pour ne pas être signalée.

Dans le prix de Consolation, *Quegrana* eut tôt fait de régler son concurrent le plus dangereux, *Rebecca*. Par la suite, le cheval de M. Blaiza ne fit qu'augmenter l'avance prise et termina le parcours au pas. *Jockey*, dont le caractère est décidément difficile, aurait pu, sans de multiples fautes, menacer le gagnant.

PRIX DU CONSEIL GENERAL (Trot monté). — 1. *Raphaella*, Ducerf ; 2. *Riquet*, Aug. Bérard.

Pesage : gagnant, 12,50.

PRIX DE LA VILLE DE SAINT-GALMIER (Trot monté ou attelé) (1re épreuve). — 1. *Honolulu*, L. Pottier ; 2. *Janville*, Propriétaire ; 3. *Perdreau*, Propriétaire. — Non placés : *Quinoffe*, *Sans-dire-Oui*, *Chollot*.

Pesage : gagnant, 18 ; placés, 11,50, 12.

Deuxième épreuve. — 1. *Honolulu*, L. Pottier ; 2. *Janville*, Propriétaire ; 3. *Sans-dire-Oui*, Devaucoux. — Non placés : *Quinoffe, Chollot, Perdreau.*

Pesage : gagnant, 17,50 ; placés, 10,50, 10,50.

PRIX DE LA SOURCE BADOIT (Plat). — 1. *Conférence II*, Vettard ; 2. *Mlle de Montigny*, Gautier ; 3. *Divorcée*, Haynes ; 4. *Frimousse*, H. Semblat. — Non placés : *Tahouka, Pasagarde, Bersel, Crior, Mille-Fleurs, Sarment.*

Pesage : gagnant, 36 ; placés, 16, 19,50, 45.

PRIX DU QUARTIER GROUCHY (Military 3ᵉ série). — 1. *Amateur III*, maréchal des logis Liberty ; 2. *Espoir XIII*, maréchal des logis Chevalard ; 3. *Perthes II*, maréchal des logis Berger.

Pesage : gagnant, 39.

PRIX DE CONSOLATION (Trot attelé ou monté). — 1. *Quégrana*, Vacher ; 2. *Rebecca*, Demorissi ; 3. *Jockey*, Josserand. — Non placé : *Quossine.*

Pesage : gagnant, 16.50 ; placés, 11, 11,50.

COURSE DE FEURS

La Société Hippique de Feurs est la plus ancienne du département et une des plus vieilles sociétés de courses de France. Elle est présidée par le comte Henri Palluat de Besset. Ses commissaires sont MM. Francisque Balay, F. Berthon, vicomte Ch. de Poncins. Elle a pour trésorier M. E. Savoye, et pour secrétaire général M. J. Borrel.

En 1922 elle a, comme de coutume, donné deux réunions, les dimanche 10 et lundi 11 septembre. En voici les résultats :

LE 10 SEPTEMBRE

Bien que le temps se fît, dans la matinée, menaçant, la journée fut très belle. Une légère brise avait balayé le ciel, et le soleil — un soleil d'automne déjà — vint adoucir la température qui, sans cela, eut été fraîche. Des milliers de sportsmen suivirent avec intérêt des épreuves qui, pourtant, au point de vue sportif, ne présentèrent pas grand attrait, car s'il y avait beaucoup de monde à Feurs, il y avait peu de chevaux.

Le prix du Gouvernement ne réunit que deux concurrents, *Bécasse* et *Sarière*. Celle-ci ne put rien reprendre de son handicap à celle-là qui remporta une facile victoire.

Quégrana fit, suivant son habitude, preuve de mauvais caractère dans le prix de l'Industrie et perdit, par suite de nombreuses fautes, tout le bénéfice de sa situation privilégiée dans le handicap. *Rosette* disposa, du reste, de tout le lot qui lui était opposé avec la plus grande aisance et gagna arrêtée. *Quégrana*, bien revenu sur la fin, vint enlever la deuxième place à *Stella*

Quatre concurrents se présentèrent sous les ordres du starter pour disputer la course plate. *Ballade* s'élança en tête et fit le train pendant deux mille mètres, suivie à trois longueurs par *Prévost*. A l'entrée de la ligne droite, elle était encore en tête, mais elle ne tardait pas à baisser pied devant *Prévost*, qui lui-même était débordé par *Divorcée*.

Malgré une grosse faute, à quelques deux cents mètres du départ, *Masséna* s'adjugea sans lutte le prix de la ville de Feurs. *Oscar* était réglé au tournant des tribunes. Dès lors, il n'insista plus, et *Semendria* ne pouvait avoir de prétention contre de tels concurrents.

Le destin souriait à l'écurie Bédel. Après avoir gagné de façon très brillante la course plate, elle voyait encore à sa merci, faute de concurrents, le steeple-chase. Ce pauvre Edwards eut, malgré cela, toutes les peines du monde à finir le parcours ; il fit deux chutes successives et *Vaine-Chimère* était depuis longtemps rentrée au paddock que *Grand-Fleet* se débattait encore avec lui pour terminer ses 3.500 mètres.

Les deux favoris du military 2ᵉ série furent rapidement hors de course : *Radès* dérobait et *Le Rageur* tombait. *Ohu* était alors maître de la situation. Il gagna facilement par deux longueurs devant *Espoir-XIII* et *Gold-Marigold*, tout surpris de se trouver à pareille fête.

Il y eut enfin un military 3ᵉ série. Personne ne songea d'ailleurs à s'en féliciter. Outre qu'elles ne présentent aucun attrait sportif, ces épreuves sont marquées par de si déconcertantes interversions de forme chez les chevaux qui les disputent, que le public finit par s'en désintéresser.

PREMIERE COURSE (Trot monté). — 1. *Bécassine*, Ducerf ; 2. *Savière*, Carré.

Pesage : gagnant, 12 fr.

DEUXIEME COURSE (Trot monté ou attelé). — 1. *Roselle*, Propriétaire ; 2. *Quegrana*, Blaiza fils ; 3. *Stella*, Propriétaire. — Non placés : *Qualifat*, *Quinoffe*.

Pesage : gagnant, 14 fr. ; placés, 12 et 15 fr.

TROISIEME COURSE (Plat). — 1. *Divorcée*, Haynes ; 2. *Prévost*, Lassard ; 3. *Balade*, Tétard. — Non placé : *Cochenille*.

Pesage : gagnant, 88 ; placés, 21 et 13.

QUATRIEME COURSE (Trot attelé ou monté). — 1. *Masséna*, L. Portier ; 2. *Semendria*, Deveaucoux ; 3. *Oscar*, Sibelly.

Pesage : gagnant, 14 fr.

CINQUIEME COURSE (Steeple-chase). — 1. *Vaine-Chimère*, Haynes; 2. *Grand-Fleet*, Edwards, tombé et remonté.

Walk-over d'écurie.

SIXIEME COURSE (Military 2ᵉ série). — 1. *Ohu*, lieutenant Briquet; 2. *Espoir XIII*, lieutenant Poincignon ; 3. *Gold-Marigold*, lieutenant Dumen. — Non placés : *Bazoche*, *Louistic IX*, *Apache*, *Radis* (dérobé), *Le Rageur* (tombé).

Pesage : gagnant, 103 fr. ; placés, 25, 7, 54 fr.

SEPTIEME COURSE (Military 3ᵉ série). — 1. *Jenny*, Martin ; 2. *Obernay*, Berger ; 3. *Amateur III*, Liberty. — Non placés : *Vignemol*, *Trampette*, *Orgie*, *Mohamed*.

Pesage : gagnant, 22 fr. ; placés, 15 et 14 fr.

LE 11 SEPTEMBRE

Il y eut encore beaucoup de monde à Feurs. Le temps était superbe, bien que cependant il soit, au cours de l'après-midi, tombé quelques gouttes de pluie, mais ce ne fut heureusement qu'une alerte et la réunion s'est poursuivie sans l'ondée redoutée. Comme la veille, les champs ont été peu fournis ; le sport fut donc d'un intérêt médiocre

Dans le prix du Conseil Général, *Oranger* ne put arriver à rendre deux cent vingt-cinq mètres à *Quégrana*. Le cheval de M. Vial a pris du caractère en vieillissant et il s'enlève dès qu'on lui demande un effort un peu soutenu.

Sans-dire-Oui s'est adjugé le Grand Prix du Forez en gagnant très nettement les deux derniers heats de l'épreuve, devant *Janville* qui avait pourtant très brillamment enlevé le premier. *Luthenay* est un cheval sage et courageux qui fit d'honorables courses, mais sa vitesse ne lui permettait d'autre aspiration que celle de décrocher un accessit. *Oscar* ne paraît pas avoir été drivé au mieux de ses moyens.

Sans une tentative de dérobade au dernier tournant, *Sauley* aurait gagné l'épreuve de galop des demi-sang. Il finissait beaucoup plus fort que *Turenne*, qui le devançait à l'arrivée. *Vie-Chère*, dont on disait le plus grand bien, a dérobé.

Il n'y eut pas de course pour *Maid of Athen* dans le prix de Civens ; *Sarment* partit en tête, mais, au bout de cinq cents mètres, il était rejoint par la jument de M. Balas, qui gagna par trois longueurs sans que son jockey ait eu à lever la cravache.

Deux chevaux seulement ont disputé le steeple-chase. *Bulgarie II*, partie grande favorite, a déçu ses nombreux partisans *Vaine-Chimère*, dont Haynes a tiré un excellent parti, prit la tête dès le début et trouva assez de ressources pour résister aux nombreuses attaques de *Bulgarie-II*. L'arrivée fut très serrée, mais la jument de M. Bédel garda le meilleur.

PREMIERE COURSE (Trot monté ou attelé).— 1. *Quegrana*, Vacher; 2. *Oranger*, Devoucoux : 3. *Quassine*, Jourdon.

Pesage : gagnant, 16 fr.

DEUXIEME COURSE (Trot en parties liées). — 1er heat : 1. *Janville*, Demorissi : 2. *Sans-dire-Oui*, Devoucoux : 3. *Luthenay*, Michaud. — Non placés : *Oscar*, *Qualifat*.

Pesage : gagnant, 16 fr. ; placés, 13 et 17 fr.

2e Heat : 1. *Sans-dire-Oui*, Devoucoux : 2. *Luthenay*, Michaud ; 3. *Janville*, Demorissi. — Non placé : *Oscar*.

Pesage : gagnant, 37 fr. ; placés, 18 et 29 fr.

3e Heat : 1. *Sans-dire-Oui*, Devoucoux : 2. *Janville*, Demorissi : 3. *Luthenay*, Michaud. — Non placé : *Oscar*.

Pesage : gagnant, 37 fr. ; placés, 11 et 11 fr.

TROISIEME COURSE (Plat demi-sang). — 1. *Turenne II*, Fournier; 2. *Sauley*, Brun : 3. *Sarcelle*, Cortambut. — Non placé : *Vie chère* (dérobée).

Pesage : gagnant, 16 fr. ; placés, 11 et 14 fr.

QUATRIEME COURSE (Plat). — 1. *Maid of Athens*, Sautour ; 2. *Sarment*, Lassard : 3. *Divorcée*, Haynes.

Pesage : gagnant, 14 fr.

CINQUIEME COURSE (Steeple-chase). — 1. *Vaine-Chimère*, Haynes; 2. *Bulgarie II*, Bernard.

Pesage : gagnant, 23 fr.

Louis BERGERON.

Un concours hippique à Saint-Etienne

Une heureuse initiative sera tentée cette année par les fervents du sport hippique que compte Saint-Etienne. On nous annonce, en effet, que le « Rallye Monts-Jarez » organise deux journées au parc de l'Etivallière, les samedi 26 et dimanche 27 mai. Le comité qui met ce concours sur pied est présidé par M. Michel Epitalon ; M. G. Gomy est vice-président ; M. Jaray, trésorier, et M. Th. Degatier, secrétaire.

Le jury, qui aura à sa tête le général de Champeaux, commandant la 2ᵉ brigade de dragons, comprendra le colonel Desvignes, du 14ᵉ dragons, MM. Francisque Balay, J. Colcombet et le capitaine de Rostu.

Le premier jour, à 13 heures, seront disputés les prix des régiments par les sous-officiers de toutes armes du 13ᵉ corps, montant des chevaux ne prenant pas part aux épreuves d'officiers.

Elle se poursuivra par un handicap ouvert aux officiers des 13ᵉ et 14ᵉ corps, montant au plus trois chevaux chacun. Elle se terminera par un handicap pour chevaux civils de tout âge et de toute nationalité montés par des gentlemen.

Le lendemain, à 13 heures également, la coupe des sous-officiers, handicap, sera mise en compétition. Y seront admis les chevaux ayant gagné 400 francs et plus en concours et ceux ayant été au palmarès, la veille, dans l'épreuve des sous-officiers.

Un parcours de chasse suivra, réservé aux membres du « Rallye Monts-Jarez » montant des chevaux n'ayant jamais gagné en obstacles. Chaque cavalier montera au plus deux chevaux.

Les deux Coupes clôtureront le meeting. La Coupe militaire s'adresse aux chevaux ayant gagné 500 francs et plus en concours et à ceux ayant été au palmarès, la veille, dans l'épreuve des officiers. La Coupe civile est un handicap.

Huit mille francs seront répartis parmi les lauréats de ces épreuves, sauf ceux du parcours de chasse qui recevront des objets d'art.

Le troisième handicap (20-20-60) ne sera pas appliqué aux chevaux français de 5 à 12 ans, munis de leur carte d'origine.

Les engagements seront clos le mardi 22 mai, à 18 heures, chez M. Degatier, 2, rue de la Paix, à Saint-Etienne.

Il faut souhaiter plein succès aux organisateurs qui ont assumé la lourde tâche de mener à bien cette entreprise délicate.

Dans notre région, où le sport hippique est très en faveur, les encouragements ne leur manqueront certainement pas.

L'initiative est d'autant plus intéressante que la Société du Concours Hippique de Lyon n'est pas encore parvenue à réorganiser le meeting qu'elle donnait, chaque année, avant la guerre, sur le cours du Midi à qui depuis Verdun a donné son glorieux nom.

Pour bien marquer tout l'intérêt qu'ils attachent à cette décentralisation sportive, M. Ceccaldi, préfet de la Loire, et M. Louis Soulié, sénateur et maire de Saint-Etienne, ont déjà promis aux organisateurs leur haut patronage.

En mai prochain, d'attrayantes épreuves hippiques se dérouleront donc dans le cadre ravissant que leur formera le parc de l'Etivallière où se disputèrent jadis tant de courses cyclistes, de courses à pied et de matches de football, et où se mesurent encore les nombreux amateurs de tennis que compte Saint-Etienne.

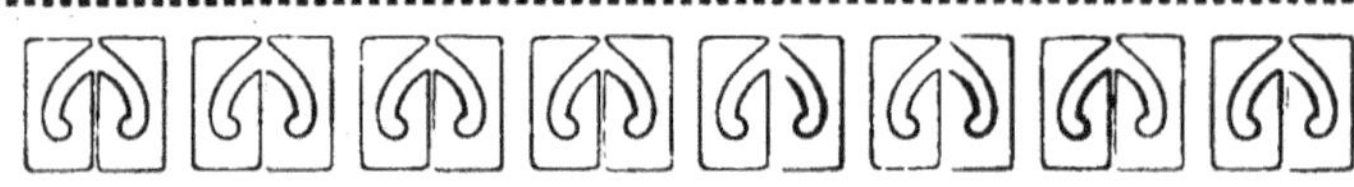

POIDS ET HALTÈRES

Les poids et haltères produisent les mêmes déformations que la gymnastique et les types musculaires ne se différencient point si ce n'est que le leveur de poids est, en général, d'une taille moins élevée que le gymnaste. En effet, les hommes d'une taille peu élevée et trapue, aux bras et aux jambes courtes sont avantagés dans la pratique de ce sport et y obtiennent les meilleurs résultats. La mentalité du gymnaste et des leveurs de poids est la même, ils considèrent que seul importe le développement de leurs biceps. Les membres inférieurs n'attirent pas leur attention. On a cité des biens des cas d'hypertrophie invraisemblable.

Apollon, l'athlète bien connu, mesurait 0,52 de tour de bras, environ le tour de cuisse d'un homme moyen.

L'effet de soulever un poids ne peut s'effectuer que par arrêt de la respiration et cet arrêt finit par porter préjudice, à la longue, au rythme respiratoire et au libre jeu du thorax et du poumon. La stase sanguine, au moment de l'effort et l'hypertension qui en résulte ne sont pas sans influence sur le fonctionnement du cœur dont l'hypertrophie est précoce et l'insuffisance rapide.

Dr J. MICHOT.

Un Stéphanois enlève le record de l'arraché à deux bras

L'Omnium Sportif Club, la vieille société qui réunit dans son siège, 1, rue Dormand, à Saint-Étienne, tous les sportifs restés fidèles aux poids et haltères, avait organisé, le 2 juillet, une belle manifestation.

Des combats de boxe préludèrent aux essais de force. Jamet triompha aux points de Bonnet ; Thomas enleva de peu la décision sur Chapelon ; Rochette emporta la victoire sur Pinet. Enfin, Dufau battit Rouchon.

Puis des athlètes parisiens, lyonnais et stéphanois firent une belle démonstration de puissance.

Tout d'abord, le Stéphanois Martin éleva à 160 livres le record de l'arraché à deux bras, catégorie plume. M. Laforge, arbitre de la F.F.P.H., constata officiellement la performance.

Deux Lyonnais, Beaudran, catégorie plume, et Baton, catégorie léger, firent respectivement 75 kilos à l'arraché à deux bras et 95 kilos au jeté.

Le classement final s'établit comme suit :

Bugnand, 770 points ; Bernot, 760 points ; Duchateau, 660 points ; Martin, 620 points ; Baton, 590 points ; Beaudran, 580 points.

Championnat de France

Disputé, le 26 mars, à Paris.

Catégorie plume : 1er Ruolt, 730 points ; 2e Catala, 715 points ; 3e Martin, de l'Omnium Sportif Club de St-Etienne, 690 points.

Martin est quinzième du classement général.

TENNIS

Les championnats de la Loire

8 et 9 juillet : Disputés sous le titre de Championnats de l'Etivallière, dans le parc du même nom, ces rencontres peuvent sans prétention être considérées comme les championnats du département. Le tennis n'est, en effet, véritablement organisé qu'à St-Etienne, grâce au dévouement de MM. Brossy, Martin-Binachon, Forissier, Brebis, etc...

Résultats :

Simples hommes : 1/8ᵉ de finale : Brossy bat Rivoire R., 6/2 6/1 ; Forissier bat M. Rivoire, 3/6 7/5 7/5 ; Charreton bat Tardy 6/1 6/1 ; Champavère bat Bador, 6/2 6/1 ; Kuntz bat Martin-Binachon, 6/4 6/0 ; Frossard bat J.-M. Epitalon, W.O. : J. Tézenas bat Cazer, 6/1 6/1 ; Chaudoir bat Staron, 6/0 6/3.

1/4 de finale : Forissier bat Brossy, 4/6 5/6, abandonné : Champavère bat Charreton, 6/2 6/3 ; Kuntz bat Frossard, 6/3 6/2 ; Chaudoir bat J. Tézenas, 6/2 6/3.

1/2 finale : Champavère bat Forissier, 6/3 9/7 ; Chaudoir bat Kuntz, 6/0 6/0.

Finale : Chaudoir bat Champavère, 6/2 7/9 7/5.

Doubles hommes : 1/2 finale : Brossy-Champavère bat Martin-Binachon-Charreton, 6/2 6/2 ; Chaudoir-Forissier bat F. Faure-Kuntz, 2/6 6/1 6/2.

Finale : Brossy-Champavère bat Chaudoir-Forissier, 8/6 6/8 6/2.

SAINT-ETIENNE BAT CLERMONT

14 juillet : Deux équipes stéphanoises et clermontoises se disputaient, ce jour-là, sur les courts de l'Etivallière, un tournoi amical qui se termina par une nette victoire de Saint-Etienne :

Simples hommes : 1. Chaudoir (S.) bat Puiseux (C.), 6/3 6/4 ; 2. Champavère (S.) bat Rousselon (C.), 6/2 2/6 6/4 ; 3. Kuntz (S.) bat Gerin (C.), 6/1 6/2 ; 4. Forissier (S.) bat Marseille (C.), 6/2 6/3 ; 5. Martin-Binachon (S.) bat Hauvette (C.), 6/3 0/6 6/3.

Doubles hommes : 1. Champavère-Kuntz (S.) bat Puiseux-Hauvette (C.), 6/4 6/0; 2. Brossy-Forissier (S.) bat Rousselon-Marseille (C.) 6/2 6/3; 3. Chaudoir-Martin-Binachon (S.) bat Mounier-Gerin (C.), 6/2 6/2.

Simples dames : 1. Mlle Cochet (S) bat Mlle Rigaud (C), 6/1 6/0 ; 2. Mlle Cote (S.) bat Mlle Chaninbaud (C.), 6/2 7/5.

Mixte : 1. Mlle Cochet-Brossy (S.) bat Mlle Rigaud-Puiseux (C.), 6/0 6/4; Mlle Cote-Kuntz (S.) bat Mlle Chaninbaud-Mounier (C.), 6/2, 6/3.

TIR

11 juin : Un important concours de tir se dispute, le 11 juin, au stand de la Terrasse. Classement :

Catégorie A : 1er 102 territorial ; 2 Club Olympique Saint-Chamonnais ; 3° Tir de l'Observatoire.

Catégorie B : 1er Club Olympique Saint-Chamonnais ; 2° 102° territorial ; 3° Les Enfants de Salcigneux.

Sont désignés pour prendre part au concours individuel de sélection, du 2 juillet : MM. Véron Charles, 102° territorial ; Faure Jean, 102° territorial ; Poncet Alexis, 102° territorial ; Ravel Marcel, C.O.S.C.

23 juillet : Finale du grand concours annuel organisé par le Tir de l'Observatoire, à son siège, 32, rue J.-B. David :

Nationale : Salque, 40 ; Champaley, 39 ; Rivolier F., 38, 38 ; Preynat M., 38, 37 ; Garnier, 38, 37 ; Gilibert, 38. 35 ; Gross, 38, 34 ; Gerster F., 37, 36 ; Brizet aîné, 37, 35 ; Preynat Cl., 37, 32.

Série à 35 mètres : Preynat M., 40 ; Gerster F., 39, 39 ; Brizet aîné, 39, 4/38 ; Rivolier F., 39, 38 ; Tranchant, 39, 35 ; Champaley 3/38, 37 ; Gross, 3/38, 36 ; Gerster F., 38, 4/37 ; Garnier, 38, 3/37 ; Veran, 38, 37.

Brevet : Pitaval, 37, 36 ; Ogier, 29,26.

Section : Amicale Laïque de Bizillon, 255 points ; Club Olympique de Saint-Chamond, 191 points ; Jeanne-d'Arc d'Izieux, 161 points.

Consolation : Brizet J., 40, 3/38 ; Gerster F., 40, 38 ; Clément fils, 2/39 ; Boilot, 39, 5/38 ; Brenier, 39, 38 ; Wutrich, 39, 37 ; Clément père, 38, 5/38 ; Chollet, 38, 37, 36 ; Nardin, 38, 37 ; Guillaume, 38.

Série à 15 mètres : Champaley, 40, 3/39 ; Brizet aîné, 40, 39 ; Boilot, 40, 38 ; Rivolier F., 40, 38 ; Gross, 39, 5/39 ; Garnier, 39, 39 ; Preynat M., 39, 5/38 ; Brenier, 39, 3/38 ; Gerster F., 39, 37 ; Brizet J., 4/38.

Patrie : Gross, 2/30 ; Giraud, 30, 25 ; Clair, 30, 20 ; Borry, 29, 24 ; Leleu, 2/25 ; Cote, 25, 18 ; Gay, 25, 15 ; Lapioune, 23, 22 ; Minaire, 23, 14 ; Mondon, 23, 12.

Centre à 35 mètres : Meunier, 95 p. ; Nardin, 118 p. ; Hopp, 131 p.; Champaley, 165 ; Rivolier F., 166 ; Gerster S., 189 ; Blanchard père, 202 ; Gross, 228 ; Preynat M., 239 ; Garnier, 264.

Centre à 15 mètres : Hopp, 17 ; Gross, 33 ; Coutier, 48 ; Champaley, 51 ; Preynat M., 65 ; Gerster S., 76 ; Jamet, 83 ; Wutrich, 84 ; Rivolier A., 88 ; Moméat, 96.

AVENIR DE COTE-CHAUDE

Le concours annuel organisé par cette société se termine, le 15 octobre, par le palmarès ci-dessous :

Série 15 mètres (catégorie A) : 1. Boillot, 2. Champaley, 3. Brizet, 4. Seyve, 5. Combier C., 6. Gross, 7. Garnier J., 8. Brenier.

Série 15 mètres (catégorie B) : 1. Juge, 2. Brizet jeune, 3. Garnier

Jean-Baptiste. 4. Girard, 5. Meyzonnet, 6. Delmarty, 7. Durand, 8. Dumond, 9. Boutte A., 10. Neyret.

Centre : 1. Ronzy, 2. Durand, 3. Fayard, 4. Massardier, 5. Boutte A., 6. Marthelot, 7. Boillot, 8. Haon L., 9. Brenier, 10. Combier C.

Sections : Amicale 1re Bizillon, Amicale 2e rue Valette, Amicale rue des Passementiers.

Pupilles : 1. Gross, 2. Durieux, 3. Fabre, 4. Giraud, 5. Martin, 6. Mignotet, 7. Rouchouse, 8. Verney, 9. Farissier, 10. Appert, 11. Salles L., 12. Clair, 13. Garnier G., 14. Boutte L., 15. Grenotier.

A REGNY

Douze sociétés prennent part au concours très réussi du 22 octobre :

Concours de délégations (12 sociétés y prenant part) : Prix d'honneur : Red Star Roannais, 190 points.

Championnat séries fixes, 6 balles : Prix d'honneur, M. Fouillet (R.S.R.), 54 points : 1er prix, M. Chuzeville fils (R.S.R.), 46 points ; 2e prix M. Beaudon (R.S.R.), 46 points : 3e prix, M. Puillat (R.S.R.), 44 points : 4e prix, M. Chuzeville père (R.S.R.), 43 points.

Concours public : Prix d'honneur, M. Beaudon (R.S.R.), 142 points; 1er prix, M. Faure (R.S.R.), 141 points : 2e prix, M. Puillat (R.S.R.), 136 points : 3e prix, M. Chuzeville fils (R.S.R.), 136 points : 3e prix, M. Salles (R.S.R.), 128 points : 7e prix, M. Fouillet (R.S.R.), 126 points. A Marseille, en délégations, le R.S.R. a obtenu un 2e prix.

CIBLE ROANNAISE

Société fondée le 17 mars 1900, sous la présidence de M. Giraud, industriel. MM. Lachaise, Filleton. A. Pontille, Rivière, membres du bureau. En 1901, la présidence passa à M. Petitpierre; vice-présidents, Perrin, Terrenoire : trésorier, Vivière : secrétaire, Rivière.

Cette Société qui comptait 280 membres actifs forma une section de tireurs d'élite, qui la représentèrent dans les grands concours de Marseille, Lyon, où elle sortit à Marseille avec le no 31 du classement et à Lyon 14e.

En 1904, la présidence passa à M. Perrin A. : vice-présidents, Dechavanne. Décombat : trésorier, Vivier : secrétaire, Chazelle. La Société continua à se distinguer dans les concours de Lyon, Lons-le-Saulnier, Mâcon, Maisons-Laffite, Satory, Lyon, Tarare, Chambéry, etc., etc.

Pour des raisons commerciales, M. Perrin dut quitter la présidence, qui fut dévolue à M. Frédéric Pontille et ensuite à L. Déchavanne. en 1912. Vint la terrible guerre de 1914, M. Perrin, non mobilisable, par suite de l'âge, est resté seul à la Société, s'occupant de la préparation militaire, et présente, chaque année, de 14 à 20 candidats au C. P. S. M., tous sont reçus.

A part les concours de tir où la Société s'est classée, il faut aussi citer les concours organisés par le Ministre de la guerre. en 1920, à Riom, où la Société présente 4 délégués qui se classent dans les premiers.

1921, 19 juin, à Saint-Etienne (Loire), où elle obtint :
Un premier prix, tir collectif (jeunesse) ;
— — tir individuel :
Un deuxième prix, tir individuel :
Un troisième prix, tir individuel :
Un quatrième prix, tir collectif (adultes) :
Un quatrième prix, tir individuel.

1922, à Saint-André-d'Apchon, 18 juin :
Un premier prix, tir collectif (adultes) :
Un premier prix, tir individuel (adultes) :
Un cinquième prix, tir individuel (adultes) :
Un premier prix, tir individuel (jeunesse).

La Société possède, un stand couvert pour tir réduit, à la carabine Lebel, à 12 et 25 mètres, etc., etc.

A travers les Clubs

« L'Année Sportive » publiera, dans chacune de ses éditions, les historiques de quelques clubs. Ces notes constitueront, pour les sportifs, une précieuse collection.

ATHLETIC CLUB STEPHANOIS
CLUB ATHLETIQUE DU COQUELICOT

Ce grand club, né de la fusion de deux importants groupements stéphanois, est constitué depuis septembre 1922. Son effectif se compose de 130 membres actifs, entrant dans la formation des différentes équipes de football, d'athlétisme et de cross-country, et de 50 membres honoraires dont la générosité permet l'organisation de nombreuses épreuves.

Deux commissions fonctionnent au sein du club : 1° la commission de football, présidée par le sympathique capitaine d'équipe première, Bresselle ; 2° la commission d'athlétisme, qui a à sa tête un sportsman extrêmement dévoué, Racodon. La première commission se réunit le mercredi de chaque semaine, café Berger, 6, place du Peuple ; la seconde, le jeudi, café Chatard, 5, rue Président-Wilson.

L'administration générale du club est confiée à un comité-directeur dont la composition est la suivante :

Président : M. RACODON, 13, rue Marengo, Saint-Etienne.
Vice-Présidents : MM. JOURLIN et M. JAILLARDON.
Secrétaire général : M. A. PUILLET, rédacteur « Loire Républicaine », Saint-Etienne.
Trésorier : M. BRUN.
Secrétaire-Trésorier adjoint : M. DEVILAIRE.
Membres : MM. BRESSELLE, DUPIN, GUICHARD, et ROBILLARD.

Ce comité exerce un contrôle permanent sur la marche des commissions

En football, les équipes du club opèrent sous la raison sociale Athlétic Club Stéphanois. Couleurs du maillot : blanc rayé verticalement bleu.

La société possède un terrain d'honneur et un terrain ordinaire. Le premier, baptisé Stade de Ratarieux, est situé à deux kilomètres de la Terrasse (arrêt du tramway Saint-Etienne-La Fouillouse). Convenablement aménagé, il se prête à merveille à l'organisation des grandes rencontres. Le second se trouve à Champirol, à 50 mètres de l'arrêt du tramway.

Fondé en 1915, l'Athlétic Club Stéphanois est considéré depuis cette époque comme l'un des meilleurs clubs de football de la Loire.

Son palmarès est éloquent :

Champion de la Loire 1914-15.

Gagnant Coupe de la Guerre du Comité du Lyonnais (série C) 1916-17.

Gagnant Coupe de la Commission du Lyonnais (série B) 1917-18.

Gagnant Coupe de la Guerre du Comité du Lyonnais (série B) 1917-18.

Gagnant Championnat du Lyonnais (2e série) 1920-21.

Gagnant Championnat de la Loire (1re série) 1921-22.

Gagnant Coupe de la Loire 1921-22.

Gagnant de la Coupe des Jeunes 1921-22.

Gagnant du Challenge Barbier 1922.

Gagnant du Challenge Rigoulet 1922.

Gagnant de la Coupe du Casino 1921.

Gagnant du Challenge J. Moulin 1922.

En maintes occasions, les joueurs acésistes défendirent victorieusement la réputation du football régional, et plusieurs équipes lyonnaises furent battues par nos champions.

L'Athlétic Club Stéphanois a toujours donné de brillants footballers, et c'est lui qui a fourni le plus grand nombre de joueurs à l'équipe représentative de la Loire.

Notre excellente société doit énormément à deux dirigeants de première heure : MM. Barbier et Deschanps, qui se dévouèrent corps et âme.

Le secrétaire de l'Athlétic Club Stéphanois est M. J. Guichard, 13, rue Claude-Delaroa, à Saint-Etienne.

De formation plus récente, le Club Athlétique du Coquelicot n'en jouit pas moins d'une popularité remarquable. Ne vient-il pas de s'affirmer comme le meilleur club d'athlétisme, et les succès qu'il remporta au cours de la dernière saison sont encore présents à toutes les mémoires.

Critériums d'athlétisme, Challenge Benoît Oriol, Journée des Relais, Challenge de l'Union des Mutilés furent l'apanage des sportifs qui portent le maillot blanc avec coquelicot.

En 1922, une équipe de cross-country, qui comprend des éléments valeureux, disputa les épreuves sous les couleurs que nous avons annoncées. Cette équipe est appelée à marcher sur les traces du team athlétique, et ce sera tout à l'honneur des Racodon, Robillard, Jourlin, qui ont été les animateurs du club.

Le secrétaire du Club Athlétique du Coquelicot est M. Robillard, 67, rue du Soleil, à Saint-Etienne.

Résumons-nous. L'Athlétic Club Stéphanois, Club Athlétique du Coquelicot a devant lui un bel avenir. Administrée à la perfection, notre puissante société est appelée à jouer un grand rôle non seulement au point de vue régional, mais encore au point de vue national. Le temps est proche où ses équipes seront capables d'affronter les meilleures de France.

Notre groupement local ne possède-t-il pas deux champions et recordmen du Lyonnais : Guichard et Puillet ? N'est-il pas riche en « espoirs » ? Les Louis, Reymond, Mortier, Sabot, Porteneuve, Defour, Depras, P. Puillet, Enjolras, Celle, etc., etc., promettent beaucoup. Dans quelque temps, nous allons les trouver au tout premier rang. Et nous ne parlons pas des Robillard, Dupin, Martin, Brun, Mignard, Racodon, etc., etc. Il serait superflu d'insister quant à la classe des footballers du club qui ont nom : Dupin, Jacquier, Suillerot, Bresselle, Cerisier, Vernay, Mathon, etc.

Les sportsmen de la région forézienne peuvent faire confiance à leur excellent club.

Y...

LE STADE FOREZIEN UNIVERSITAIRE

Vers la fin du XIXᵉ siècle, quelques jeunes gens, comprenant notamment : Sokolowski, Petit-Frère, Vicat, les frères Dulac, J.-B. Lassablière, Bernard, Rodamel, Convers, Peracchio, etc., enthousiasmés par les parties de rugby auxquelles ils avaient assisté en diverses circonstances, à Paris et à Lyon, décidèrent de suivre l'exemple qui leur était donné en essayant de créer une société sportive qui pratiquerait plus particulièrement le joli jeu du ballon ovale.

Du projet à la réalisation, il n'y avait qu'un pas qui fut vite franchi, et, en 1898, naissait à St-Etienne le premier club de rugby. C'est de ce groupement de la toute première heure qu'est venu le Stade Forézien Universitaire. Mais que d'avatars, disons, aussi franchement, que de déboires avant d'arriver au groupement important qu'est, à fin 1922, le Stade Forézien Universitaire.

Le premier club de rugby s'appela le Rugby Club Stéphanois et comptait parmi ses membres déjà nommés plus haut des sportifs de la première heure que nous trouvons encore au sein du S.F.U. N'est-il pas vrai Sokolowski, Lassablière, Brossy ?

Avant d'aller plus loin, qu'il nous soit permis d'adresser un souvenir ému aux glorieux disparus dans la grande tourmente : Marcel Dulac et Vicat, qui furent les principaux promoteurs du premier club.

Le terrain de leurs ébats était le pré Giron, près de l'Etivallière. C'est sur ce « ground » que le Rugby Club Stéphanois fit match nul, en 1901, avec le Football Club de Lyon, en demi-finale de championnat.

Ce terrain, qui a disparu pendant la guerre, et dont une partie vient d'être rendue aux amateurs de ballon, sert actuellement aux rencontres du Sporting Club Forézien qui, coïncidence méritant d'être signalée, s'appelle exactement comme le club qui, en 1902, prit la suite du Rugby Club Forézien. C'est à ce club que firent leurs premières « armes » les Brossy, Lamaizière, etc., etc.

Ce club vécut peu et fut absorbé par le Racing Club Stéphanois créé par les frères Lassablière, Lamaizière, Sokolowski, Peracchio, de Champeville, etc., qui avait trouvé, boulevard Jules-Janin, un terrain meilleur que le pré Giron. En 1905, le R.C.S. se constitua régulièrement sous le régime de la loi sur les associations de juillet 1901.

Le Racing Club Stéphanois rencontra toutes les équipes lyonnaises dont la plupart ont disparu de la scène sportive, l'Union Sportive Lyonnaise, les Sports Athlétiques Lyonnais, etc., sans oublier les clubs encore vivaces : le Football Club de Lyon, l'Association Sportive Lyonnaise, le Lyon Olympique Universitaire, etc.

En 1909, le Racing Club Stéphanois gagna le championnat de 3ᵉ série en battant le Stade Forézien. Ce fut à l'occasion des diverses rencontres entre Stade et Racing que se créèrent certaines amitiés qui engagèrent les dirigeants des deux clubs à fusionner sous le nom de Racing Club Forézien, classé en 2ᵉ série dans le Comité du Lyonnais.

Mais, avant cette fusion, que de rencontres sensationnelles.

Les vieux sportsmen se rappellent certainement les matches homériques Stade-Racing qui attiraient sur le ground du boulevard Jules-Janin d'abord, sur celui de l'Hippodrome de Villars ensuite, la grande foule des supporters, des camarades de classe, de spectateurs désireux d'assister à une partie de rugby où rien n'était laissé au hasard.

Personnellement, nous nous souvenons du match de championnat du 21 mars 1909 entre les deux compétiteurs stéphanois en matière de football rugby. Le compte rendu de cette rencontre, que nous avons retrouvé très opportunément dans les archives stadistes, parle de plus de 500 personnes (c'était la grande foule, à l'époque) parmi lesquelles le colonel Legros, du 38ᵉ d'infanterie, le fils du Préfet (M. Brelet), etc...

Le Stade Forézien avait été créé également, en 1905, par un groupe de « potaches » à la tête desquels se trouvaient les frères Michot, Cognet, Reynaud, Roussel, Rebaud, Roux, etc. C'était un club exclusivement universitaire ne comprenant que des élèves du Lycée et de l'Ecole des Mines. Cet appoint de scolaires bonifia les équipes du R.C.F. qui put, en 1910, mettre trois équipes de rugby sur pied qui eurent leurs heures de gloire sportive.

Ces éléments divers, racingmen et stadistes firent bon ménage jusqu'en 1912. Quelques dissidents reconstituèrent, en 1912-1913, le Stade Forézien qui avait, cependant, continué à exister, mais qui ne comprenait que les élèves du Lycée. C'est ainsi que le S.F.U., qui disputait les championnats de 4ᵉ série, en 1913, fut champion du Lyonnais en battant nettement Tarare, ayant totalisé dans sa saison 107 points contre 21.

Pendant ce temps, le R.C.F., qui était en 2ᵉ série — comme actuellement le S.F.U. — avait des sorts divers, luttant contre les équipes les plus réputées du Lyonnais et se maintenant dans sa série.

Au moment de la déclaration de guerre, le R.C.F. fut dispersé, tous ses membres ayant été mobilisés.

Le Stade Forézien Universitaire n'avait pas eu de grosses pertes, étant donné l'âge de la plupart de ses membres, non mobilisables.

M. W.-H. Hunt, président du R.C.F., dont l'activité sportive ne s'est jamais démentie, qui avait conservé ses amitiés aux lycéens, se rappelant sans doute son Université de Winchester, accepta, en 1915, la présidence du Stade Forézien Universitaire. Aidé des Minard, Castella, Pagliero, Lamaizière, M. Hunt organisa, le 26 mars 1916, une réunion à l'Hippodrome de Villars qui eut un succès sans précédent, jamais atteint par aucune des réunions sportives organisées depuis. La recette atteignit près de 15.000 francs et fut versée entièrement à l'œuvre de charité au bénéfice de laquelle cette réunion avait été organisée. Il convient d'en féliciter — quoique tardivement — les organisateurs.

Cette récréation sportive comprenait un match de rugby, des épreuves athlétiques et un match d'association. En souvenir, le S.F.U. fait disputer chaque année, depuis 1919, au printemps, une épreuve qui rappelle de loin celle du 26 mars 1916.

Le S.F.U. battit le Lycée du Puy, par trois points à zéro, après une partie de rugby toute de jeu ouvert qui enthousiasma tous les spectateurs. Castella aîné se tailla la part du lion dans les épreuves athlétiques précédant le match d'association qui mit aux prises une sélection stéphanoise avec une excellente équipe lyonnaise.

Poursuivant son effort, et délaissant le terrain de l'Hippodrome de Villars, occupé par l'autorité militaire, le S.F.U., qui avait trouvé un terrain propice à la Rivière, continuait sa pratique de football rugby, étant passé en 1ʳᵉ série. Une des parties mémorables fut celle qui mit en présence le Football Club de Lyon (commandé par l'international Struxiano) et le S.F.U. (commandé par Pagliero). Le S.F.U. fut péniblement battu par 5 points (un essai transformé) à zéro.

En 1909, l'on comptait une soixantaine de membres au club doyen. A fin décembre 1922, le secrétaire général aura inscrit près de 400 membres qui, depuis 1919, sont venus grossir les rangs du S.F.U. Il reste encore plus de 200 stadistes pratiquant le rugby, l'association, l'athlétisme. Ce qui permet de mettre en ligne : 2 équipes de rugby, 5 équipes d'association, 1 équipe de cross, non compris les spécialistes d'épreuves athlétiques, défendant les couleurs bleu de roy qui ont été *toujours* celles du S.F.U.

En 1921, il a dû modifier légèrement ses couleurs pour différencier des maillots viennois. Le Stade a adopté les couleurs actuelles : bleu de roy avec ceinture blanche.

De l'historique que nous venons de faire aussi rapidement que possible, il ressort que le S.F.U. a pratiqué pendant 15 ans le rugby et l'athlétisme. En présence de la vogue du ballon rond, qui avait commencé en 1919, il a créé une section d'association qui comporte une centaine de joueurs régulièrement licenciés.

En association, il est classé en 1ʳᵉ série, au même titre que les clubs suivants : A.C.S., S.C.F., A.S.S., A.C.R., A.S.I., et prend part aux championnats du district de la Loire avec 3 équipes. Pour encourager les jeunes, il participe, depuis cette année 1922-1923 seulement, à la Coupe des Jeunes.

Nous avons dit qu'en rugby, il est classé en 2ᵉ série, et ce depuis 1909 ; il rencontre, en championnat, les clubs réputés tels que le Stade Olympique de Givors, le Club Sportif Annonéen, l'Association Sportive de Beaurepaire. Il ne se taille pas la part du lion, mais se comporte très honorablement.

Au surplus, l'on trouvera dans notre opuscule les résultats techniques qui le concernent.

Il est nécessaire d'attirer l'attention des lecteurs sur l'effort fait, depuis 1919, par le S.F.U. pour développer les sports athlétiques à Saint-Etienne; pour améliorer le rugby et le football, il a fait venir, à grands frais dans beaucoup de cas, des clubs réputés, organisant des challenges d'athlétisme, imité par la suite par la plupart des clubs.

L'activité des dirigeants du S.F.U. ne se borne pas seulement à la pratique du rugby, de l'association, de l'athlétisme. Il s'occupe, depuis 1921, de préparation militaire, étant donnée sa qualité de société agréée par le gouvernement sous le n° 8.475.

L'année 1922 a été particulièrement brillante, puisque sur 29 candidats au C.P.S.M. il a obtenu 21 brevets militaires ou de spécialité.

Le S.F.U. s'occupe encore de la section d'équitation qui lui a été imposée. Cette section reçoit les membres de toutes les sociétés agréées qui bénéficient ainsi d'une instruction, en commun, faite au quartier de cavalerie. C'est là une tâche toute bénévole qui sert surtout à tous les élèves cavaliers des... autres sociétés agréées.

A ce but il s'est attaché de toutes ses forces et travaille inlassablement pour contribuer à faire non des « as » mais de braves, bons et solides Français.

GEIN'S.

ABEILLE SPORTIVE STEPHANOISE

Cette société fut fondée, en octobre 1915, par un groupe d'élèves de l'Ecole Professionnelle, afin de représenter leur Ecole dans les matches interscolaires, et connut ses premiers succès sous le nom d'Abeille Sportive Professionnelle.

La première année, on ne pratiqua tout d'abord que le football association. Une seule équipe existait. Le comité directeur était composé de la façon suivante :

Président : GILLY ; *Vice-Président* : TARDY ; *Secrétaire* : LONGEON ; *Trésorier* : BORDY.

En juillet 1916, par suite du départ de Saint-Etienne de MM. Gilly, Tardy et Bardy, on procède au renouvellement du bureau. Par reconnaissance pour MM. Tardy et Gilly, les membres de l'Abeille leur conserve les titres de président et vice-président et nomme M. Longeon secrétaire-trésorier, avec un collaborateur, M. Arribeux, capitaine de l'équipe première de football. Pendant deux saisons, rien de sensationnel. La société, composée de jeunes gens de l'Ecole, doit se suffire par elle-même. Cependant, en association, quelques victoires sur les meilleures sociétés régionales sont obtenues.

La fin de saison est marquée par le départ de la plupart des membres de l'A.S.P. qui ont terminé leurs études. C'est la dislocation de la société. Mais, en octobre 1917, les anciens membres de l'Abeille se réunissent à nouveau et décident de reformer leur société. Il est procédé à la constitution du comité directeur qui sera le suivant :

Président : MARCON Philippe ; *Vice-Président* : VIAL Georges ; *Secrétaire* : GUERIN ; *Trésorier* : GILBERT.

L'Abeille se procure une salle d'entraînement, rue Dormand, n° 1, où la plupart des sports sont pratiqués. Deux équipes de football association sont formées qui, formées de jeunes éléments, ne tardent à se faire remarquer.

Au début de la saison de football 1918, le comité fut réélu à l'unanimité et la fusion votée avec l'Olympique Stéphanois, composé également de jeunes gens de l'Ecole Professionnelle. Heureuse décision qui classe la société parmi les meilleures de la région : les équipes ne connaîtront pas souvent la défaite. La saison se termina par les tournois de Sixte, à Izieux, qui sont brillamment gagnés par l'Abeille.

Par la suite, l'Abeille, grâce au précieux concours de M. Josserand, aidé de ses collaborateurs MM. Desgeorges, Lambert, Merle, Piat, Rivoire, Bompuis, Piger, Joubert, Jacquet, Marcon frères, Aujet et Allary, prend un développement extraordinaire. Les équipes de football association, qui jouent en 1re série, remportent succès sur succès. En athlétisme, l'Abeille forme une équipe remarquable et gagnant de nombreux challenges.

A l'heure actuelle, l'Abeille Sportive Stéphanoise est une des sociétés les plus puissantes, possède un joli terrain de football et un pour l'athlétisme. Trois équipes de football association et trois équipes de rugby, de formation récente, ne connaissent que des succès. De plus, l'Abeille possède, rue Tréfilerie, 13, une salle de boxe et de culture physique très bien installée que ses sociétaires fréquentent assidûment.

La section de boxe est également une des plus fortes de Saint-Etienne. Ses amateurs ont déjà remporté de nombreux succès, plusieurs sont champions de la Loire de leur catégorie.

L'Abeille Sportive Stéphanoise pratique aussi le cross-country et forme, chaque année, une section pour la préparation des jeunes gens au C.P.S.M. (Dans le classement du C.P.S.M. 1922, 7 sociétaires de l'Abeille figurent parmi les 10 premiers.)

A l'heure actuelle, l'Abeille possède, dans ses différentes sections, environ 200 membres, et le nombre des nouvelles adhésions fait prévoir, pour l'avenir, une extension de plus en plus grande.

X...

SPORTING CLUB FORÉZIEN

En 1911, un professeur de l'Association Scolaire Professionnelle, M. Frappa, fervent amateur de sports, commençait à faire, parmi les grands élèves et les anciens de l'Ecole, des adeptes au football association. Assez rapidement, le petit groupe prit corps. Et, au début de la saison 1913-14, une société était constituée qui, en 1914, déposait régulièrement ses statuts et prenait le titre d'Amicale Sportive Stéphanoise.

Hélas, l'essor de la jeune société fut bien vite arrêté. La guerre lui enleva d'abord son fondateur, puis, un à un, la plupart des membres, dont quelques-uns n'ont pu voir la continuation de leur œuvre.

Aussitôt après la démobilisation, le fondateur de l'A.S.S., retour de captivité, ressouda les éléments épars. Mais, dans l'intervalle, l'Abeille Sportive Stéphanoise s'était fondée, prenant les initiales du premier club. La société se reconstitua sous un nouveau titre et c'est ainsi que naquit, en octobre 1919, sous le patronage des anciens Elèves de l'Association Scolaire Professionnelle, le Sporting Club Forézien.

En 1920, le développement rapide de la société lui permettait de s'engager dans les championnats officiels. Le Sporting débuta brillamment en gagnant le Championnat du Lyonnais 3e série, et en enlevant la Coupe de la Loire (20-21) nouvellement créée.

Le fondateur, malheureusement, ne devait pas assister à ces succès, sa situation l'ayant éloigné de Saint-Etienne. Ce fut une lourde perte pour le Sporting.

La deuxième année fut moins brillante pour le jeune club qui, malgré son excellente équipe, joua de malchance en fin de saison et dut se contenter de faire bonne figure. Il se classa néanmoins, en battant les Roannais dans la première série que l'on venait de créer dans la Loire.

Ses débuts en première série furent encore moins brillants, mais il n'y a pas là un sujet d'alarme pour une société poussée un peu vite peut-être, mais qui possède beaucoup d'éléments jeunes, et où les dévouements ne manqueront jamais.

X...

CLUB OLYMPIQUE SAINT-CHAMONNAIS

Titre de la société : Club Olympique Saint-Chamonnais, agréée du Gouvernement sous le n° 2.751. (Couleurs : rouge et blanche).

Siège : 2, place de la Liberté, Saint-Chamond. *Salle :* rue Vignette.

Comité d'honneur : MM. Th. LAURENT, vice-président, directeur général des Aciéries de la Marine et d'Homécourt ; DE BER-LHE, directeur des Usines de la Loire ; F. DELAY, maire de Saint-Chamond : P. JOANNON, maire d'Izieux ; C. MOLEYRE, maire de Saint-Martin-en-Coailleux : P. NEYRAND, maire de Saint-Julien-en-Jarez : B. ORIOL, ancien député.

Comité directeur : Président : M. DURAND Jean, ingénieur des Arts et Manufactures.

Vice-Président, Secrétaire général : M. VIRIEUX Marius, 3, avenue de l'Hôtel-de-Ville.

Membres : MM. ARMINOT René, ingénieur civil des Mines ; PONS Adrien, contrôleur technique principal aux Chemins de fer de l'Etat.

Trésorier général : COCHET Paul, rue du Pilat.

Trésorier adjoint : COCHET Paul, rue du Pilat.

Commission d'association : Président : M. Robin Eugène, agent technique de la Marine.

Vice-Président : M. DAMIAN Camille.

Secrétaire général : M. COCHET Paul, rue du Pilat, St-Chamond.

Secrétaire adjoint : M. ACHARD Georges.

Membres : MM. DE St-JEAN Jean, TERRAT François et HUGON Raoul.

ASSOCIATION SPORTIVE D'IZIEUX

Société sportive et de préparation militaire affiliée à la 3e F.A. et à la Fédération d'athlétisme.

Siège social : 16, place Nationale, à Izieux (Loire).

Fondée le 7 août 1919

Son bureau est ainsi composé :

Président : M. Jos. VINCENT.

Vice-Présidents : MM. Joannès ENTRESANGLE, Pierre COIZET.

Secrétaire : M. Joannès BRUYERE.

Trésorier : M. Charles FULCHIRON.

Comité : MM. Emile GERENTON, Emile GAVILLET, Jérôme BRUYERE.

UNION SPORTIVE DE LA SEAUVE

C'est en décembre 1921 que M. Martin, instituteur à La Séauve, projette la création d'une société sportive. Sous sa direction, les élèves de l'école publique, puis un groupe de jeunes gens commencent l'entraînement au football. Bientôt deux équipes sont constituées qui font bonne figure dans les matches amicaux avec les clubs voisins.

Entre temps, la société est officiellement constituée. La saison de football achevée, la vitalité de la jeune société s'affirme. Elle trouve de nouvelles voies : athlétisme, gymnastique aux appareils, tir, boxe, etc... Les séances sont nombreuses, les effectifs s'accroissent. La vigueur de notre œuvre est reconnue puisque, en date du 16 octobre, notre société est déclarée agréée du ministre de la Guerre comme société d'éducation physique et de préparation au service militaire, sous le n° 10.377.

Plus de 3.000 cartouches sont tirées au concours de tir organisé, en octobre, par l'U.S.S.

Le Comité de l'U.S.S. est ainsi composé :

Président d'honneur : M. MARTIN-BINACHON, maire de Pont-
Salomon.

Président : M. PICHON, conseiller municipal, La Séauve.

Vice-Président : M. FOURNIER, veloutier.

Secrétaire : M. MARTIN, instituteur.

Secrétaire adjoint : M. RICHARD Noël industriel.

Trésorier : M. BONNARD Henri, industriel.

Trésorier adjoint : M. BONNET Jean, mécanicien.

Membres : MM. MONTABRUN, ALLAUD, DEBEYLE, JOURDA

LES AIGLONS DU LYCÉE DE ROANNE

La Société Sportive du Lycée de Roanne fut fondée en 1902 ; ses couleurs sont : culotte blanche, maillot blanc avec ceinture et parements rouges, bas rouges. Dès la première année, elle remporte le Championnat du Centre scolaire.

En l'année 1911-1912, la S.S.L.R. possède deux équipes, elle matche le Sporting Club Roannais et le bat par 11 à 9. En 1912-13, elle triomphe du Racing Club Roannais, par 18 à 0. (Le Racing Club Roannais était l'équipe de l'Ecole Professionnelle.) En 1913-14, elle bat, par 28 à 0, le Club Nautique Roannais ; elle triomphe également de l'Association Sportive Roannaise, par un score imposant, 59 à 0. Elle se heurte au Lycée de Moulins, adversaire réputé, et ne succombe que de 6 à 3. Enfin, elle bat l'Union Sportive Normalienne de Montbrison, par 9 à 0. Puis c'est la saison 1914-15, la guerre, où la société sombre.

La saison 1915-16 voit renaître la S.S.C.R. et battre tour à tour le Football Club Roannais, par 3 à 0 ; le Stade Forézien Universitaire, alors composé des élèves du Lycée, par 6 à 3 et 8 à 0. Le match traditionnel contre le Lycée de Moulins est un match nul, 0 à 0.

La saison 1916-17 est glorieuse : la S.S.L.R. bat le Stade Forézien Universitaire, l'Ecole Professionnelle de Roanne, le Football Roannais, etc... Une seule défaite est infligée à la S.S.L.R. par le Football Club Roannais : Score, 16 à 0.

Les saisons 1917-18, 1918-19, 1919-20 sont des saisons mortes pour la S.S.L.R., complètement désorganisée. Mais, en 1920-21, la S.S.L.R. bat le Navarre Athlétic Club Roannais, par 20 à 0. Par contre, le Club Nautique Roannais bat la S.S.L.R., par 6 à 0, et le Lycée de Moulins bat la S.S.L.R., par 12 à 0. Dans le championnat scolaire du Lyonnais elle est battue par l'Ecole Normale de Mâcon, de 6 à 3.

La saison 1921-22 est l'une des plus glorieuses de la Société. La Société Sportive devient « Les Aiglons » du Lycée de Roanne, et un aiglon bleu s'ajoute à ses couleurs, aiglon porté à la gauche du maillot. Engagée dans les championnats du Lyonnais, elle élimine : l'Union Sportive du Lycée du Parc de Lyon, par 3 à 0 ; l'Etoile Sportive du Lycée de Tournon, par 9 à 3. Elle est finaliste du championnat du Lyonnais et se heurte à la formidable équipe du Lycée de Bourg, demi-finaliste du Championnat de France scolaire : elle est battue de 22 à 0.

Elle joue, en outre, de nombreux matches amicaux qui sont souvent l'occasion de belles victoires. En fin de saison, match avec les Iris du Lycée de Clermont-Ferrand, quart de finalistes du Championnat de France. Ceux-ci triomphent de 9 à 5.

Les Aiglons, quoique ne pratiquant pas les sports athlétiques, demandent un match d'athlétisme au Lycée Sportif Stéphanois. Ils ne sont battus que de justesse : Saint-Etienne 63 points, Roanne 72.

La saison 1922-23 est également bonne : une rencontre avec le Lycée de Mâcon provoque un match nul, 0 à 0.   X...

UNION CYCLISTE SAINT-CHAMONNAISE

Président : M. BOURDELAN.

Vice-Présidents : MM. GONIN et DUMAS.

Trésorier : FAURE Marcel.

Secrétaire : DUMAS Vincent.

VELO-CLUB ROANNAIS

Le V.C.R. est, sans contredit, l'une des plus puissantes sociétés sportives du département. Il groupe actuellement 100 membres actifs et plus de 250 membres honoraires. Ce résultat fait honneur à l'ancien champion cycliste Chambéron qui, le 5 mai 1914, rassemblait les premiers fondateurs du club : MM. Henri Gérentes, Gilbert Aimonetto, Emile Colly, Emile Coutière, Auguste Déchelette, Albert Fragne, François Darroux, Maurice Brat, Jean Duthel, etc...

Après avoir couru pendant près de dix ans et avoir établi des records dont plusieurs sont encore sa propriété, Chambéron a pris à tâche d'encourager les jeunes. Et, le 28 juin 1914, le V.C.R. donne sa première course sur le parcours Roanne-Marcigny et retour, soit 68 kilomètres. La victoire revient à François Gougaud, frère du moto-cycliste connu.

Et c'est la guerre, puis l'armistice. L'épreuve a été fatale pour plusieurs membres du V.C.R. : Louis Roffat, François Darroux, Joly, Marchand, Rondard ont été tués. Colly revient amputé et nombre d'autres, qui ne pourront plus jamais pratiquer leur sport favori en raison des souffrances endurées à la guerre.

Mais Chambéron, démobilisé en mars 1919, rassemble les anciens fidèles du vélo et le V.C.R., enfin reconstitué, fait disputer, le 12 octobre 1919, sa seconde course Roanne-Marcigny et retour.

Les trois premiers sont dans l'ordre : Disson, Cherpin, Normand. Pour les récompenser, la société décide de les envoyer disputer le championnat de la Loire, à Saint-Etienne que Normand gagna après une course des plus mouvementées qui consacre sa valeur.

L'année 1919 s'achève sans autre épreuve, mais la saison 1920 est des plus intéressantes.

Au cours de cette année, dix réunions importantes furent organisées, notamment le Circuit de la Côte, régionale qui réunit plus de 60 engagements et dont le vainqueur fut F. Grange, de Saint-Etienne; Normand finissant à une demi-roue du vainqueur. En fin d'année, de nombreuses tentatives sont faites pour le record de l'heure sans entraîneurs sur piste. Normand triomphe, enfin, couvrant dans l'heure 37 kilomètres 52 mètres, malgré le mauvais temps.

L'année 1921 est plus fertile encore en résultats. Indépendamment des épreuves qu'il organise, le V.C.R. envoie, dans la mesure de ses moyens, ses coureurs disputer les épreuves officielles organisées, notamment par le Comité Départemental, ainsi que les épreuves au cours desquelles sont disputés des challenges.

Une nouvelle recrue ajoute à la réputation du V.C.R. : José Pelletier, vainqueur du Tour de France 1920 catégorie Isolés.

Par contre, hélas ! il faut déplorer la disparition du sympathique Louis Chauny, victime d'un accident en s'entraînant au vélodrome des Cerisiers.

UNION DES CYCLISTES ROANNAIS

L'Union des Cyclistes Roannais — l'U. C. R. — pour l'appeler par son abréviatif consacré, est venue au monde en pleine période de renaissance sportive : Paris-Brest 1891.

Quelle trilogie mirifique, quel passé toujours présent, quels fastes représentent ces initiales, V. C. R.

Son bulletin d'état civil atteste qu'elle fut fondée le 11 décembre 1891 et autorisée par arrêté préfectoral du 8 mars 1892.

Les membres fondateurs, dont plusieurs font encore, aujourd'hui, partie de la Société, étaient MM. Epinat Antoine, Raoul Berger, Digat Joannès, Javogues Pierre, Boivin Cl., Guillet J.-B., Lefranc Antonin, Lauxerrois Louis, Billon Aug., Dextre Pierre, Fournier Claudius, Labouret Jacques, Bardiot Adrien, Bournichon Pierre, Gentelet L., Lagarenne François, Robin Louis, Robin Georges.

L'U. C. R. succédait au Véloce Club Roannais qui n'eut que quelques mois d'existence, avec les premiers bicyclistes de l'époque : MM. Raynal, Paget, Benassy, Fayet, Musset, Boucher, etc. La seule réunion de courses, dont on garde souvenir, avait été donnée, vers 1890, sur le pourtour des Promenades Populle. Elle fut gagnée de loin par le jeune Terrenoire monté sur une des premières bicyclettes qui aient encore paru, devant Boivin et Guillet sur les grands bicycles de l'époque.

Le premier Conseil d'administration fut composé de MM. Epinat, président; Berger, vice-président ; J. Digat, secrétaire ; Pierre Javogues, trésorier.

La jeune Société conquit rapidement droit de cité et canalisa toutes les manifestations du sport cycliste. Tous les Sociétaires pratiquaient ardemment le nouveau sport.

Le premier champion officiel fut le premier président de la Société, Antoine Epinat, lequel couvrit les 100 kilomètres : Roanne-Lapalisse et retour en 4 heures, sur bicyclette touriste, 22 kilomètres, caoutchouc creux, battant Louis Robin, Guillet, Joannin, Boivin, Digat, etc. Ses camarades conservent de lui le souvenir d'un parfait gentleman et d'un cycliste passionné.

La Société fusionna, en 1896, avec le groupe du Vélo Club, qui s'était fondé dans le but d'édifier, à Roanne, un vélodrome moderne. Le projet n'aboutit pas. Mais un nouveau conseil fut composé comme suit :

MM. J. Servajon, président ; Pinet, L. Ardaine, A. Cloux, vice-présidents ; J. Digat, secrétaire ; P. Javogues, trésorier.

Ce fut la période de grande prospérité. Plus de 200 membres étaient inscrits. C'est de cette époque que datent les Grand-Prix annuels et la présidence de M. J. Servajon.

Tous le champions du cycle, Major Teylor, Friol, Rutt, Hourlier, Schilling ont ainsi défilé devant les invités de l'U. C. R., qui s'honore d'avoir donné largement son appui moral au champion Victor Dupré.

Enfin, en 1905, fut élu le Conseil d'administration qui mène encore l'U. C. R.

MM. Allier, président ; J. Digat, Fournier, vice-présidents ; Pafet, secrétaire ; Malleval, trésorier.

Membres du Conseil : MM. Boulard, H. Malleval, Fourniol, Fourniol, Benoit, Vivier, Commandant Javogues, président de la Commission des Fêtes et sorties : Mure, Legros, M. Allier, président de la Commission sportive.

Cette heureuse période fut, hélas, interrompue par la Grande Guerre qui fit de si grands vides et bouleversa douloureusement nos organisations sportives : Louis Valois, Joseph Veillas, L. Depaix, sont tombés au champ d'honneur.

M. Jean Servajon, ancien président d'honneur, est décédé en 1915.

M. C. Allier, l'actuel président de l'U. C. R., est sur la brèche depuis 1903, — mais il n'aime pas qu'on parle de lui — disons seulement que c'est l'affectueux attachement de ses Administrateurs seul, qui l'a retenu ou fait remettre à plus tard une retraite à laquelle lui donne droit son état de santé et ses dix-huit années de présence effective.

Fourniol, Digat, Malleval, font également partie des vieilles classes — et attendent leur démobilisation.

La nouvelle génération est brillamment représentée avec MM. Maurice Allier, Henri et Maurice Fourniol, Henri Malleval, F. Boulard. Ils ont à cœur de continuer l'heureuse tradition d'activité généreuse et de sympathie rayonnante qui a placé la vieille Société au premier plan de l'actualité roannaise pendant cette longue période.

M. ALLIER, président de l'Union des Cyclistes Roannais

On peut dire que l'U. C. R. détient le record des plus importantes réunions de piste de province. Elle a d'ailleurs repris depuis la guerre ses séries de belles courses sur piste :

En 1921, son grand prix est gagné par : Sergent devant Schilles, Ohrt ;

En 1922, son grand prix est gagné par : Sergent devant Moeskops, Leene ;

En 1923, la réunion projetée est le 23 septembre avec la participation du crack australien Spears.

En 1921, l'U. C. R. organisa son **critérium de la route que gagna Normand**.

En 1922, une course d'automne fut donnée en plus, Poulain l'enleva devant **Bailey, Moretti, Bergamini**, ; une brillante américaine fut l'apanage de Bailey-Deruyter devant Narcy frères, Poulain-Berthet, Nefatti-Georget, Moretti-Normand, **Jacquet-Nefatti**.

QUELQUES NOTES SUR LE CLUB NAUTIQUE DE ROANNE

Puissante société fondée en 1909 — comprenant actuellement 350 membres — pratique le Rugby, l'Aviron, Sports athlétiques, Tennis; l'Ile du Transwaal, et le Stade des deux faubourgs, sont sa propriété.

Le nouveau président, M. Louis Beluze, sait donner l'impulsion nécessaire à la Société.

L'équipe de Rugby, avec son nouveau capitaine, Maurice de Laborderie (sélectionné), doit fournir une brillante saison prochaine.

Cette saison, de belles victoires sont à l'actif du Club, ayant battu : Le Puy, S. O. Périgueux, Mâcon, Vichy, Saint-Etienne, Nevers, etc..., match nul avec le C. A. S. Clermont, n'a été battu que de justesse par le Foot-Ball Club de Lyon, et par le S. O. Avignon : à signaler la belle revanche que le C. N. R. a pris sur le Lyon Olympique en le battant, le 11 mars, par 3 à 0, après une mémorable partie. Le C. N. R. possède une **pépinière d'excellents joueurs, avec les Cayrou,** Fournier, Simonin, Latat, Dupuy, Barlerin, Rouchon, Champalle, Charrondière, Coste, etc...

M. BELUZE, président du Club Nautique Roannais

Du côté aviron, une grande journée nautique est annoncée, à Roanne, le 24 juin 1923, et la commission d'aviron prépare activement sa saison. **De Laborderie organise la saison athlétique.**

La société marche admirablement ; voici sa nouvelle constitution pour 1922-1923 :

Conseil d'administration :

Président d'honneur : M. KALTENBACK et Desbenset Lucien.

Vice-prés. d'honneur : MM. Louis ROUX, GRIMOUD.

Président actif : L. BELUZE.

Vice-prés. actifs : MM. A MALLEVAL, DESSENDIER, GARDIAS.

Secrétaire général : M. ALLIER.

Secrétaire-adjoint : FORAY.

Trésorier général : COMBARET.

Trésorier-adjoint : A. FOURNIOL.

Membres du comité : H. MALLEVAL, DURAND, G. SEITZ, VINCENT, MOSER, J. BONNABAUD.

Commission de Rugby :

Président : M. MALLEVAL.

Secrétaires : MM. DURAND, H. MALLEVAL.

Trésoriers : MM. COMBARET, FOURNIOL A.

Membres : MM. l'Adjudant FAURE, PASSAGER, A. BONNABAUD, M. DE LABORDERIE (capitaine équipe 1), CAYROU, VIVREUX, SIMONIN.

Tenue officielle du C. N. R. : Maillot blanc, culotte blanche, bas rouges.

GROUPEMENT DES SOCIETES SPORTIVES
DE LA REGION ROANNAISE

L'idée d'un groupement des Sportives Roannaises fut publiquement lancée, en 1921, au banquet du Jubilé trentenaire, par le commandant Javogues, alors qu'il terminait, sur l'invitation qu'il avait reçue du président, l'historique de l'U. C. R.

Cette idée faisant son chemin fut reprise par le lieutenant Lecorne, officier subdivisionnaire de la Préparation Militaire et de l'Instruction physique, qui proposa une fête des sports en Roannais, pour 1923.

Après quelques réunions préparatoires, le groupement fut définitivement fondé le 4 novembre 1922, et la plupart des sociétés sportives adhérèrent aussitôt, spontanément.

Le Conseil d'administration, premier nommé, se compose de :

MM. DEMEYER-DEXTRE, *président.*

Etienne BEROUX, *vice-président.*

Ch. THEVENIN, *vice-président.*

Pierre JAVOGUES, *secrétaire général.*

Joannès DIGAT, *trésorier.*

FAUCHER, *trésorier-adjoint.*

ROFFET, *secrétaire-adjoint.*

MALLEVAL, X..., X..., *membres du conseil.*

M. Joannès DIGAT, *président de la commission des finances.*

Lieutenant LECORNE, *président de la commission technique.*

G. SEIVE, C. THEVENIN, *vice-présidents de la commission technique.*

A. RENARD, *président de la commission des récompenses et du jury.*

Le groupement destiné à défendre les intérêts matériels et moraux du sport, à maintenir dans le ton du sport logique et sain ses adhérents, a, entre autre, dans son programme, l'organisation annuelle d'une grande fête sportive avec les éléments et les Sociétés du Roannais.

Cette fête aurait lieu tous les 5 ans, à Roanne, et les 4 autres années de l'intervalle, dans une cité de la région Roannaise.

Table des Matières

Imp. La Tribune (Ouvriers syndiqués)